FÄRBEN VON HOLZ MIT BAUMPILZEN

Kulturgeschichte,
Die Pilzarten, Färbeanleitungen,
Verwendung

SERI C. ROBINSON
HANS MICHAELSEN

Leopold Stocker Verlag

Umschlaggestaltung: Werbeagentur Rypka GmbH, A-8143-Dobl; www.rypka.at
Titelbilder: Schale: Legacy von Mark Lindquist und Seri Robinson, eine Gemeinschaftsarbeit aus gestockter Ulme; **Hintergrundbild:** Gestockter Ahorn, Rod Jacobs, Unique woods; **Umschlagrückseite:** Seri Robinson (Bild ganz oben, 2. Bild v. unten), Zdenek Holy (2. Bild v. oben), Hans Michaelsen (Bild Mitte), David Köbele (Bild ganz unten). **Bildnachweis:** Alle Abbildungen, so nicht anders angegeben, stammen dankenswerterweise von Seri C. Robinson.

Titel der englischen Originalausgabe: Seri C. Robinson: Spalting 101. The Ultimate Guide to Coloring Wood with Fungi. © 2020 by Schiffer Publishing, Ltd., 4880 Lower Valley Road, Atglen, PA 19310.

Aus dem Englischen übertragen von Mag. Nina Schön.

Bibliographische Information der Deutschen Nationalbibliothek
Die Deutsche Nationalbibliothek verzeichnet diese Publikation in der Deutschen Nationalbibliographie; detaillierte bibliographische Daten sind im Internet über http://dnb.d-nb.de abrufbar.

Hinweis:
Dieses Buch wurde auf chlorfrei gebleichtem Papier gedruckt. Die zum Schutz vor Verschmutzung verwendete Einschweißfolie ist aus Polyethylen chlor- und schwefelfrei hergestellt. Diese umweltfreundliche Folie verhält sich grundwasserneutral, ist voll recyclingfähig und verbrennt in Müllverbrennungsanlagen völlig ungiftig.

Auf Wunsch senden wir Ihnen gerne kostenlos unser Verlagsverzeichnis zu:
Leopold Stocker Verlag GmbH
Hofgasse 5 / Postfach 438
A-8011 Graz
Tel.: +43 (0)316/82 16 36
Fax: +43 (0)316/83 56 12
E-Mail: stocker-verlag@stocker-verlag.com
www.stocker-verlag.com

ISBN 978-3-7020-1951-8

Satz: Werbeagentur Rypka GmbH, A-8143-Dobl; www.rypka.at

Für Bill Wiard,
den Burschen aus der hintersten Provinz
der Oberen Halbinsel von Michigan,
der mich überzeugte, dass die Menschen
von meinen Forschungsergebnissen übers
Holzfärben mit Pilzen hören wollen.

„NEIN SCHAU, DAS BIER IST ZUM TRINKEN UND DANN PINKELST DU AUF DAS HOLZ. DAS IST GUT FÜRS HOLZFÄRBEN.“

— ein nicht genannter Fan von Pilzverfärbungen

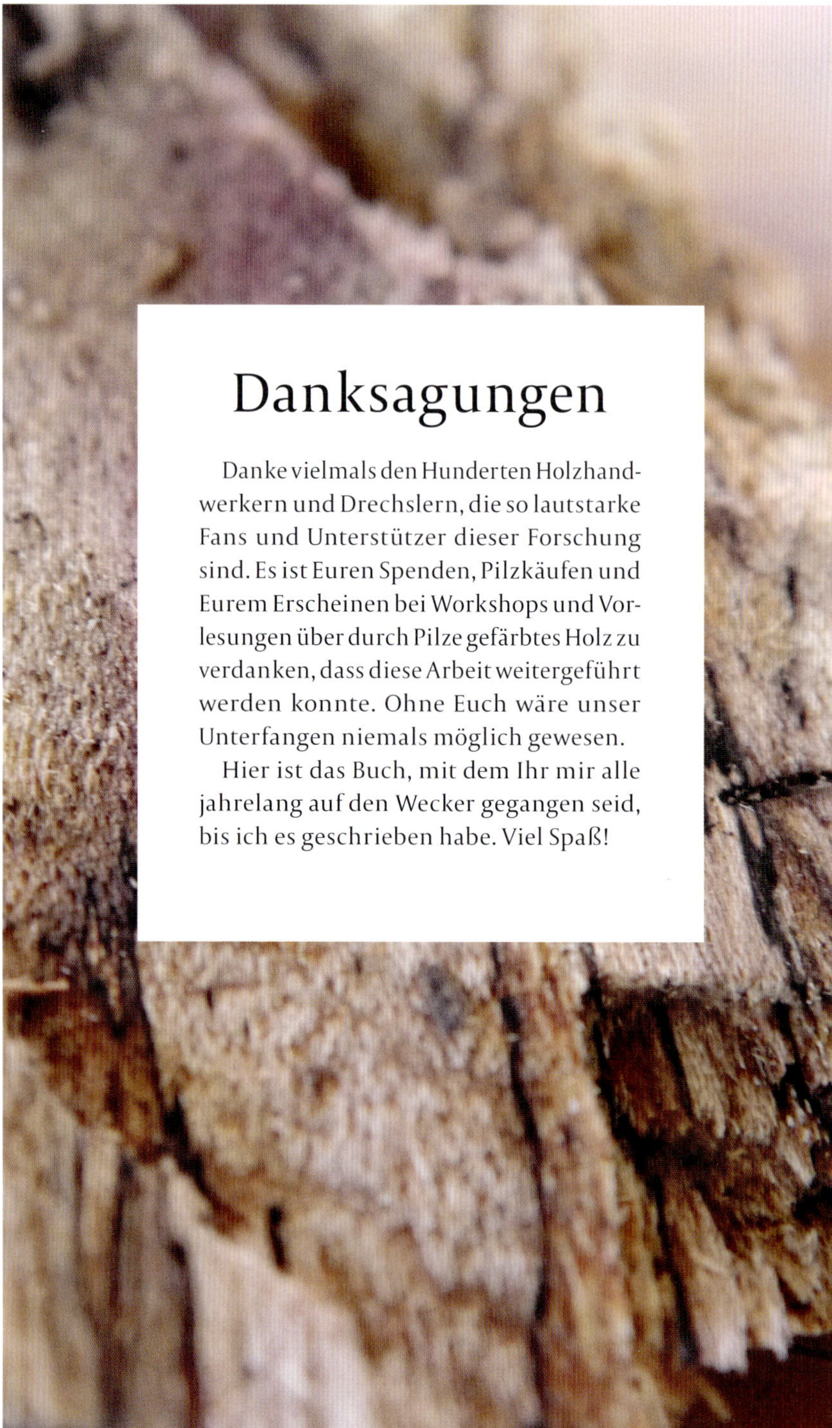

Danksagungen

Danke vielmals den Hunderten Holzhandwerkern und Drechslern, die so lautstarke Fans und Unterstützer dieser Forschung sind. Es ist Euren Spenden, Pilzkäufen und Eurem Erscheinen bei Workshops und Vorlesungen über durch Pilze gefärbtes Holz zu verdanken, dass diese Arbeit weitergeführt werden konnte. Ohne Euch wäre unser Unterfangen niemals möglich gewesen.

Hier ist das Buch, mit dem Ihr mir alle jahrelang auf den Wecker gegangen seid, bis ich es geschrieben habe. Viel Spaß!

Inhalt

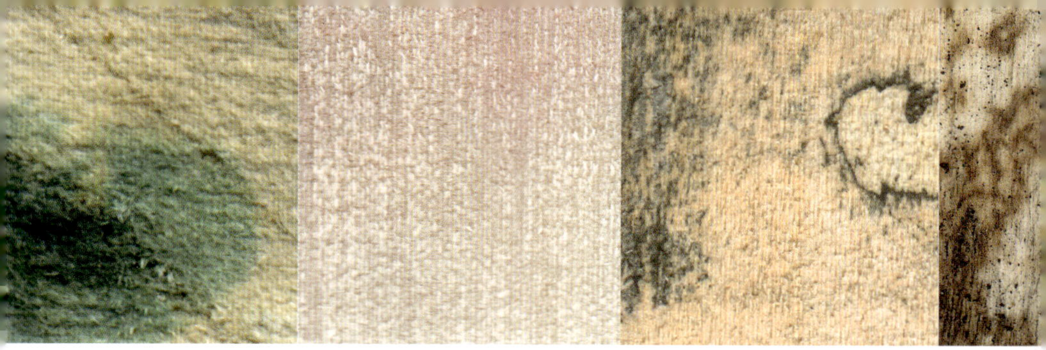

Einleitung

Damals, im Jahr 2014, als ich letzte Hand an das Buch *Spalted Wood: The History, Science, and Art of a Unique Material* (Zu Deutsch: *Pilzverfärbtes Holz: Die Geschichte, Wissenschaft und Kunst eines einzigartigen Materials)* anlegte, dachte ich: „Das ist es! Mehr muss man nicht über das Holzfärben mit Pilzen und pilzverfärbtes Holz wissen." Es stellte sich heraus, dass ich falsch lag.

Holzfärben mit Baumpilzen ist so viel mehr als seine Geschichte oder zeitgenössische Verwendung. Es ist eine komplexe Überschneidung von Wissenschaft, Kunst, Geschichte und menschlicher Entwicklung, die vielleicht ein ganzes Leben dauern könnte, um sie wahrhaft zu enträtseln und richtig zu erkunden. Seit 2014 haben wir (das sind meine Studenten, Mitarbeiter und ich) auf der ganzen Welt sowohl historische als auch moderne Arbeiten aus pilzverfärbtem Holz gefunden. In alten Legenden aus der Vergangenheit bis hin zur modernen Bildhauerei besteht die Faszination für die Verarbeitung dieses besonderen Holzes; was ich jedoch öfter als alles andere gefragt werde, ist: *„Klar, aber wie MACHT man das?"*

Dieses Buch legt die Geschichte um den modernen Kontext zugunsten aufrichtiger Biologie sachte beiseite und erkundet, was pilzverfärbtes Holz in seinen

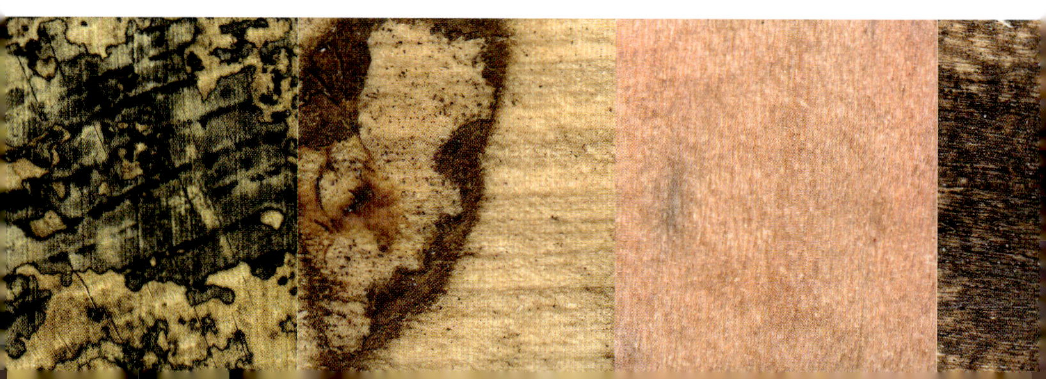

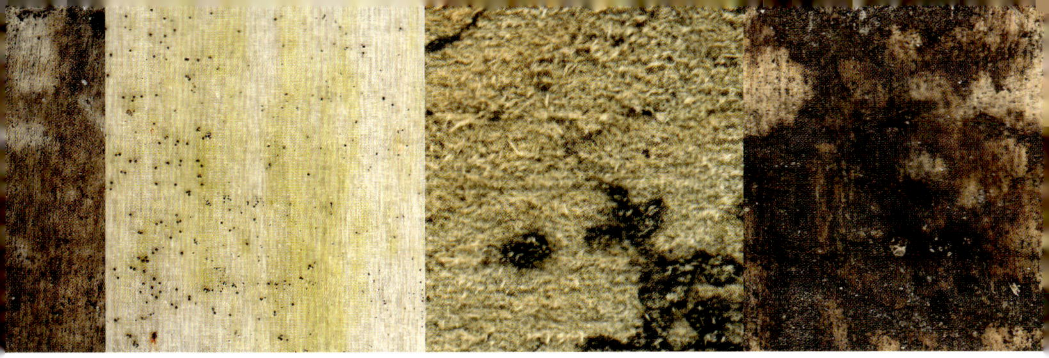

grundlegenden Bestandteilen ist, wie die Pilze mit Holz interagieren und wie eine Färbung herbeigeführt und kontrolliert werden kann. Alle Aspekte der Biologie werden erwähnt, von Holz- und Pilzanatomie über Zersetzung bis hin zu Rezepten für Pilzfärbungen und Sicherheitstipps in der Holzverarbeitung. Ein einfaches FAQ am Ende liefert eine noch schnellere Möglichkeit, Antworten auf die häufigsten Fragen über das Holzfärben zu erhalten.

Wenn das Holzfärben mit Baumpilzen neu für Sie ist – willkommen im Kaninchenbau. Sogar jene, die glauben, über Pilzverfärbungen im Holz Bescheid zu wissen, werden diesen tiefen Einblick in die Biologie faszinierend finden. Obwohl es für eine Laienleserschaft gedacht ist, werden jene, die sich für tiefergehende Zerfallvorgänge und mechanische Fragen, die mit verfärbtem Pilzholz einhergehen, interessieren, nicht enttäuscht werden.

Und für alle Do-It-Yourself-Heimwerker: Das ist die Anleitung, die Euch seit Langem versprochen wurde.

Schreitet voran, Freunde, und färbt mit Pilzen!

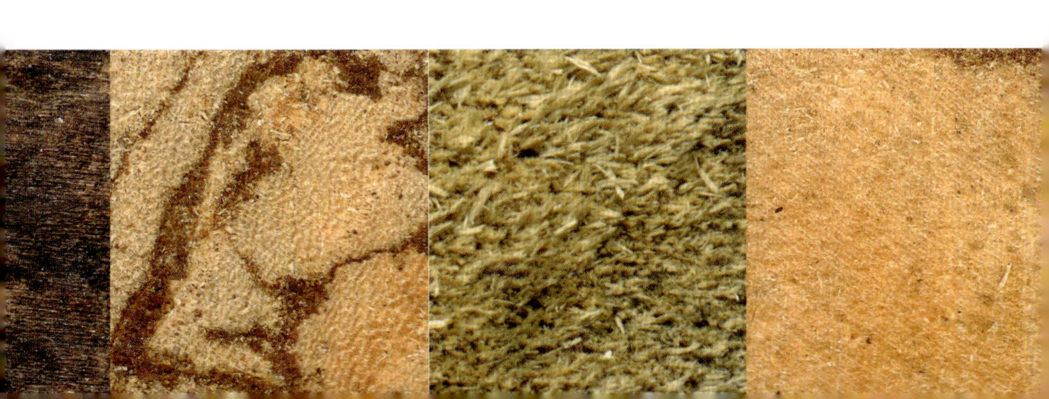

Kapitel 1

Grundlagen der Holzanatomie

Auf seiner grundlegenden Ebene ist Holz eine Ansammlung von „Strohhalmen“, die entlang der Achse eines Baumes hinauf und hinunter verlaufen, gepaart mit einer kleineren Anzahl, die im 90°-Winkel zu dieser langen Achse hinein und hinaus verlaufen. Im Inneren der Zellen (man kann sich diese weiterhin als Strohhalme vorstellen, wenn das hilft) befinden sich verschiedene andere Komponenten, wie etwa Holzextraktstoffe, die dem Holz zusätzliche Stärke und Beständigkeit verleihen. Dieses Kapitel vermittelt einen ausführlichen Überblick sowohl über die Anatomie von Hart- und Weichhölzern aus gemäßigten Breiten als auch über jene von Tropenhölzern in Bezug auf ihre Zellarten, Anordnung und Holzextraktstoffe, um den Zusammenhang besser herstellen zu können, wie Pilze sich durch Holz bewegen und warum einige Hölzer sich leichter verfärben als andere.

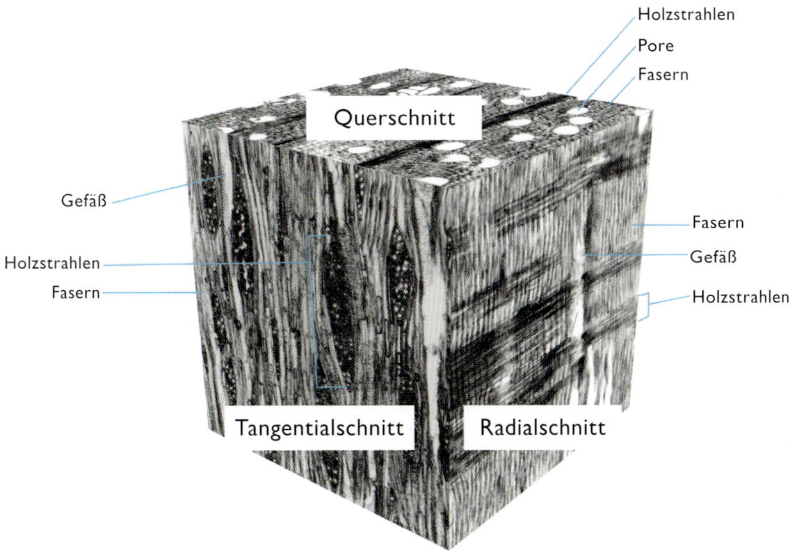

3D-Mikrographie eines Oregon-Ahornwürfels *(Acer macrophyllum)*, der Quer-, Tangential- und Radialschnitt zeigt. *(Bild mit freundlicher Genehmigung von Dr. Sarath Vega Gutierrez)*

HARTHOLZ AUS GEMÄSSIGTEN ZONEN

Hartholzbäume sind laubabwerfende Bäume, sie verlieren also im Herbst ihre Blätter. Es gibt natürlich auch nadelabwerfende Koniferen, aber wir ignorieren diese Sonderfälle für die Absichten dieses Buchs. Die Begriffe „Hartholz" und „Weichholz" haben nichts mit der Holzdichte zu tun, sie basieren vollständig auf diesem Klassifikationssystem.

Harthölzer aus gemäßigten Zonen (also jene, die in gemäßigten Regionen mit Jahreszeiten wachsen, wie etwa Nordamerika, Großbritannien, Mitteleuropa, Russland usw.) zeigen viele ähnliche Merkmale. Sie setzen sich vorwiegend aus Gefäßelementen (auch als „Poren" bezeichnet) zusammen, die zur Leitung verwendet werden und der Länge nach verlaufen. Fasertrachëiden sorgen für Festigkeit und verlaufen auch der Länge nach, Parenchyme dienen der Speicherung; Holzstrahlen verlaufen im 90°-Winkel zur Längsachse oder radial von der Markröhre aus. Gelegentlich kommen Verthyllungen, also Parenchymzellen, die sich zu einem Gefäßelement vergrößert haben und Verstopfungen verursachen, vor.

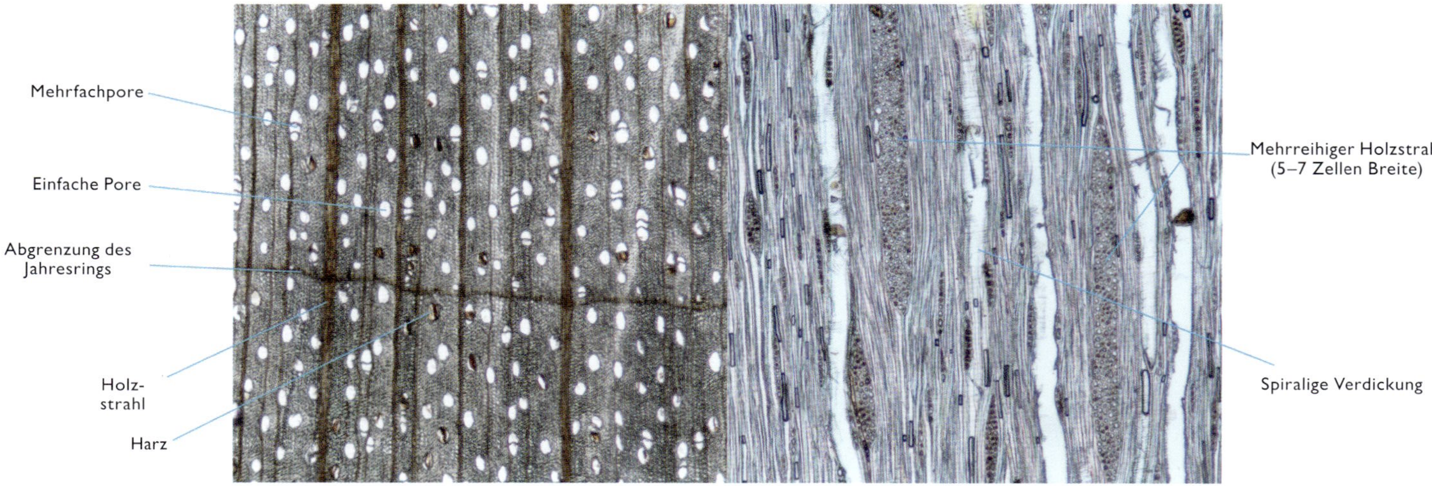

Mikroskopische Ansicht eines Zuckerahorns.
Der Querschnitt (links) zeigt einfache Poren und Mehrfachporen. Der Tangentialschnitt (rechts) zeigt Holzstrahlenreihen von 5–7 Zellen (5–7 Zellen Breite) und spiralige Verdickungen, die charakteristisch für die Gattung *Acer* sind. *(Bild mit freundlicher Genehmigung von Dr. Sarath Vega Gutierrez)*

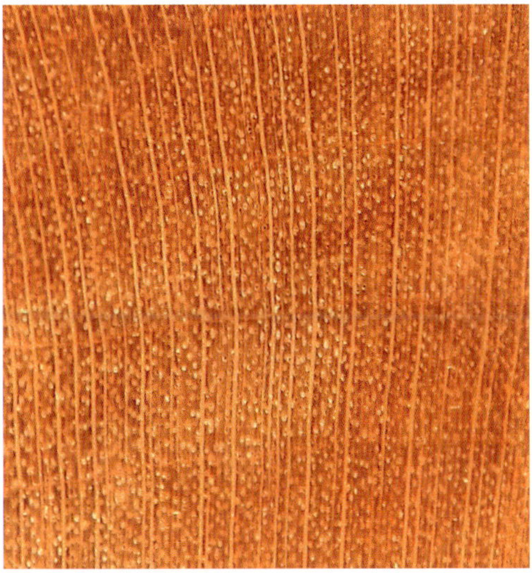

Querschnitt eines Zuckerahorns *(Acer saccharum)*, der eine diffuse Porenanordnung und zwei deutliche Holzstrahlgrößen zeigt
(Bild mit freundlicher Genehmigung von Dr. Sarath Vega Gutierrez)

Im Querschnitt, das heißt auf der Seite des Holzes, an der man die Enden der Gefäße sehen und die Jahresringe zählen kann, gibt es in Harthölzern aus der gemäßigten Zone grundsätzlich drei Gefäßanordnungen. Sie kommen mit *ringporiger* Anordnung vor – dabei unterscheiden sich Früh- und Spätholz voneinander, ohne dass es einen großen Übergang gibt. Dies wird durch die Gefäßgröße definiert (Frühholz besteht aus größeren Gefäßen mit dünneren Zellwänden und Spätholz aus kleineren Gefäßen mit dickeren Zellwänden). Weiters mit *halbringporiger* Anordnung, bei der ein allmählicher Übergang zwischen großem Frühholz und kleinerem Spätholz besteht, oder mit *zerstreutporiger* Anordnung, wo Früh- und Spätholz ziemlich gleich aussehen, abgesehen von der Jahresringgrenze.

Die Porenanordnung eines Hartholzes kann sich in geringem Maße ändern, je nachdem, wie sich das Färben mit Pilzen entwickelt. Hölzer mit großem Frühholz (ringporös) bieten den Pilzen einen viel offeneren Zugang, um sich fortzubewegen. Pigmentartige Färbepilze neigen dazu, sich aufgrund der offeneren Struktur auf ringporigen Harthölzern sehr gut zu entwickeln.

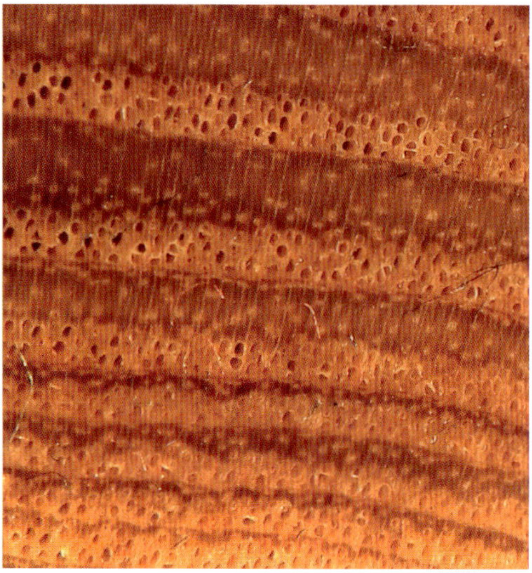

Querschnitt einer Schwarzesche *(Fraxinus nigra)*, die sowohl eine ringporige Anordnung als auch ein vasizentrisches Parenchym um die Spätholzporen zeigt *(Bild mit freundlicher Genehmigung von Dr. Sarath Vega Gutierrez)*

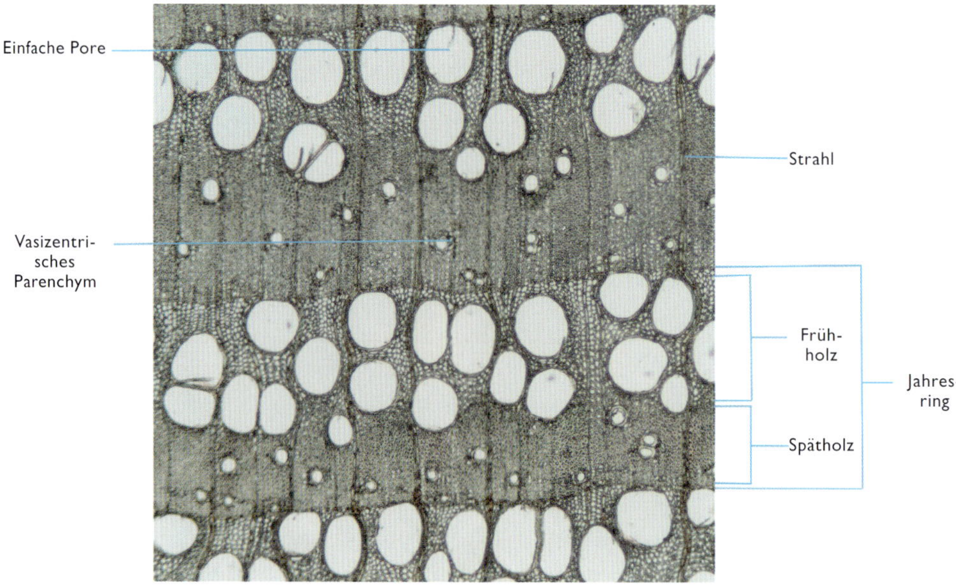

Mikroskopische Ansicht von einer Schwarzesche *(Bild mit freundlicher Genehmigung von Dr. Sarath Vega Gutierrez)*

Querschnitt einer Schwarzen Walnuss *(Juglans nigra)*, die eine halbringporige Anordnung mit einfachen und mehrfachen Poren und einem schmalbandigen Parenchym zeigt *(Bild mit freundlicher Genehmigung von Dr. Sarath Vega Gutierrez)*

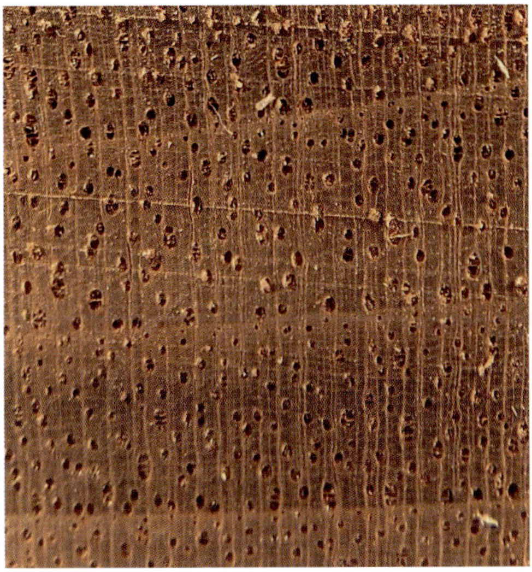

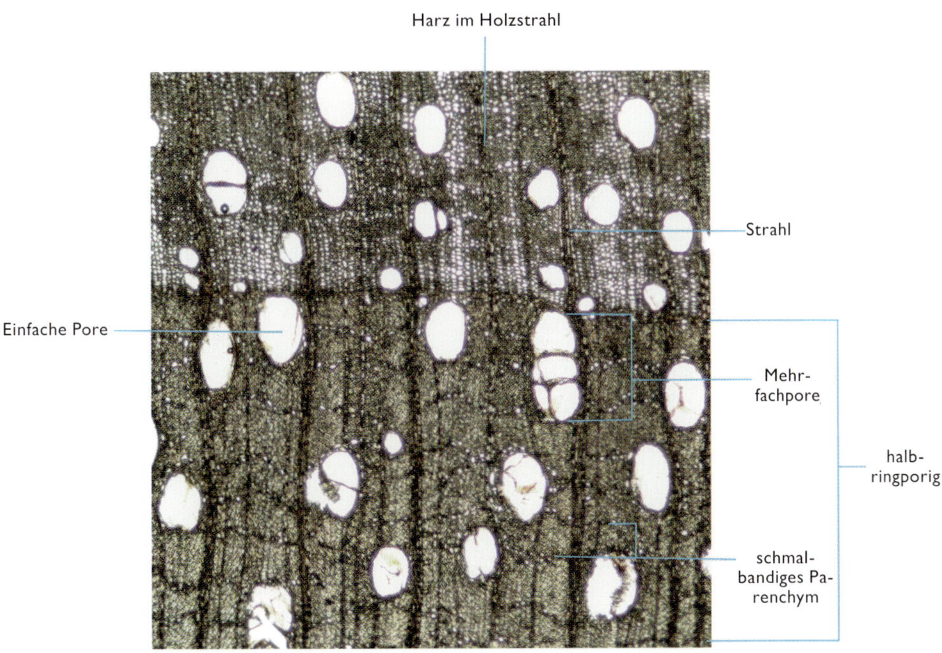

Mikroskopische Ansicht von Schwarzer Walnuss *(Bild mit freundlicher Genehmigung von Dr. Sarath Vega Gutierrez)*

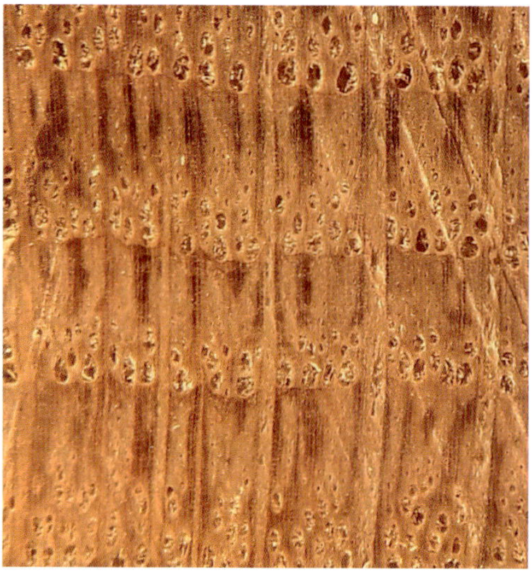

Querschnitt der Weißeiche (*Quercus alba*) *(Bild mit freundlicher Genehmigung von Sarath Vega Gutierrez)*

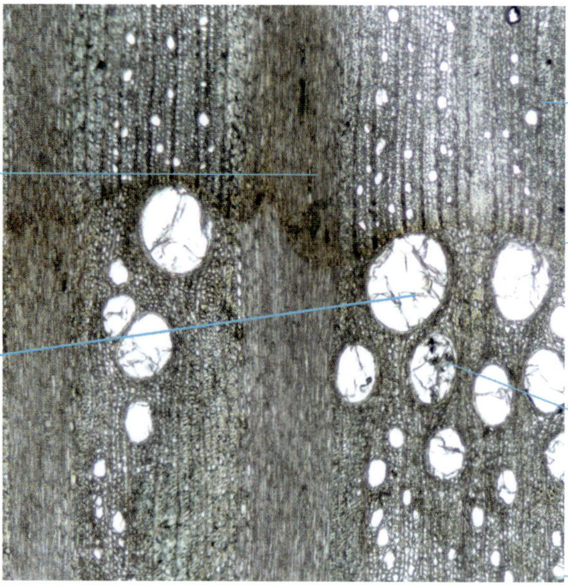

Mikroskopische Ansicht der Weißeiche. Der Querschnitt zeigt einfache Poren, Verthyllungen (die glänzende Substanz in den Poren) und ringporige Jahresringe. *(Bild mit freundlicher Genehmigung von Dr. Sarath Vega Gutierrez)*

Querschnitt von Sassafras *(Sassafras albidum)* *(Bild mit freundlicher Genehmigung von Dr. Sarath Vega Gutierrez)*

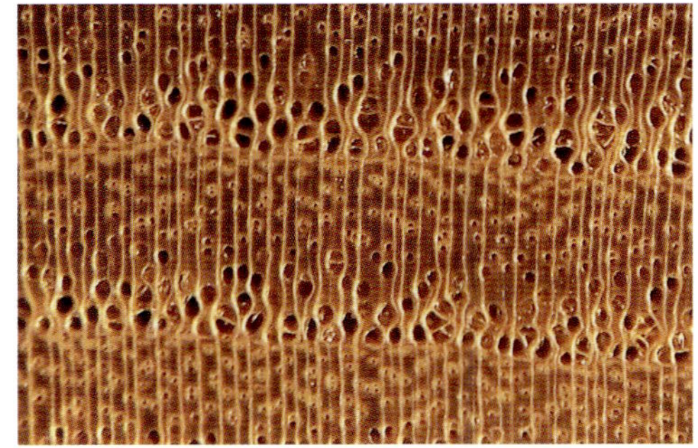

Mikroskopische Ansicht von Sassafras, die einfache Poren und ein vasizentrisches Parenchym rund um die Poren im Spätholzbereich (Querschnitt) zeigt. Der Radialschnitt (*rechts*) zeigt einen Sekretgang, der für diesen Bereich charakteristisch ist. *(Bild mit freundlicher Genehmigung von Dr. Sarath Vega Gutierrez)*

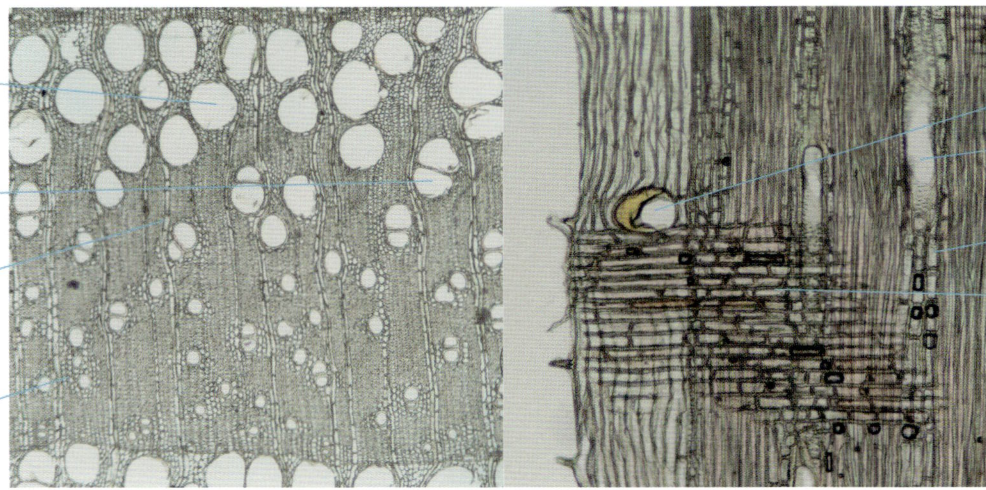

Während Extraktstoffe – sekundäre Stoffwechselprodukte, die vom Baum produziert werden, um sich gegen Insekten, Bakterien, Pilze oder Menschen zu verteidigen – bei den Harthölzern der gemäßigten Zone weniger verbreitet sind, kommen sie doch regelmäßig vor, genauso wie andere Arten des Zellenverschlusses (Okklusion). Weißeichen lassen sich leicht von Roteichen anhand ihres dendritischen Spätholzes (lange, vertikale, wellige, „rauchige" Linien) und reichlicher Verthyllungen (die glänzende Substanz in den Gefäßen der vorher gezeigten Fotos) unterscheiden. Viele Dufthölzer, wie etwa Sassafras, produzieren sowohl Harze, Gummi und/oder Öle als auch aromatische, geruchintensive Extraktstoffe.

Extraktstoffe spielen beim Holzfärben mit Baumpilzen eine wesentliche Rolle. Da sie dazu gedacht sind, die Bewegung von Mikroorganismen zu vermeiden, und daher die Zersetzung einschränken, verfärben sich Hölzer mit hohem Extraktstoffgehalt sehr viel langsamer als helle, geruchlose Hölzer.

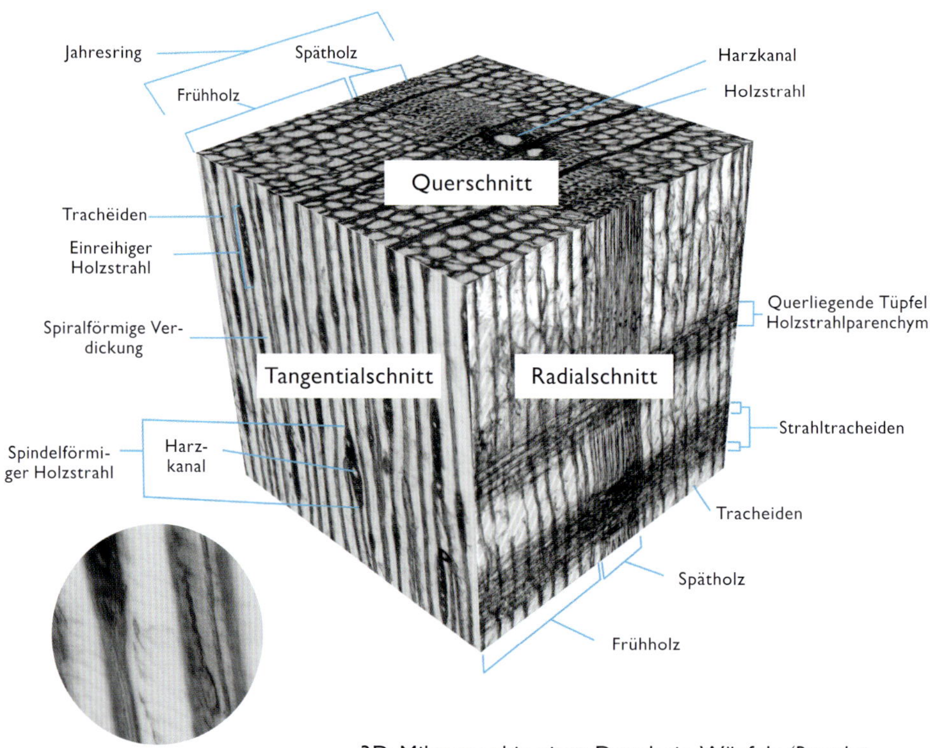

Spiralförmige Verdickung im Detail

3D-Mikrographie eines Douglasie-Würfels *(Pseudotsuga menziesii)*, der Quer-, Tangential- und Radialschnitt zeigt *(Bild mit freundlicher Genehmigung von Dr. Sarath Vega Gutierrez)*

NADELHÖLZER

Nadelbäume kommen in kühleren Klimazonen weit häufiger vor als in wärmeren; darum spreche ich nur über Nadelbäume im Allgemeinen, anstatt sie in Bäume aus tropischen und gemäßigten Zonen zu unterteilen.

Nadelhölzer haben keine Gefäßelemente. Stattdessen besteht der Großteil der Nadelbäume aus längs verlaufenden Trachëiden (Longitudinaltrachëiden), die man sich wie Strohhalme mit eingezwängten, sich verjüngenden Enden vorstellen kann. Diese Trachëiden haben sowohl eine Festigungs- als auch eine Leitungsfunktion, doch anders als bei Gefäßelementen findet die Leitung vorwiegend durch die Tüpfel statt, die die Trachëiden von Seite zu Seite miteinander verbinden.

Nadelbäume haben dennoch Strahlenzellen, sowohl Strahlenparenchyme als auch Strahlentrachëiden, auch wenn nicht alle Spezies beide Arten aufweisen. Strahlen sind bei Nadelbäumen grundsätzlich einzellig (eine Zelle breit), außer sie enthalten einen Harzkanal; in diesem Fall erstreckt sich der Strahl rund um den Kanal. Die Zellen, die die Harzkanäle einrahmen, werden Epithelzellen genannt. Sie sondern das Harz oder „Pech“ ab, das wir oft mit Kiefern in Verbindung bringen. Auch wenn jeder Nadelbaum Harzkanäle haben kann, kommen sie regelmäßig nur in Douglasien, Kiefern, Fichten und Lerchen vor – ein Schlüsselmerkmal zur Bestimmung.

Nadelhölzer enthalten, genauso wie Harthölzer, Extraktstoffe. Einige, wie etwa Cedrol, das ätherische Öl der Zeder, sind aromatisch, während andere eher gummiartig sind. Alle spielen eine Rolle in der Baumgesundheit und viele können eine Wirkung auf den Menschen haben. Die Extraktstoffe von Nadelbäumen wirken sich aber definitiv auf das Färben mit Baumpilzen aus.

Querschnitt einer Westamerikanischen Lärche *(Larix occidentalis)*, der einen abrupten Übergang zwischen Früh- und Spätholz zeigt *(Bild mit freundlicher Genehmigung von Dr. Sarath Vega Gutierrez)*

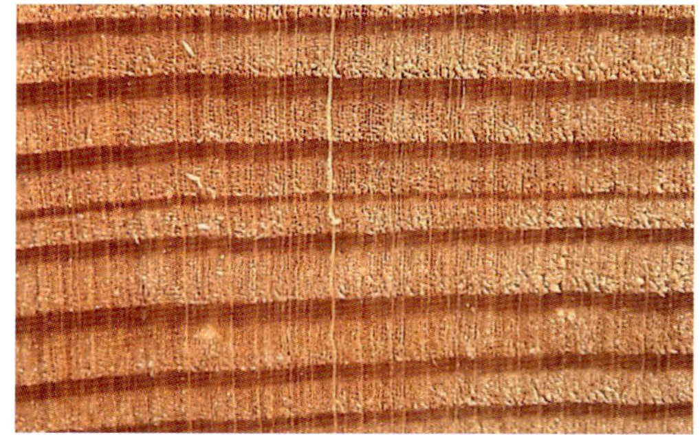

Mikroskopansicht der Westamerikanischen Lärche, die einen abrupten Übergang im Querschnitt zeigt, mit dem Radialschnitt, der piceoide kreuzungsfeldflächige Tüpfel zeigt *(Bild mit freundlicher Genehmigung von Dr. Sarath Vega Gutierrez)*

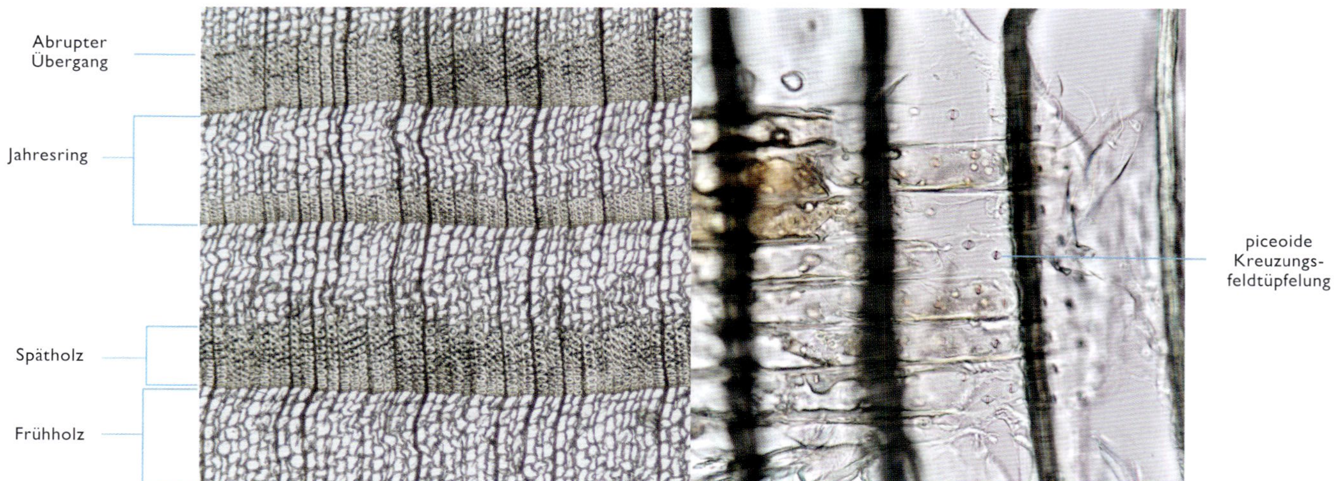

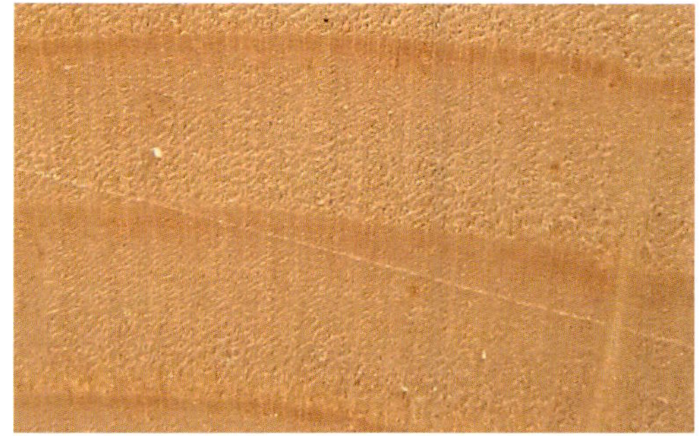

Querschnitt einer Küstenkiefer *(Pinus contorta)*, der Harzkanäle und einen allmählichen Übergang von Spät- zu Frühholz zeigt *(Bild mit freundlicher Genehmigung von Dr. Sarath Vega Gutierrez)*

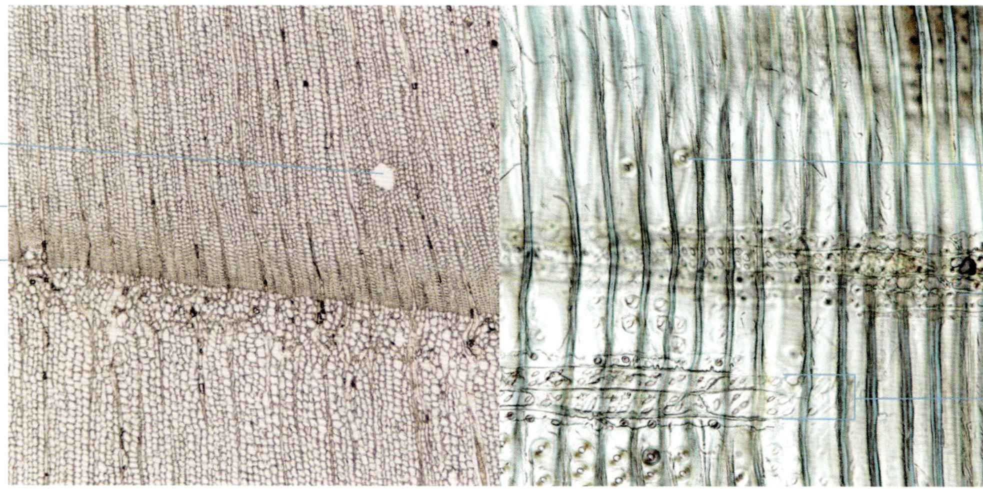

Mikroskopansicht der Küstenkiefer im Querschnitt, der die Harzkanäle und einen allmählichen Übergang von Früh- zu Spätholz zeigt sowie den Radialschnitt, der gezähnte Strahlentrachëiden (charakteristisch für kiefernartige) und pinoide Kreuzungsfeldtüpfel zeigt. *(Bild mit freundlicher Genehmigung von Dr. Sarath Vega Gutierrez)*

Nadelbäume in den Wäldern gemäßigter Klimazonen verfügen über Jahresringe, genauso wie Hartholz aus gemäßigten Klimazonen. Anstatt jedoch durch ihre Porenanordnung aufgeteilt zu werden, werden sie grundsätzlich in zwei Gruppen unterteilt: jene mit abrupten Übergängen zwischen Früh- und Spätholz und jene mit allmählichen Übergängen.

Weil Nadelbäume keine starken Variationen in ihren Zelltypen haben, stützt sich ein Großteil ihrer Merkmale auf die Art der Tüpfel, wie sie in ihrem Kreuzungsfeld gesehen werden. Wie auf den Abbildungen zu sehen ist, entsteht eine Art Tic-Tac-Toe-Spielbrett, wenn eine Strahlenzelle (das sind die Zellen, die im 90°-Winkel zur Längsachse des Baums verlaufen) die linksgerichteten Trachëiden kreuzt. Die Form der Tüpfel innerhalb dieses Kreuzungsfelds ist innerhalb einer Spezies gleichbleibend und kann bei der Holzbestimmung helfen.

Nadelbäume haben einen geringfügig anderen Aufbau als Harthölzer (zum Beispiel was die Hemizellulosearten betrifft), was der Grund dafür ist, dass Fäulnispilze grundsätzlich entweder in Weißfäule (Enzyme, die besser für Harthölzer geeignet sind) oder Braunfäule (Enzyme, die etwas besser für Weichhölzer geeignet sind) unterteilt werden. Da Weißfäulepilze am wahrscheinlichsten für Grenzlinien sorgen, bilden sich diese selten bei Nadelhölzern (auch wenn dies vorkommt!). Das Färben nach Pigmentart wird andererseits für gewöhnlich mit Weichfäule bewerkstelligt und solche Pigmente kommen regelmäßig in Nadelbäumen vor. Im nächsten Kapitel lesen Sie mehr über die verschiedenen Arten der Zersetzung.

TROPISCHE HARTHÖLZER

Tropische Harthölzer unterscheiden sich in verschiedenen Faktoren von jenen des gemäßigten Klimas: (1) Sie haben für gewöhnlich keine Jahresringe, sondern Ringe aus Dürrezyklen, Regenperioden, von Insekten usw. (2) Sie weisen normalerweise weit mehr Parenchym auf bzw. können am besten durch ihre einzigartigen Parenchym-Anordnungen bestimmt werden. (3) Sie verfügen in der Regel über mehr Extraktstoffe.

Viele der farbigen Hölzer, die von Handwerkern und Spielzeugherstellern so geliebt werden, sind Tropenhölzer. Blutholz *(Brosimum rubescens)* und Amranth (*Peltogyne sp.*) zum Beispiel verfügen beide über unverkennbares Kernholz und farbige Extraktstoffe, die das Holz rot bzw. violett färben. Es gibt viele farbige Hölzer in gemäßigten Klimazonen, wie etwa Osagedorn (*Maclura pomifera*), aber diese Baumarten sind in gemäßigten Wäldern weniger häufig als in tropischen.

Da tropische Hölzer für gewöhnlich mehr Extraktstoffe enthalten, verfärben sie sich viel langsamer als ihre Gegenstücke aus gemäßigteren Regionen. Grundsätzlich ist die Verwendung nordamerikanischer Pilze an tropischen Harthölzern zum „Do-it-Yourself-Färben" ein langer steiniger Prozess.

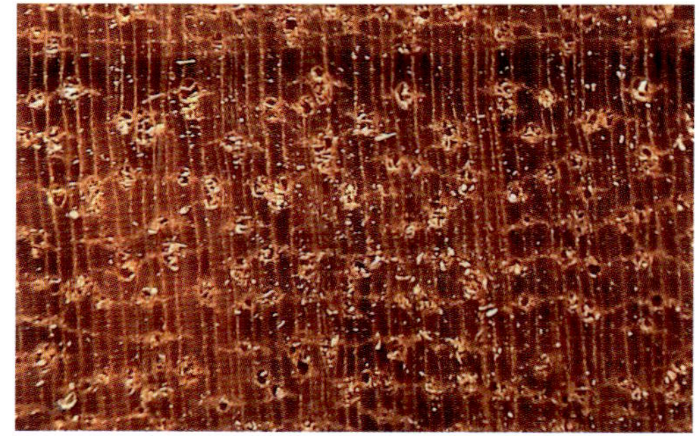

Querschnitt des Blutholzes *(Brosimum rubescens)*, der die unverkennbare rote Farbe dieser Spezies zeigt *(Bild mit freundlicher Genehmigung von Dr. Sarath Vega Gutierrez)*

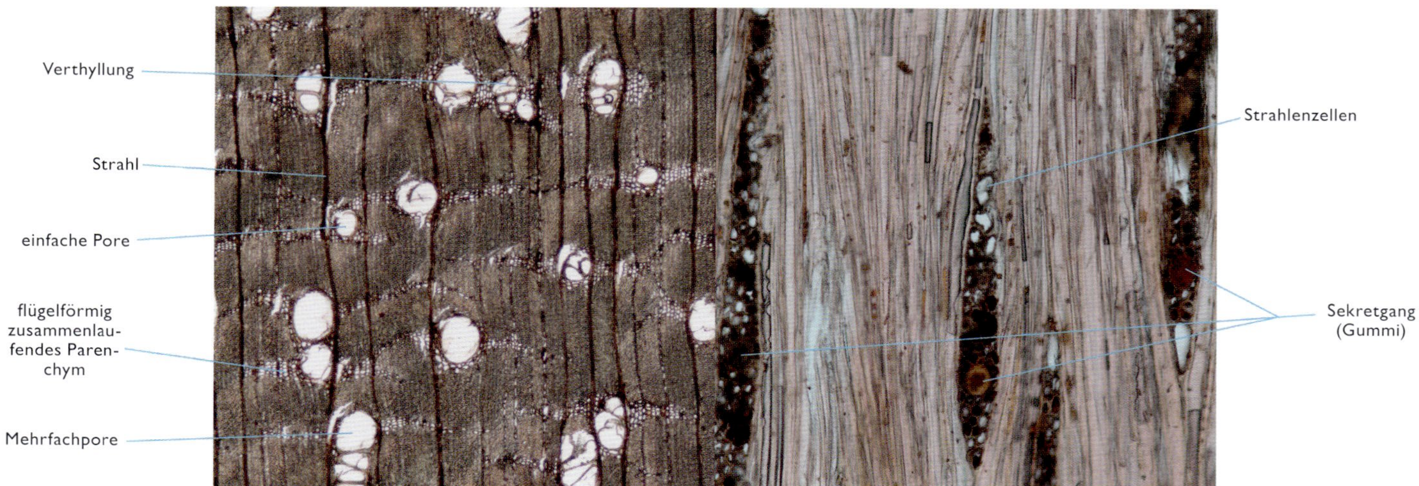

Mikroskopansicht von Blutholz. Die linke Seite zeigt einfache und mehrfache Poren, Verthyllungen und flügelförmig zusammenlaufendes Parenchym. Der Tangentialschnitt (rechts) zeigt Sekretgänge (Gummi) im Inneren der Strahlenzellen. *(Bild mit freundlicher Genehmigung von Dr. Sarath Vega Gutierrez)*

Querschnitt des *Apeiba membranacea,* der dick gebändertes Parenchym zeigt. Andere Parenchymarten sind ebenso zu sehen, wie etwa diffus angesammelte und dünnbandige. *(Bild mit freundlicher Genehmigung von Dr. Sarath Vega Gutierrez)*

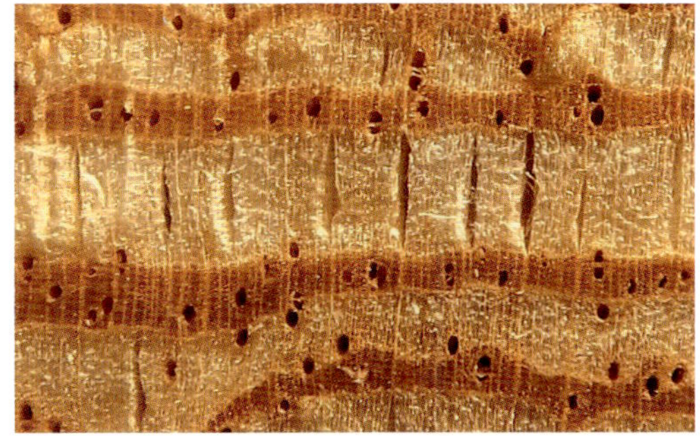

Mikroskopansicht des *Apeiba membranacea*. Der Tangentialschnitt (rechts) zeigt in Stockwerken übereinanderliegende Strahlen, die prismatische Kristalle enthalten. Der Querschnitt zeigt einen genaueren Blick auf die verschiedenen Arten der reichhaltig vorhandenen Parenchyme. *(Bild mit freundlicher Genehmigung von Dr. Sarath Vega Gutierrez)*

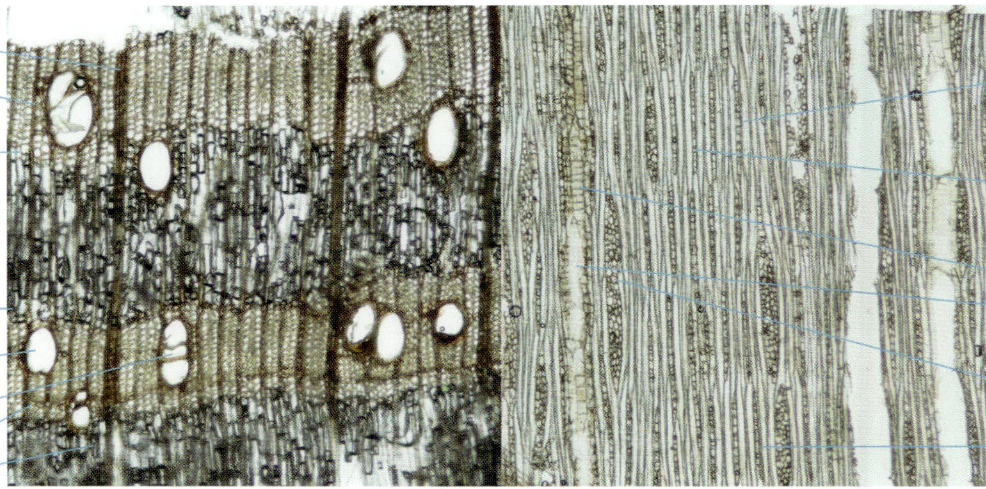

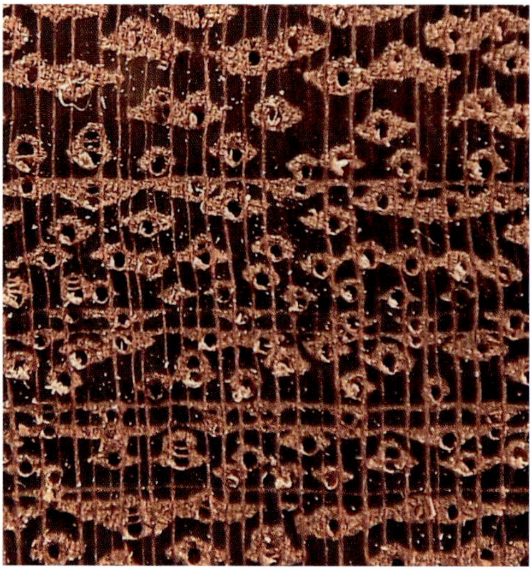

Querschnitt einer *Peltogyne*-Art, der die charakteristische Violettfärbung zeigt, die sich mit der Zeit zu Braun bzw. Schwarz verdunkelt
(Bild mit freundlicher Genehmigung von Dr. Sarath Vega Gutierrez)

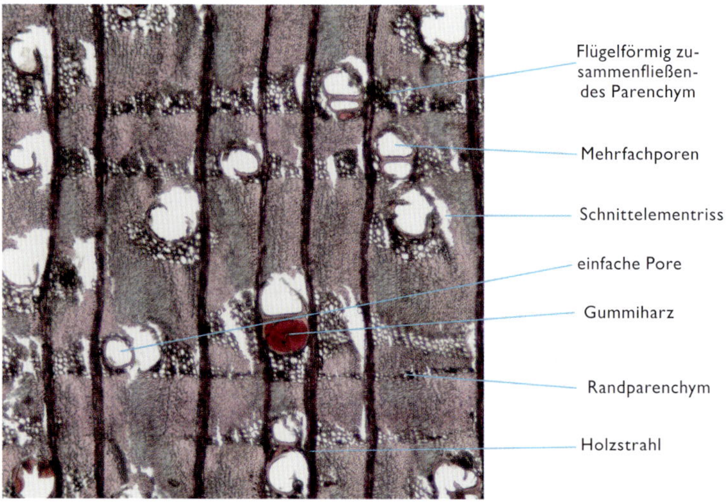

Mikroskopansicht einer *Peltogyne*-Art. Zwei Parenchymarten sind sichtbar: flügelförmig zusammenlaufend und marginal. Die Poren sind einfach und mehrfach angelegt und einige enthalten rotes Gummi.
(Bild mit freundlicher Genehmigung von Dr. Sarath Vega Gutierrez)

ALLGEMEINES

Der Großteil der Bewegung in einem Baum führt nach hinauf und hinunter, was der Zellanordnung geschuldet ist. Pilze folgen dieser Zellautobahn jedoch nicht unbedingt. Vor allem in frisch gefälltem Holz scheinen die leichtesten Nährstoffe in den Strahlenparenchymen zu liegen. Auch wenn Zersetzungspilze (alle Pilze, die Holz verfärben, sind Zersetzungspilze, aber nicht alle Zersetzungspilze sind Pilze, die Holz verfärben) die Holzzellwand aufschließen können, bauen die meisten vorzugsweise Einfachzucker und Kohlenhydrate zuerst ab, was bedeutet, dass die Verfärbung im Frühstadium eher radial und nicht der Länge nach geschieht.

Nachdem die leichte Nahrung verzehrt ist, können Pilze entlang der Längsachse verlaufen, während sie auf Futtersuche sind und verdauen, aber das ist keineswegs in Stein gemeißelt. Verthyllungen, Gummiharzleitungen, Extraktstoffe und andere Mikroben können Pilze leicht umleiten, sodass einige Pilzarten eher in bestimmte Richtungen und in bestimmten Mustern wachsen, während keine allgemeinen Aussagen über das gesamte Pilzreich gemacht werden können – was in Wirklichkeit auch Teil des Mysteriums und des Spaßes beim Färben mit Pilzen ist.

Kapitel 2

Grundlagen der Anatomie von Pilzen

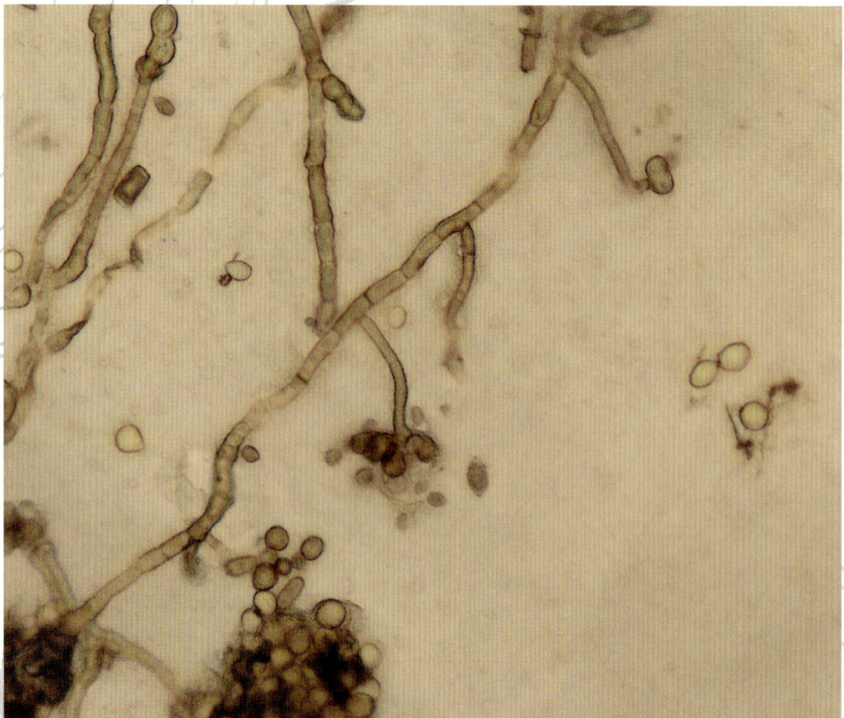

Eine einfache Mikroskopansicht von Pilzen beinhaltet für gewöhnlich Hyphen (Zellfäden auf dem Bild) und eine Sporenform (bei diesem Pilz sind die Sporen rund).

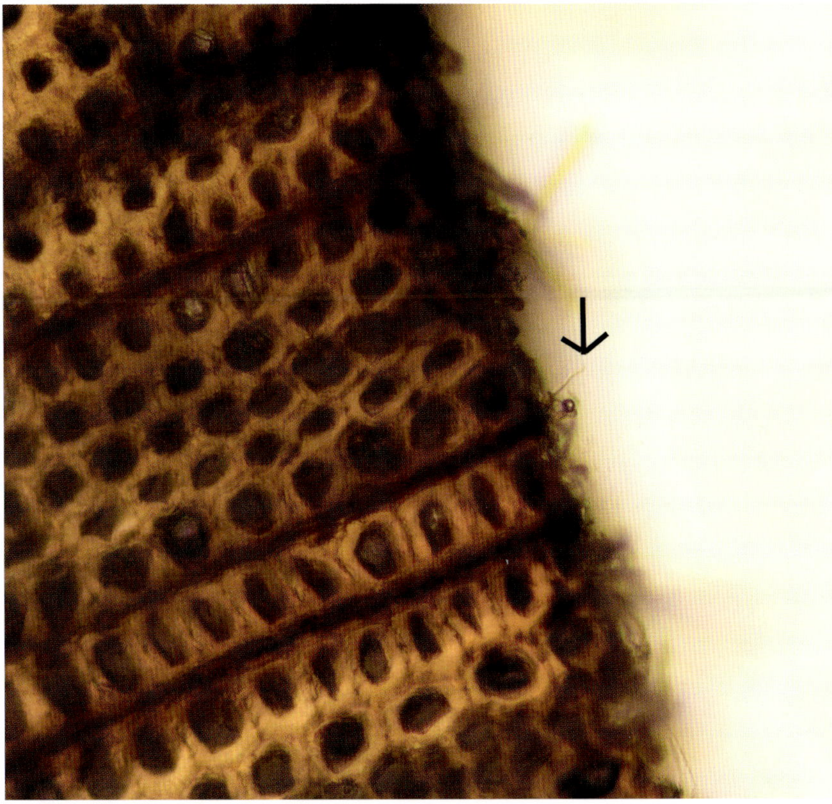

Zum Größenvergleich derselbe Pilz, der aus dem Querschnitt eines Nadelbaums austritt. Der Pfeil zeigt auf einen einzelnen Hyphenstrang.

EINLEITUNG

Pilze sind so viel mehr als nur die „Sporen", von denen man jeden reden hört. Pilze sind fadenförmige Organismen, die in Fäden oder Strängen wachsen, mit einer chitinhaltigen Zellwand. Chitin ist auch der Grundbestandteil der Exoskelette von Insekten. Auch wenn man einmal glaubte, sie seien beinahe Pflanzen, so ist das Reich der Pilze, wie wir jetzt wissen, weit näher mit dem Tierreich als mit dem Pflanzenreich verwandt. Pilze können sich sowohl sexuell als auch asexuell reproduzieren und bei vielen Spezies gibt es mehr als zwei Geschlechter.

Viele Pilze benötigen Sauerstoff, wenngleich nicht in großen Mengen. Sie wachsen sowohl durch Verlängerung ihrer Hyphen (der „Fäden") und durch das Bilden von Sporen, die als „Frucht" des Pilzes angesehen werden können. Sporen sind klein und leicht und lassen sich leicht durch Luft und Wasser verteilen.

Man geht davon aus, dass es im Reich der Pilze zwischen 2 und 4 Millionen Spezies gibt und dass es somit schwierig werden kann, allgemeine Aussagen dazu zu treffen. Tatsächlich sollten Sie keine Verallgemeinerungen über das gesamte Reich der Pilze treffen, ganz besonders, was ihre Wirkkraft oder Giftigkeit betrifft. Das wäre so, als würden Sie Hunde verurteilen, weil einige Spinnen giftig sind. Dasselbe Reich, jedoch SEHR verschiedene Teile.

Drei Untergruppen sind interessant, wenn Pilze erörtert werden: Weißfäule, Braunfäule und Weichfäule. Pilze zum Färben von Holz werden als Pilze definiert, die in der Lage sind, Holz abzubauen und eine Farbe im Inneren zu hinterlassen. Dies unterscheidet sie von vielen Schimmelpilzen, die nur die Oberfläche des Holzes färben und für Menschen oft Reizstoffe sind. Demzufolge sind Pilze zum Holzfärben im Grunde genommen Fäulnispilze, die im Unterreich der *Dikarya* klassifiziert werden. Weißfäule und Braunfäule sind beide Teil der Abteilung der *Basidiomycota* (Ständerpilze) und Weichfäule Teil der *Ascomycota* (Schlauchpilze).

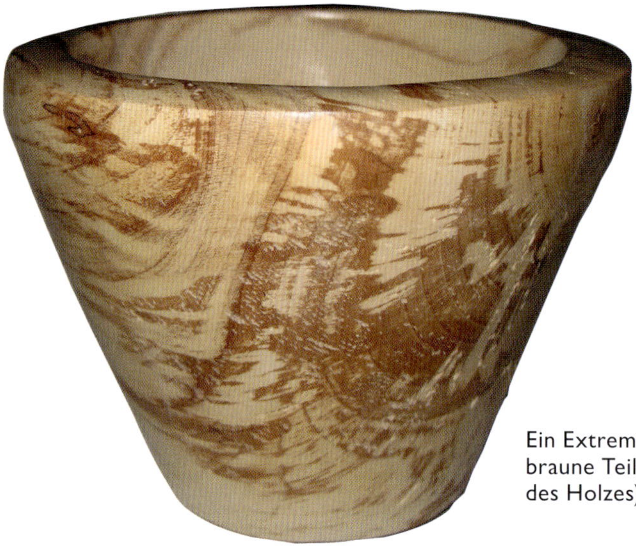

Ein Extremfall der Weißfäule (der braune Teil ist die Originalfarbe des Holzes) auf Ahornkernholz

WEISSFÄULE

Weißfäule ist der Begriff, der verwendet wird, um den Schaden am Holz zu beschreiben, der durch Weißfäulepilze (*Basidiomycetes*) entsteht, wenn diese das Holz zersetzen. Diese Pilze sind für die Zersetzung von Lignin, einem der Hauptstoffe neben Zellulose und Hemizellulose in den Baumzellwänden, bekannt. Es ist das Abtragen eben dieses Lignins, des strukturellen Stützmaterials des Holzes samt seiner leichten Pigmentierung, das das Holz aufhellt und weicher macht. Das durch Weißfäulepilze verfaulte Holz erscheint weißer als unbeschadetes Holz derselben Spezies und ist oft sehr nass und breiig anzufassen.

Im Frühstadium kann Weißfäule einen bemerkenswerten Effekt auf das Holz haben, insbesondere auf dunkle Hölzer, wie Walnuss und Kirsche. Sie kann auch verwendet werden, um Holz aufzuhellen, bevor man Färbepilze aufträgt, damit die Farben besser hervortreten. Weißfäulepilze erzeugen vorwiegend Enzyme, die Harthölzer zersetzen, aber wenn Harthölzer rar sind, können sie auch Nadelhölzer befallen.

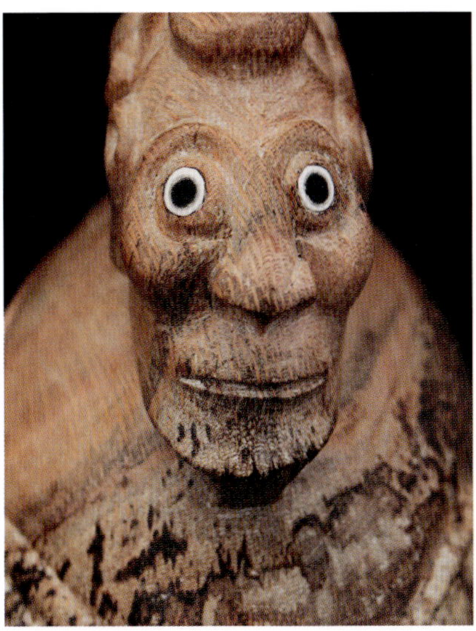

Schwarze Grenzlinien und helle Weißfäule auf handgeschnitzter Schachtelhalmblättriger Kasuarine *(Casuarina equisetifolia;* gemeinhin auch Kängurubaum oder Kasuarinabaum genannt). *(Tahonga, 2012, von Marco Antonio (Pepé) Tuki Hito. Osterinsel, Chile. Kontakt: pepetuki@hotmail.com)*

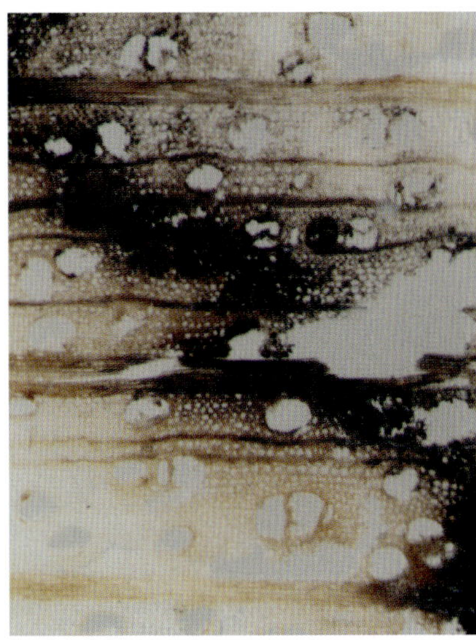

Mikroskopansicht einer schwarzen Grenzlinie auf Zuckerahorn *(Foto mit freundlicher Genehmigung von Dr. Daniela Tudor)*

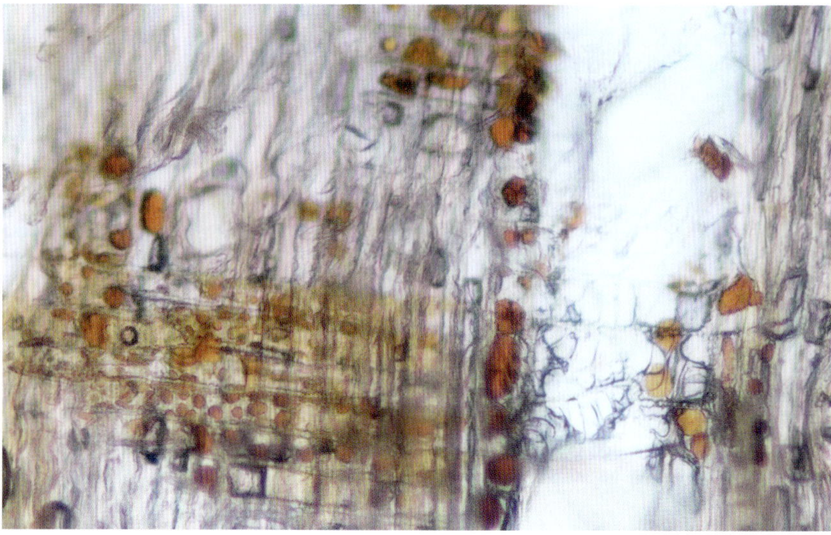

Mikroskopische Ansicht einer orangen Grenzlinie auf Pashakoholz aus dem peruanischen Amazonasgebiet, Radialschnitt des Holzes. Das Orange setzt sich vorwiegend aus einer öligen Substanz anstelle des Melanin zusammen. *(Foto mit freundlicher Genehmigung von Dr. Sarath Vega Gutierrez)*

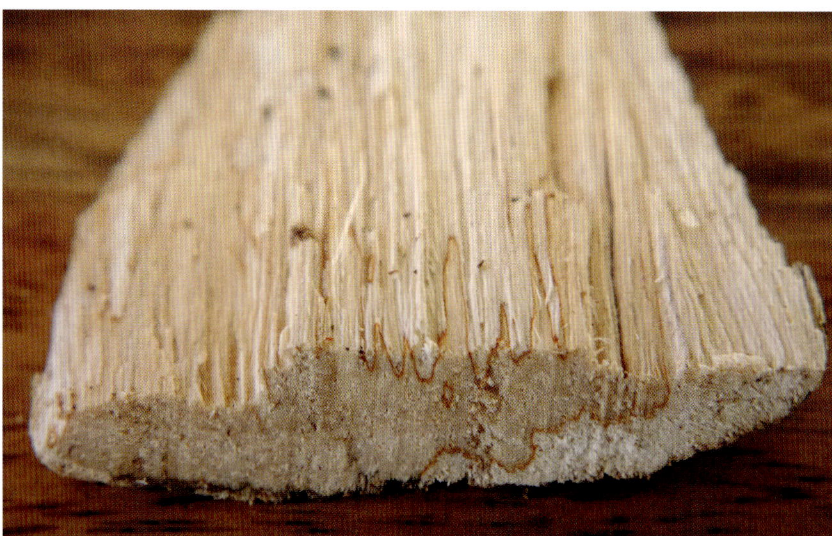

Makroskopische Ansicht der orangen Grenzlinien in Pashakoholz aus dem peruanischen Amazonasgebiet

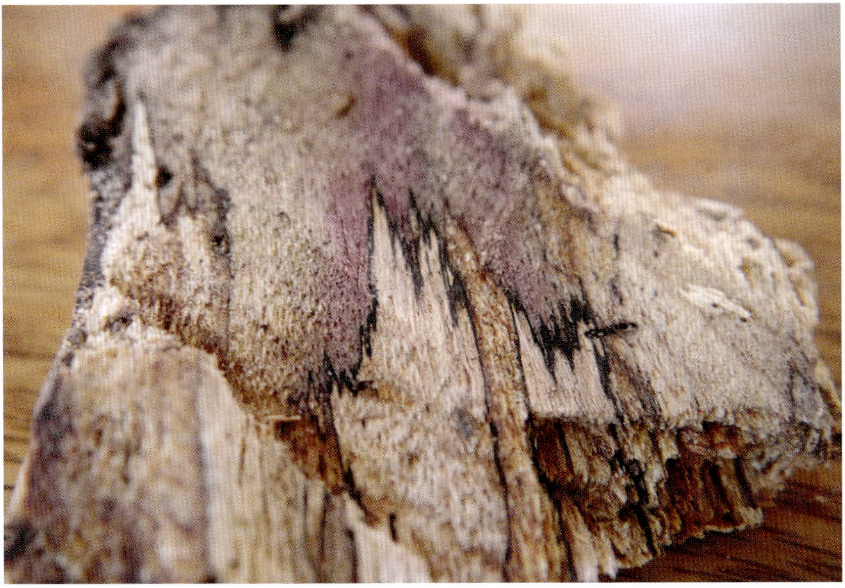

Grenzlinien einer nicht bestimmten Art aus dem peruanischen Amazonasgebiet. Die Grenzlinien erscheinen schwarz, sind aber tatsächlich violett, was man an der Farbe, die sich von den Hauptlinien aus verbreitet, erkennen kann.

Weißfäulepilzee sind die Hauptproduzenten von Grenzlinien, den sich windenden gefärbten Linien (oft schwarz oder braun), die jedenfalls mit von Pilzen verfärbtem Holz in Verbindung gebracht werden – diese Art der Verfärbung ist gemeinhin als „Stocken" bzw. als „Gestocktes Holz" bekannt. Grenzlinien werden von Pilzen aus einer ganzen Reihe von Gründen gebildet, von genetischer Unvereinbarkeit („Das ist mein Territorium, such dir dein eigenes!") bis zum Feuchtigkeitsmangel (das dicke Melanin hilft, den Wasserverlust zu verhindern). Nicht alle Grenzlinien setzen sich aus Melanin zusammen, auch wenn es ein häufiger Bestandteil der Grenzlinien von Weißfäulepilzen ist. Grenzlinien sind sehr unterschiedlich in ihrer Stärke und zeigen die verschiedensten Muster, von üppigen Melaninflächen, die mehr wie Tintenflecke aussehen (häufig bei *Xylaria polymorpha,* zu Deutsch „Vielgestaltige Holzkeule", ein Schlauchpilz, kein Ständerpilz) bis hin zu dünnen Linien, die hintereinander verlaufen (häufig bei *Armillaria* (Hallimasch)-Arten).

„Weißfäule" oder „Bleiche" wird als eine der drei Hauptkategorien des Holzfärbens mit Pilzen betrachtet. Grenzlinien sind eine weitere.

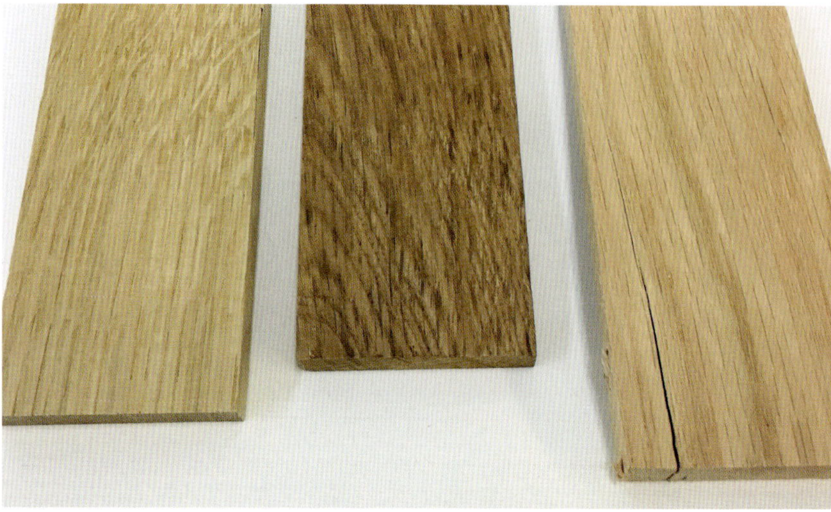

Weißeiche (links), englische Brauneiche (trotz des Namens ist diese Art tatsächlich eine Weißeiche, Mitte) und Roteiche

BRAUNFÄULE

Braunfäule ist der Begriff, der verwendet wird, um das trockene, würfelförmig gespaltene Holz zu beschreiben, das zurückbleibt, nachdem sich Braunfäulepilze (Ständerpilze) angesiedelt haben. Braunfäulepilze zersetzen nicht grundsätzlich Lignin, sondern Cellulose und Hemicellulose, was meist die braune „Struktur" des Holzes ohne den Füllstoff hinterlässt. Braunfäulepilze erzeugen Enzyme, vorwiegend zur Zersetzung von Nadelhölzern, und als solche besiedeln sie selten Harthölzer – auch wenn es viele Ausnahmen gibt.

Von Braunfäule befallenes Holz zerbröselt oft bei Berührung und kommt relativ wenig beim Färben mit Pilzen zur Anwendung. Eine besondere Ausnahme ist die englische Brauneiche, die eine braune Färbung von Eichenbäumen ist, die durch *Fistulina hepatica* (Eichen-Leberreichling, Leberpilz oder Ochsenzunge) verursacht wird. Die englische Brauneiche ist bekannt für ihre intensive, braune Farbe und auch ihre Sprödigkeit, die von den Frühstadien der Braunfäule herrührt.

Sowohl Braunfäule als auch Weichfäule werden als Pigmentfärben angesehen. Beide bringen Pigmente in das Holz anstatt Farbe durch Pigmententzug zu erzeugen, wie etwa die Weißfäule. Pigmentierung ist die dritte Art des Färbens mit Pilzen.

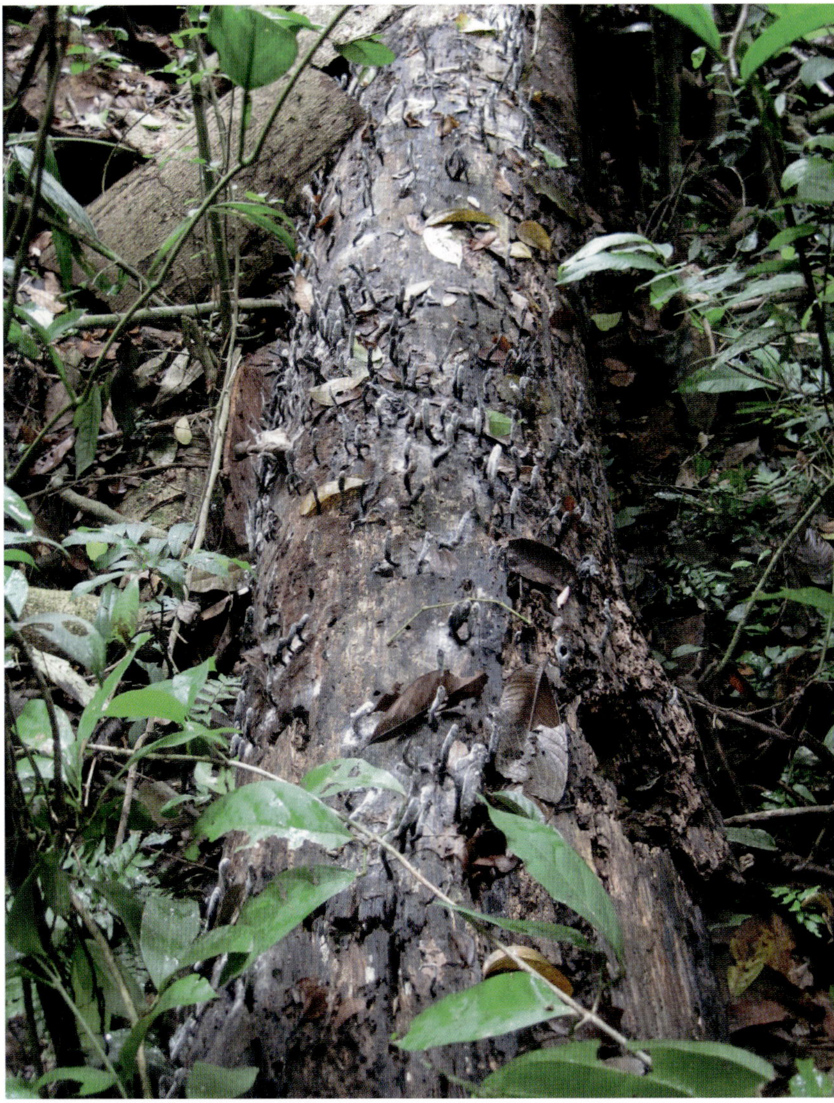

Xylaria spp. (eine Holzkeulenart, sporulierend), die einen Baumstamm im peruanischen Amazonasgebiet bedeckt

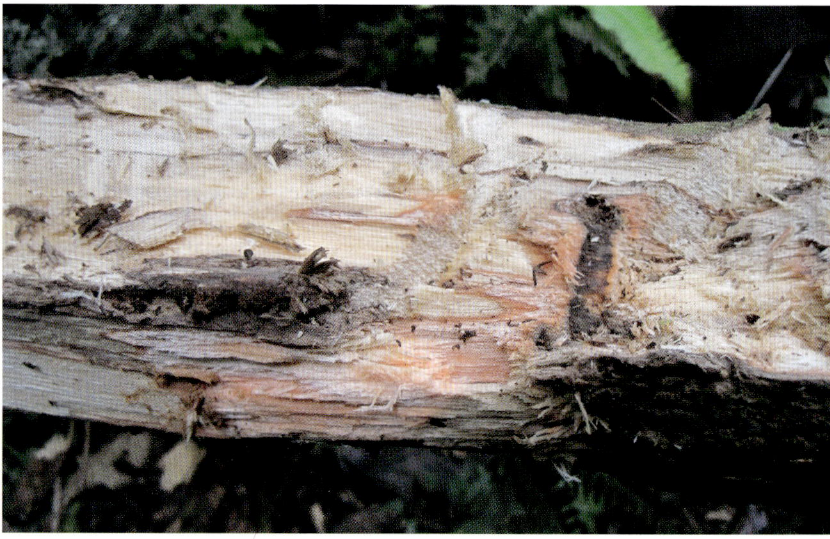

Lachsfarbener Fleck eines nicht näher bestimmten Schlauchpilzes im peruanischen Amazonasgebiet

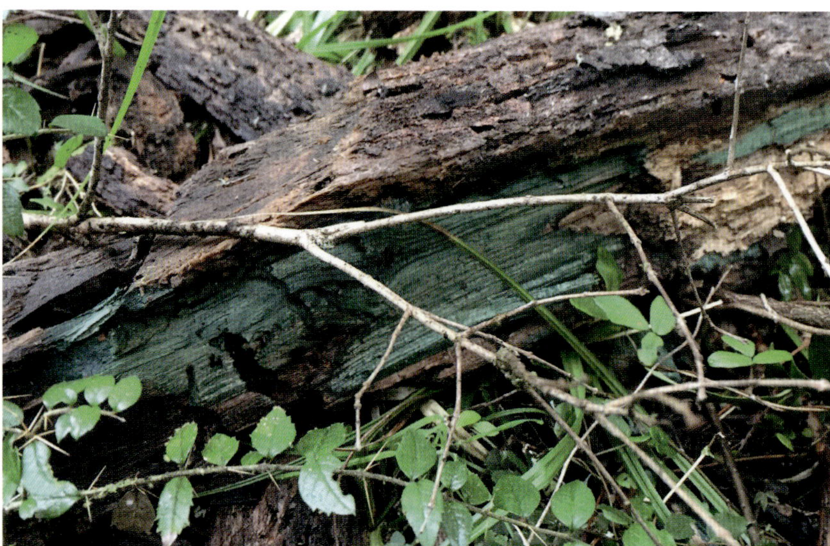

Gefallener Stamm, stark besiedelt von einer Grünspanbecherlingsart (eine *Chlorociboria*-Art) im chilenischen Chiloé *(Bild mit freundlicher Genehmigung von Patricia Vega Gutierrez)*

WEICHFÄULE

Weichfäulepilze sind grundsätzlich Schlauchpilze mit geringeren Zersetzungsfähigkeiten. Ihre Fähigkeit, bestimmte Teile der Holzzellwand selektiv so zu zersetzen, dass sich Höhlen bilden, zeichnet sie aus. Außerdem entwickeln Sie sich für gewöhnlich gut bei höherem Feuchtigkeitsgehalt. Weichfäulepilze brauchen viel länger, um einen sichtbaren Effekt auf das Holz zu haben, als Weiß- oder Braunfäule. Sie haben nicht dieselbe Zersetzungsfähigkeit wie die Ständerpilze.

Was das Färben mit Pilzen betrifft, so sind die meisten Stockschwämme zum Pigmentieren *Ascomyceten* (Schlauchpilze). Einige wohlbekannte Beispiele sind die *Chlorociboria*-Arten (Grünspanbecherling), die eine unverwechselbare blaugrüne Färbung verursachen; *Xylaria polymorpha* (Vielgestaltige Holzkeule), die dicke schwarze Grenzlinien erzeugt, und die rote/pinke/blaue Farbe, die von *Scytalidium cuboideum* stammt.

Weil viele, aber nicht alle, Weichfäulepilze sehr langsam wachsen, werden sie oft auf bereits gut zersetztem Holz gefunden. Folglich ist das Holz, das sie besiedeln, oft so stark zersetzt, dass es bereits nicht mehr verwendbar ist, auch wenn Weichfäulepilze selbst sehr lange brauchen, um die Verarbeitungsfähigkeit zu beeinträchtigen. Man findet selten ein Stück pigmentgefärbtes Holz in der Wildnis, das sich sofort verarbeiten lässt.

Im Labor ist das natürlich eine ganz andere Geschichte …

Kapitel 3

Mit Mythen aufräumen

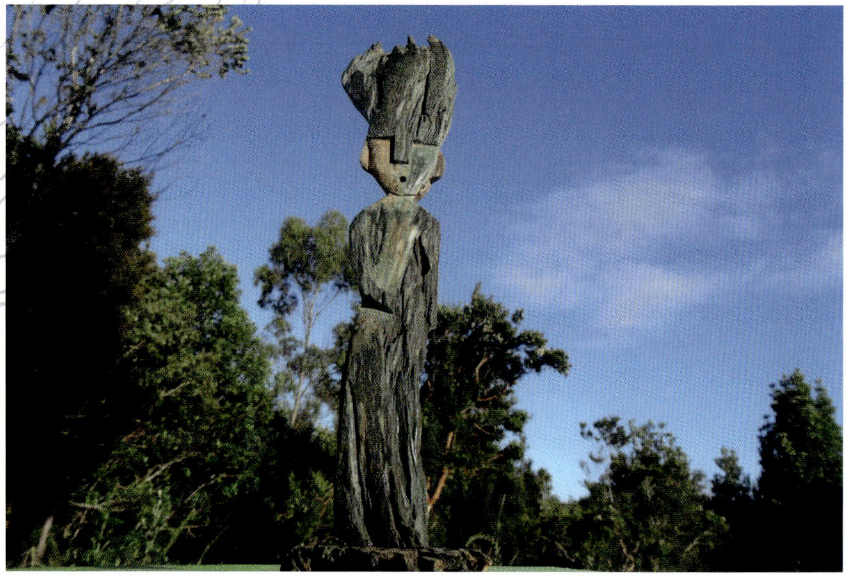

Kallfü Mamüll von David Leiva Leiva. Die Statue ist eine traditionelle chilenische Skulptur aus der Mapuche-Kultur, genannt Chemamüll (hölzerner Mensch). Sie wurde aus Coihue-Südbuche *(Nothofagus dombeyi)* gefertigt und mit der blaugrünen Farbe der *Chlorociboria*-Spezies gefärbt; einige orange Grenzlinien wurden mit einem unbekannten Pilz gefärbt und sie wurde aus einer Kombination aus traditionellen und modernen Schnitztechniken gefertigt (Höhe: 27 cm, Breite: 4–5 cm, Tiefe: 2–3 cm). *(Foto mit freundlicher Genehmigung von David Leiva Leiva. Website: www.casaetnica.cl)*

Die Anzahl urbaner Legenden, die rund um mit Pilzen verfärbtes Holz in den Vereinigten Staaten aus dem Boden geschossen sind, ist erstaunlich. Das sollte wohl keine Überraschung sein, da sich um dieses Holz immer schon Legenden rankten. Eine berühmte Legende aus Chiloé in Chile erzählt beispielsweise die Geschichte des Trauco, eines kleinen fußlosen Mannes, der durch die Wälder streift und für Frauen unwiderstehlich ist – so sehr, dass ungeplante Schwangerschaften auf Zusammenkünfte von Frauen mit dem Trauco zurückgeführt wurden. Das blaugrüne Holz der *Chlorociboria* ist in Chiloé sehr verbreitet, auch wenn Kinder und Besucher gewarnt werden, es nicht zu berühren, da es „Trauco-Kacke" sein soll.

Wir können also die historische Bedeutung von Legenden über durch Pilze verfärbtes Holz, mit einigem Humor gewürzt, anerkennen, ohne ihnen tatsächlich wissenschaftliches Gewicht beizumessen. Während die USA kein eigenes magisches „Trauco-Kacke-Holz" zu haben scheinen, haben wir zahllose Rezepte und Mutmaßungen darüber, wie man am besten pilzverfärbtes Holz herstellt. Dieses Kapitel behandelt und analysiert einige der geläufigsten Rezepturen und bietet dann zuverlässigere Optionen, um die Pigmentierung durch Pilze zu maximieren, während die Zersetzung minimiert wird.

PILZE ZÜCHTEN VS. KULTUREN ZUM FÄRBEN VON HOLZ ZÜCHTEN

Über Rezepte für durch Pilze verfärbtes Holz aus dem Internet könnte man ein ganzes Buch schreiben. Grundsätzlich basieren die Rezepte auf der Idee, dass das Anregen des Wachstums von Färbepilzen etwas mit der Zucht essbarer Pilze gemeinsam hat – und hierin liegt der größte Trugschluss. Beim Züchten von Pilzen, wie etwa Shiitake-Pilzen, geht es darum, Pilze dazu anzuregen, Ressourcen zu nutzen und Früchte zu bilden, damit die Fruchtkörper geerntet werden können. Sogar das labormäßige Testen wird aufgebaut, um die Zersetzung zu fördern, nicht die Färbung, indem den Pilzen die bestmöglichen Lebensbedingungen geboten werden (um Wachstum und Mycelmasse zu fördern).

Das ist das *Gegenteil* dessen, was wir bei Färbepilzen wollen.

Der Trick beim Färben ist es, im betroffenen Pilz buchstäblich Stress hervorzurufen. Da die Verfärbung grundsätzlich eine Antwort auf Stress ist, sei es auf klimatische Änderungen oder auf das Erspüren eines konkurrierenden Pilzes, gibt es wenig Anreiz, die ressourcenintensiven sekundären Stoffwechselprodukte (die Pigmente) zu erzeugen, wenn keine Gefahr gegeben ist. Tatsächlich ist einer der Gründe, warum es so schwierig ist, die Pigmentproduktion von Färbepilzen unter Laborbedingungen aufrechtzuerhalten, dass all unsere Standard-Pilzzuchttechniken entwickelt wurden, um Pilze lebendig und zufrieden zu halten, nicht lebendig und gestresst.

Das ideale verfärbte Holz ist stark gefärbt bei geringer Zersetzung. Das kann nur erreicht werden, wenn der Pilz einige seiner Ressourcen einsetzt, um sein Substrat zu schützen, anstelle sich komplett auf die Zersetzung zu fokussieren.

REZEPTE

Die meisten Rezepte zum Färben von Holz mithilfe von Pilzen beinhalten Zutaten, die das Pilzwachstum begünstigen. Diese schließen Dinge, wie Dünger (Stickstoff ist immer limitierender Faktor und Pilze benötigen ihn ebenso), Zucker (für gewöhnlich angeraten in Form von Bier, wahrscheinlich aufgrund des Malzes) und Mulch (für die Dunkelheit), ein. Einige Variationen werden erwähnt, wie etwa zerriebene Rentiergeweihe (ich bin nicht sicher, was das bringt), darauf urinieren (Urea ist eine großartige Stickstoffquelle), Mayonnaise (ich habe keine Ahnung), Eichenblätter (Stickstoff??? Irgendwelche fehlgeschlagenen Ideen über Tannine???) usw.

Während viele dieser Dinge ein Schlüssel für Pilzwachstum sind, ist es wichtig, sich daran zu erinnern, dass es beim Färben mit Pilzen nicht das Wachstum der Fruchtkörper ist, das uns wichtig ist. Wir wollen eine Pigmentproduktion tief im Holz mit so wenig Mycel und so wenig Schaden wie möglich. Es ist auch wichtig anzumerken, dass das Färben für gewöhnlich zumindest ein bisschen Zersetzung einfordert, was bedeutet, dass der Pilz beginnen muss, das Holz abzubauen. Wie in den vorhergehenden Kapiteln angemerkt, nutzen Pilze oft die Einfachzucker im Holz (Holzstrahlzellen), bevor sie die komplexere Holzzellwand angreifen und zersetzen. Deshalb macht das Bereitstellen von Einfachzuckern die Pilze (A) „zufrieden“ und weniger gewillt, ihr Territorium zu verteidigen, und (B) verlangsamt das Färben, weil der Pilz grundsätzlich nicht mit dem Zersetzen des Holzes beginnt, bis der Einfachzucker verschwunden ist.

VORAUSSETZUNGEN

Was also sind die besten Voraussetzungen zum Färben mit Pilzen? Diese Frage ist wirklich schwer zu beantworten, weil kein Pilz wie der andere ist. Generalisierungen können nicht einmal innerhalb derselben Gattung betrieben werden und die Holzart, auf der der Pilz wächst, spielt ebenfalls eine Rolle.

Im Labor bezeichnen wir eine Verfärbung als „angemessen“, wenn mindestens 20 % der Holzoberfläche und seines Inneren einen gewissen Färbungsgrad aufweisen (ist es mehr als das, wird es optisch überwältigend!). Wir verwenden Zuckerahorn *(Acer saccharum)* als unsere Basis. Zuckerahorn verfärbt sich bis zu einer Bedeckung von 20 % mit unserer Grundkombination von *Trametes versicolor x Polyporus brumalis* mit einer Inkubationszeit von 8–12 Wochen, während denen das Holz im Dunkeln bei einem Feuchtigkeitsgehalt (FG) von knapp über 30 %, einer Temperatur von etwa 27 °C und einer relativen Feuchtigkeit von 80–90 % gelagert wird.

Dies ist jedoch nur eine Paarung auf nur einer Holzart, *Scytalidium cuboideum* braucht zwischen 4 und 6 Wochen, um das Innere und Äußere das Zuckerahorns vollständig zu färben. Vergleichen Sie dies mit den *Chlorociboria*-Arten, bei denen es 6 Monate oder länger dauert, um zumindest die 20-%-Marke desselben Holzes zu erreichen (und Sie benötigen dazu eine kühlere Umgebung).

Es gibt trotzdem einige Verallgemeinerungen, die man treffen kann. Grundsätzlich

- mögen *Weißfäulepilze* wärmere Temperaturen zwischen 25,5 und 29,5 °C.
- mögen *Weichfäulepilze* einen höheren Feuchtigkeitsgehalt, besonders über 40 % Feuchtigkeitsgehalt im Holz.
- können niedrigere Feuchtigkeitsgehalte die Produktion von Grenzlinien in Arten, wie *Xylaria polymorpha*, anregen, die ihre melanisierten Grenzlinien nutzen, um einen Feuchtigkeitsverlust zu verhindern.
- dauert es länger, Grenzlinien zu bilden, als nicht-melanisierte Pigmente, wobei *Chlorociboria* spp. offensichtlich eine Ausnahme bilden.
- Für Grenzlinien benötigt man grundsätzlich mindestens zwei Pilzarten (*Xylaria* sind hier die offensichtliche Ausnahme).
- *Ringporige Hölzer* tendieren aufgrund der größeren Gefäße und der Leichtigkeit, mit der sich die Pigmente durch das Holz bewegen können, dazu, leichter zu pigmentieren, als zerstreutporige.
- *Helle, weiße, nicht zerfallsbeständige Hölzer*, wie Pappel und Espe, lassen sich schwer mit Grenzlinien versehen, da sie sich so leicht zersetzen, dass die Pilze oft einfach das Holz angreifen, anstatt sich damit aufzuhalten, Barrieren zu errichten.
- *Nadelhölzer* bekommen nicht ohne Weiteres Grenzlinien, weil Weißfäulepilze diese für gewöhnlich nicht besiedeln.

12 Wochen sind ein allgemeiner Durchschnitt dafür, wie lange es dauern sollte, um eine 20%ige Färbungsabdeckung zu erhalten, wobei lebendige Beimpfung auf das gesäuberte Holz aufgetragen wird und Feuchtigkeit und Temperatur kontrolliert werden (erneut mit *Chlorociboria* spp. als augenscheinliche Ausnahme).

Für weitere Besonderheiten bezüglich Zeitrahmen, Voraussetzungen und Paarungen reißen die nächsten Kapitel jede Art der Färbung an und bieten Tipps und Tricks, um die Farbe zu maximieren, während die Zersetzung minimiert wird.

Kapitel 4

Grenzlinien

Auch wenn sich die meisten Menschen die Grenzlinien als „schwarze Linie" vorstellen, gibt es sie in einer großen Vielfalt an Farben, Dicke und Mustern. Wenn man versucht, die Bildung von Grenzlinien im Holz anzuregen, ist es entscheidend, zuerst festzulegen, welche Art Grenzlinie man erhalten möchte. Wie ist die optimale Breite? In welcher Farbe? Möchte man alleinstehende oder nebeneinandergeordnete Linien, Matten oder Rosetten?

Wenn man weiß, welche Art der Grenzlinie man erreichen möchte, kann man den dazupassenden Pilz auswählen. Wenn man weiß, welchen Pilz man nehmen möchte, kann man seine Beimpfungsmethode auswählen. Die folgende Tabelle liefert ein einfaches Nachschlagewerk für die geläufigsten Grenzlinien und ihre Pilze.

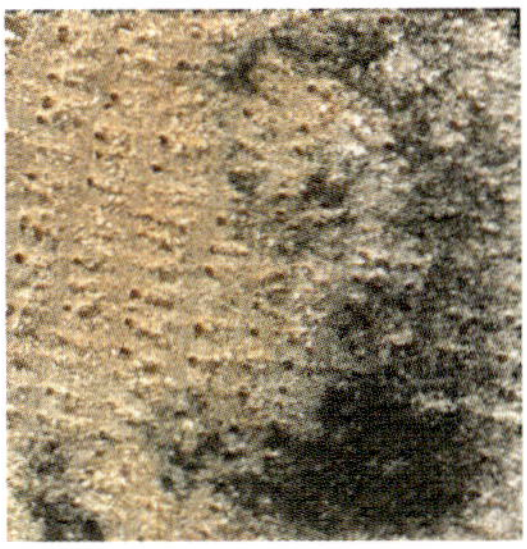
4-1

4-2

4-3

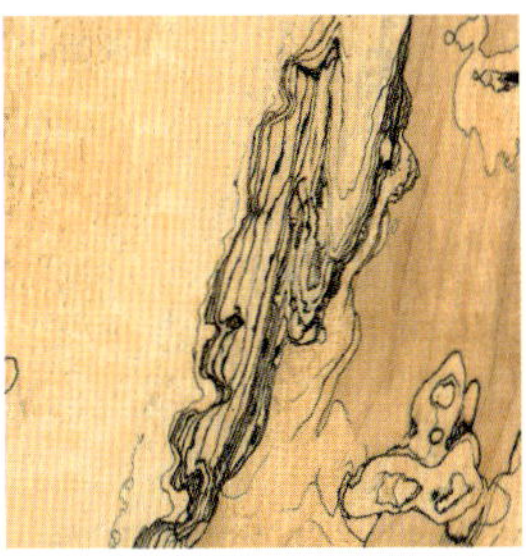
4-5

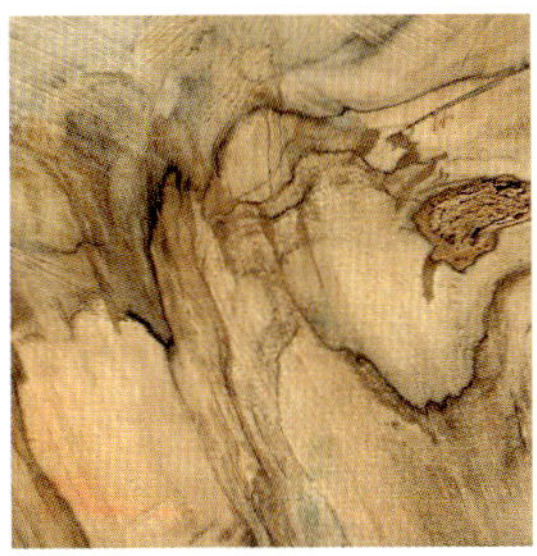
4-6

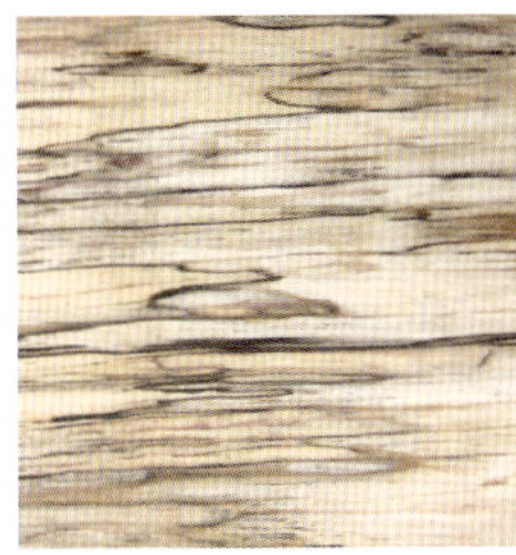
4-7

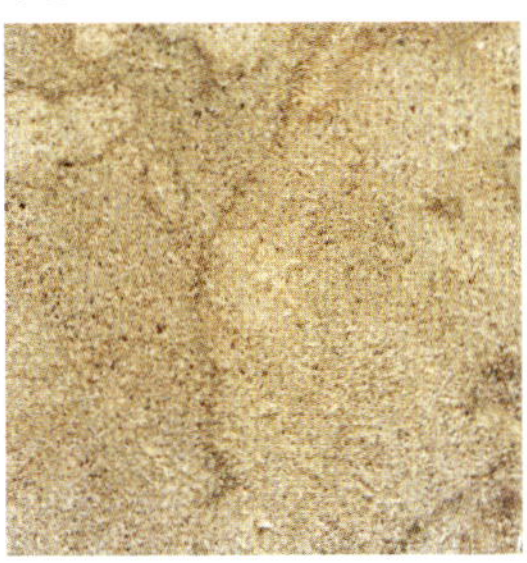
4-8

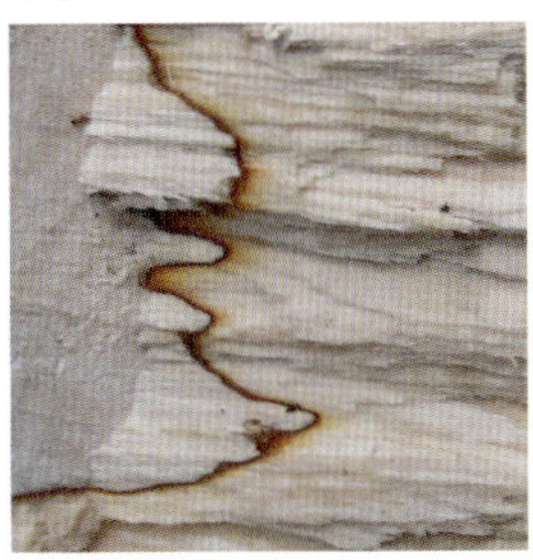
4-9

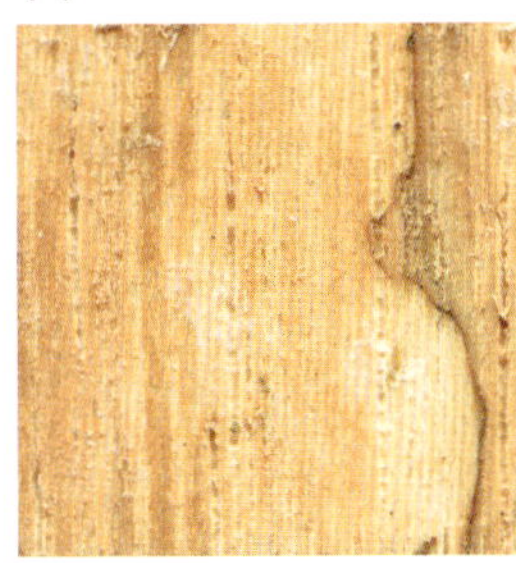
4-10

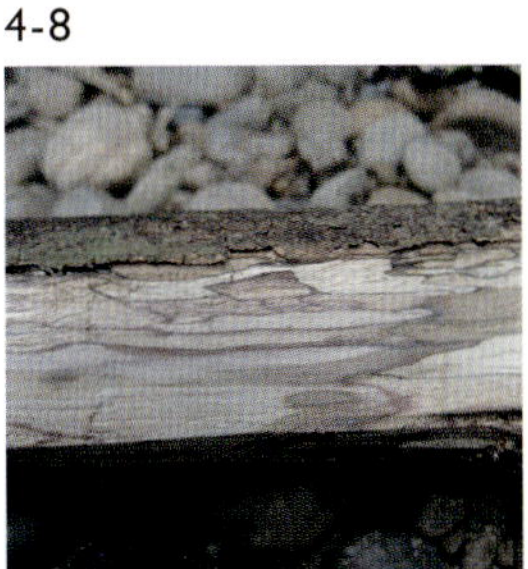
4-11

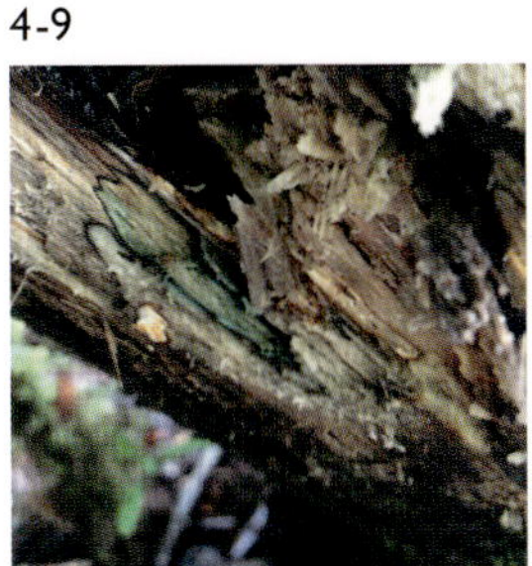
4-12 *(Bild mit freundlicher Genehmigung von Patricia Vega Gutierrez)*

Verwenden Sie diese Bilder mit der Tabelle auf Seite 44–45.

GRENZLINIEN: TABELLE ZUM SCHNELLEN NACHSCHLAGEN

Generalisierend über die meisten Hölzer der gemäßigten Klimazone mit niedrigem bis mittlerem Extraktgehalt. Die Tabelle ist nicht vollständig und zeigt nur Paarungen, von denen bekannt ist, dass sie auf Zuckerahorn unter Laborbedingungen funktionieren.

<table>
<tr><th>Farbe</th><th>Dicke</th><th>Anordnung</th><th>Pilz A</th><th>Pilz B (falls zutreffend)</th></tr>
<tr><td rowspan="5">Schwarz</td><td>> 1,3 cm</td><td>Matte</td><td>Xylaria polymorpha</td><td>N/A</td></tr>
<tr><td>> 0,6 cm</td><td>einzelne Linie</td><td>Trametes versicolor</td><td>Bjerkandera adusta</td></tr>
<tr><td rowspan="3">> 0,6 cm</td><td>einzelne Linie</td><td>Polyporus brumalis</td><td>Bjerkandera adusta</td></tr>
<tr><td>nebeneinander-geordnete Linien</td><td>Armillaria-Spezies</td><td>N/A</td></tr>
<tr><td>Rosette</td><td colspan="2">Benötigt einige konkurrierende Armillaria-Spezies.</td></tr>
<tr><td rowspan="2">Braun</td><td>> 1,3 cm</td><td>Linie</td><td>Fomes fomentarius</td><td>N/A</td></tr>
<tr><td>> 0,6 cm</td><td>Linie</td><td>Inonotus hispidus</td><td>N/A</td></tr>
<tr><td>Gelb</td><td>> 0,6 cm</td><td>Linie</td><td>Inonotus hispidus</td><td>N/A</td></tr>
<tr><td>Orange</td><td>variabel</td><td>Linie</td><td>Peniophora-Spezies</td><td>N/A</td></tr>
<tr><td rowspan="2">Rot</td><td rowspan="2">variabel</td><td rowspan="2">Linie</td><td>Bjerkandera adusta</td><td>Polyporus brumalis</td></tr>
<tr><td>Polyporus brumalis</td><td>Trametes versicolor</td></tr>
<tr><td>Rosa</td><td>variabel</td><td>Linie</td><td>Trametes versicolor</td><td>Scytalidium cuboideum</td></tr>
<tr><td>Grün</td><td>variabel</td><td>Linie</td><td>Trametes versicolor</td><td>Chlorociboria species</td></tr>
</table>

Ideale Temperatur (°C)	Idealer FG	Benötigte Inkubationszeit	Bild (s. S. 41)
> 23,9 °C	< 30 %	> 12 Wochen	4-1
> 26,7 °C	> 30 %	> 8 Wochen	4-2
> 26,7 °C	> 30 %	> 16 Wochen	4-3
> 26,7 °C	unbekannt	> 12 Wochen	4-5
> 26,7 °C	unbekannt	> 12 Wochen	
> 23,9 °C	unbekannt	> 6 Wochen	4-6
> 23,9 °C	unbekannt	> 10 Wochen	4-7
> 23,9 °C	unbekannt	etwa 4 Wochen (länger und es wird braun)	4-8
> 26,7 °C	> 30 %	unbekannt	4-9
> 26,7 °C	> 3 0%	ca. 8 Wochen (länger und das Rot bleicht aus)	4-10
> 26,7 °C	> 30 %	> 8 Wochen	
> 26,7 °C	> 30 %	> 6 Wochen, aber *S. cuboideum* muss zuerst für 4–6 Wochen angesiedelt werden, dann muss *T. versicolor* zu der Mischung hinzugefügt werden	4-11
< 23,9 °C	variabel	ca. 2 Jahre, wobei *Chlorociboria* zuerst für 1,5 Jahre angesiedelt wird, um dann T. *versicolor* hinzuzufügen.	4-12

METHODEN

Methoden zur Kultivierung von Pilzen und zum Kopieren von Pilzplatten sind dem Kapitel 8, S. 84, zu entnehmen.

Den Elementen ausgesetzt

Zeitraum: 1–2 Jahre, abhängig vom Klima
Zuverlässigkeit: ca. 25 %
Erforderliche wissenschaftliche Kenntnis: keine
Risiko, dass Ihr Ehepartner/Mitbewohner dagegen ist: niedrig

Dies ist die am häufigsten angewandte Methode, um Grenzlinien zu erzeugen. Nehmen Sie Ihr Holz, seien es Bretter, Scheite oder Feuerholz, und packen Sie es fest zusammen. Stellen Sie sicher, dass ein Teil des Holzes Bodenkontakt hat. Lassen Sie es abgedeckt und frei den Elementen ausgesetzt. Kommen Sie in 2 Jahren wieder.

Warum es funktioniert: Im Grunde ist das nur ein Feuerholzstoß. Es funktioniert, weil die Sporen von Färbepilzen ständig in der Luft sind – und im Boden. Wenn Sie Glück haben, hat der Platz, an dem Sie Ihr Holz lagern, die richtige Sporenkombination, die Sporen landen und beginnen zu wachsen und das Holz zu verfärben (es beginnt zu stocken). Das Beste daran ist, dass Sie das Holz immer wieder an denselben Ort legen können, sobald die Pilzgemeinschaft etabliert ist, und Sie annähernd dasselbe Ergebnis bekommen. Es ist der Aufbau der Pilzkultur, der sich schwierig gestaltet.

Der Natur nachhelfen

Zeitraum: 1–2 Jahre, abhängig vom Klima
Zuverlässigkeit: um 50 %
Erforderliche wissenschaftliche Kenntnis: keine
Risiko, dass Ihr Ehepartner/Mitbewohner dagegen ist: niedrig

Diese Methode ist der rustikalen Methode sehr ähnlich, aber Sie helfen dabei, die Kultur aufzubauen. Schichten Sie Ihr Holz auf und achten Sie dabei darauf, dass es in Bodenkontakt bleibt. An den Stellen, die gut über dem Boden sind (wo am Holz ist egal, solange es relativ sauber ist), bringen Sie bekannte Pilzkulturen an, die Ihnen die Grenzlinien oder Färbungen bringen, die Sie möchten. Mit ein bisschen Glück besiedeln sie den oberen Teil Ihres Holzes und treten schlussendlich in Konkurrenz mit dem, was sich in Boden und Luft befindet.

Dafür gibt es allerdings keine Garantie; daher die geringe Zuverlässigkeit.

Warum es funktioniert: Das Einbringen bekannter Pilze kann helfen, diese Pilze noch vor anderen zu kultivieren, um sicherzustellen, dass sie von Anfang an in Ihrem Holz sind. Dies kann auch helfen, eine Kolonie vor Ort zu etablieren, sodass Sie nicht jede Charge beimpfen müssen, sondern nur die ersten ein bis zwei. Es besteht weiterhin eine Möglichkeit, dass das, was bereits in Ihrem Holz/Boden/Luft ist, die Pilze, die Sie aufgetragen haben, aus dem Feld schlägt; behalten Sie dies also im Hinterkopf.

Vor Wind und Wetter geschützt

Zeitraum: 3–4 Monate
Zuverlässigkeit: um 75 %
Erforderliche wissenschaftliche Kenntnis: gering bis mittel
Risiko, dass Ihr Ehepartner/Mitbewohner dagegen ist: mittel; je nachdem, wie oft er Ihren Geräteschuppen betritt.

Ähnlich wie bei der rustikalen Methode stapeln Sie Ihr Holz eng aufeinander. Anders als bei den vorigen zwei Methoden tun Sie dies so, dass das Holz keinen Kontakt zur Erde hat (sehen Sie, wie wir die Variablen langsam beseitigen?) und wo es vor Regen und Sonne geschützt ist.

Vergewissern Sie sich, dass Ihr Holz knapp über dem idealen Feuchtigkeitsgehalt für Pilzverpaarungen ist. Wenn möglich, kontrollieren Sie die Wärme des Ortes und bringen Sie sie auf mindestens 24 °C, optimalerweise auf 26,7–29,5 °C. Beimpfen Sie Ihr Holz mit bekannten Pilzkulturen, idealerweise mit einer Petrischale alle 30 cm. Beimpfen Sie nicht die äußeren Teile des Stapels. Lassen Sie die gesamte Sache drei oder vier Monate lang wachsen, vorzugsweise mit einer Plane oder anderweitig bedeckt, um den Feuchtigkeitsverlust zu verhindern, bevor Sie nachsehen.

Um den Status Ihrer Färbung zu überprüfen, entfernen Sie eines der oberen oder seitlich liegenden Holzstücke und betrachten Sie die nächste Schicht. Widerstehen Sie dem Drang, den Stapel auseinanderzunehmen, da dies die Kulturen stört und die Inkubationszeit erhöht. Wenn Sie schwarze Schichten entlang der Oberflächen sehen, stehen die Chancen gut, dass Sie im Inneren Grenzlinien vorfinden. Wenn alles aussieht wie normales Holz, ist es gut möglich, dass Ihr Holz zu trocken ist. Befeuchten Sie es wieder und versuchen Sie es erneut. Wenn es grün aussieht, könnte Schimmel Ihre Fäulnispilze ausgestochen haben. Lassen Sie den Holzstapel unversehrt, wischen Sie den Schimmel mit 70%igem Ethanol ab und werfen Sie ein paar frische Petrischalen mit Fäulnispilzen hinein. Hoffen Sie das Beste.

Reißen Sie den Stapel nicht auf einmal ein. Entfernen Sie Schicht für Schicht. Wenn die Schicht, die Sie demontiert haben, nicht verfärbt ist, warten Sie weitere 4 Wochen und kommen Sie dann wieder. Ist die Schicht, die Sie abgebaut haben, gefärbt, gehen Sie zur nächsten Schicht über. Denken Sie daran, dass Pilze nicht gleichmäßig wachsen, sodass sich einige Schichten verfärben können, während andere länger brauchen. Haben Sie Geduld!

Warum es funktioniert: Je mehr Variablen Sie ausschließen können, umso besser. Viele potenzielle Konkurrenten aus dem Boden und der Luft auszuschalten, bewirkt viel, um Ihren Pilzen die besten Überlebenschancen einzuräumen. Die Temperatur und die Feuchtigkeit zu kontrollieren, hilft zu einem gewissen Grad, Ihr Holz ideal für Ihre Pilze zu machen, und nicht für die, die auf dem Holz eintreffen, während es sich gerade verfärbt.

Mit Hilfe der Wissenschaft

Zeitraum: 3–4 Monate
Zuverlässigkeit: um 95 %
Erforderliche wissenschaftliche Kenntnis: mittel
Risiko, dass Ihr Ehepartner/Mitbewohner dagegen ist: mittel bis hoch

Der Hauptunterschied zwischen dieser Methode und der vorherigen ist die Kontrolle der Luft. Für diese Methode reinigen Sie Ihr Holz so gut wie möglich und schneiden es so weit wie möglich zu, bis knapp zu der Größe, die Sie haben möchten (dies ist am besten geeignet für Rohlinge von Schüsseln und kleinen Holzformen aus Holzscheitern). Bringen Sie die Pilzkulturen auf die Breitseiten Ihres Holzes auf, dann packen Sie das Holz fest in ein Behältnis – Plastikeimer mit Deckel zum Anklippen eignen sich prima dafür. Stellen Sie sicher, dass Ihr Holz einen angemessenen Feuchtigkeitsgehalt aufweist, bringen Sie den Deckel an und lagern Sie das Behältnis in einem Raum, in dem die Temperatur im richtigen Bereich gehalten wird.

Stellen Sie mithilfe eines Feuchtigkeitsmessgerätes sicher, dass Ihr Holz den richtigen Feuchtigkeitsgehalt aufweist, aber stören Sie den Holzstapel nicht. Je mehr Sie das Holz bewegen, umso länger wird es dauern.

3–4 Monate liegen lassen. Zum Überprüfen öffnen Sie den Deckel und beurteilen Sie die Oberfläche. Sind die Oberflächen grau oder schwarz oder haben wenigstens ein paar schwarze Streifen, ist es wahrscheinlich, dass Sie Grenzlinien bekommen haben. Ist die Oberfläche grün, besprühen Sie sie mit 70%igem Methylalkohol und bringen Sie ein paar frische Pilze ein. Sind die Oberflächen frei von Pilzen, ist Ihr Holz zu trocken. Gießen Sie ein bisschen Leitungswasser hinein und beimpfen Sie es erneut.

Warum es funktioniert: Sie haben die Luftkomponente beseitigt, die Schimmelsporen mit sich bringt (und einige Zersetzungssporen ebenso). Das einzige, was Sie in diesem Stadium nicht kontrollieren können, ist, was bereits im Holz ist. Mit der richtigen Temperatur und Feuchtigkeit gibt es nichts, das einer guten Färbung bei dieser Prozedur im Wege stehen sollte. Die Verwendung suboptimaler Mengen Beimpfung (optimal ist eine Petrischale alle 30 cm) kann das Verfärben etwas verlangsamen, aber nicht aufhalten.

Das Beste ist, dass Plastik porös ist. Haben Sie einmal ein paar Färbevorgänge in Ihrem Behälter erledigt, müssen Sie das Holz nicht einmal mehr beimpfen! Stecken Sie einfach nasses Holz in das Gefäß, machen Sie den Deckel zu und lassen Sie es liegen. Die Pilze kommen aus dem Plastik in Ihr Holz. Sie haben Ihr eigenes tragbares Ökosystem erzeugt.

Unter kontrollierten Bedingungen

Zeitraum: 6–12 Wochen
Zuverlässigkeit: um 95 %
Erforderliche wissenschaftliche Kenntnis: hoch
Risiko, dass Ihr Ehepartner/Mitbewohner dagegen ist: gering

Wenn Sie mit kleineren Holzstücken für Intarsien oder kleine gedrechselte Werkstücke arbeiten, können Sie auch die letzte Variable der Holzkontamination beseitigen. Um dies zu bewerkstelligen, legen Sie Ihr Holz (A) in die Mikrowelle, bis das meiste Wasser entfernt ist (in Intervallen von etwa 30 Sekunden, dabei Pausen von 2 Minuten dazwischen, bis das Holz sich nicht mehr nass anfühlt, nachdem es eine halbe Minute außerhalb der Mikrowelle verbracht hat); (B) kochen Sie es in heißem Wasser (mindestens 30 Minuten sprudelnd kochen lassen); oder (C) autoklavieren (Kochen im Dampfkochtopf) Sie es 30 Minuten lang. Die ersten beiden Methoden sterilisieren Ihr Holz nicht zu 100 %, aber sie kümmern sich um die meisten Oberflächenschimmelpilze, was unsere Hauptsorge ist.

Wenn Sie das Holz in der Mikrowelle behandelt haben, denken Sie daran, Ihrem Holz destilliertes Wasser beizufügen, damit es vor dem Beimpfen wieder den richtigen Feuchtigkeitsgehalt bekommt. Egal, wie sie es sterilisieren, legen Sie Ihr Holz direkt danach in einen Plastikbehälter, den sie gründlich mit 70%igem Ethylalkohol gereinigt haben (der inzwischen verdampft ist). Schichten Sie Ihr Holz fest auf – je fester umso besser – und bedecken Sie es. Warten Sie einen Tag. Kehren Sie am nächsten Tag zurück und platzieren Sie die Pilzkulturen, indem Sie das Holz nur so viel anheben, wie notwendig. Vergewissern Sie sich, dass Sie Feuchtigkeitsgehalt und Temperatur überwachen. Warten Sie ab.

Warum es funktioniert: Das Entfernen der letzten Variablen, den konkurrierenden Pilzen, gibt Ihren Färbepilzen die Zeit, so zu wachsen, wie Sie es brauchen, und wo auch immer zu interagieren. Sie brauchen nicht so viel Beimpfung, weil sich Ihre Pilze in keinem Wettbewerb behaupten müssen. Das Beseitigen der Konkurrenz bedeutet auch, dass Sie auf Grund der Stellen, an denen Sie das Holz beimpfen, bis zu einem gewissen Grad kontrollieren können, wo Ihre Pilze wachsen.

Dies ist bei Weitem der zuverlässigste Weg, Holz zu färben, und hat eine sehr hohe Erfolgsrate. Die Methode schlägt nur dann fehl, wenn die Pilze, die zum Beimpfen des Holzes verwendet werden, kontaminiert sind oder wenn eine verunreinigende Substanz während des Transfers von der Sterilisation in das Behältnis eingebracht wird. Gelegentlich kann es ein bisschen länger als bei der Methode mit Hilfe der Wissenschaft dauern, weil die Pilze, denen Gegenspieler fehlen, nicht immer sofort interagieren, aber die Interaktionen, die Sie erhalten, sollten Ihren Erwartungen weit mehr entsprechen.

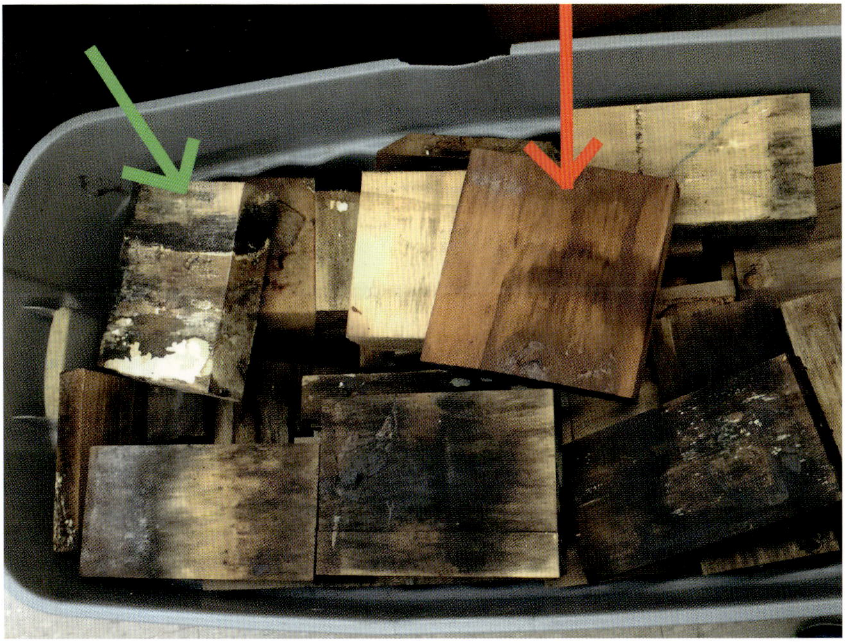

Plastikwanne mit Holzrohlingen für Schüsseln, die über 12 Wochen mit verschiedenen Pilzen beimpft wurden. Der grüne Pfeil zeigt auf einen Rohling, der „richtig" aussieht, auf dessen Oberfläche sich großflächige schwarze und weiße Bereiche befinden. Man kann klare Abgrenzungen sehen. Der rote Pfeil zeigt auf einen Rohling, der noch mehr Zeit braucht, da er nur Anzeichen leichter Schimmelflecken zeigt.

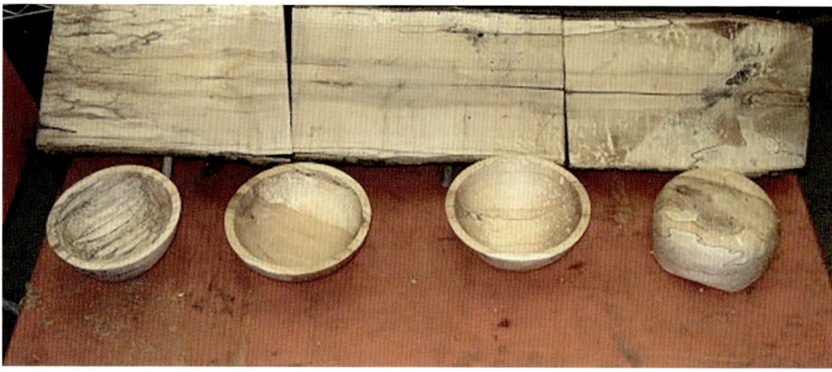

Eine wichtige Erinnerung, dass die Pilze nicht gleichmäßig durch ein Stück Holz färben und dass es von Bedeutung ist, wo Sie Ihre Beimpfung einbringen. In der Natur belassene Pilze neigen dazu, durch das freiliegende Hirnholz einzudringen und den Stamm von den Enden aus zu besiedeln. Das bedeutet, dass die Enden oft stärker verfärbt sind als die Mitte. Wenn Sie Holzscheite beimpfen, können Sie mehr als nur das Hirnholz am Ende beimpfen (durch das Bohren von Löchern, das Abziehen der Rinde usw.), damit Ihre Färbung viel gleichmäßiger als auf den hier gezeigten Bildern hervortritt. *(Fotografiert mit Hilfe von Dr. Daniela Tudor)*

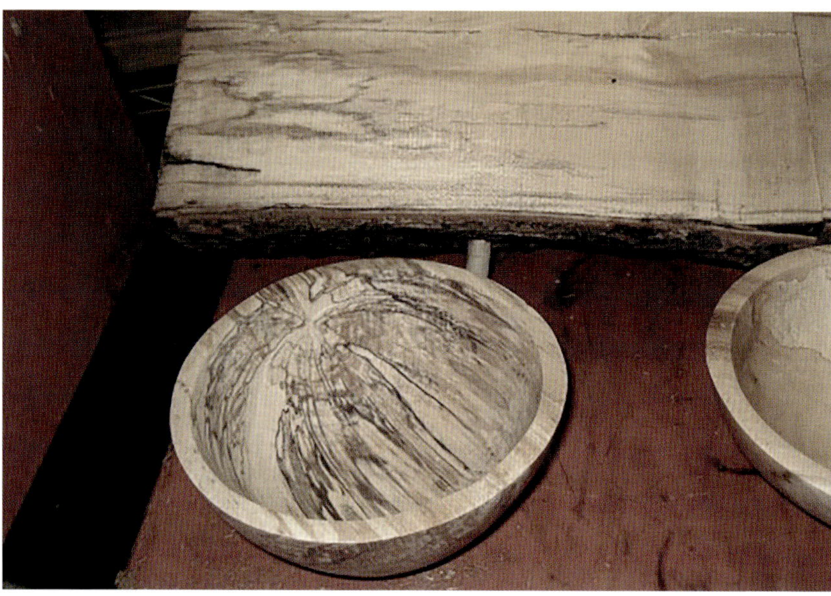

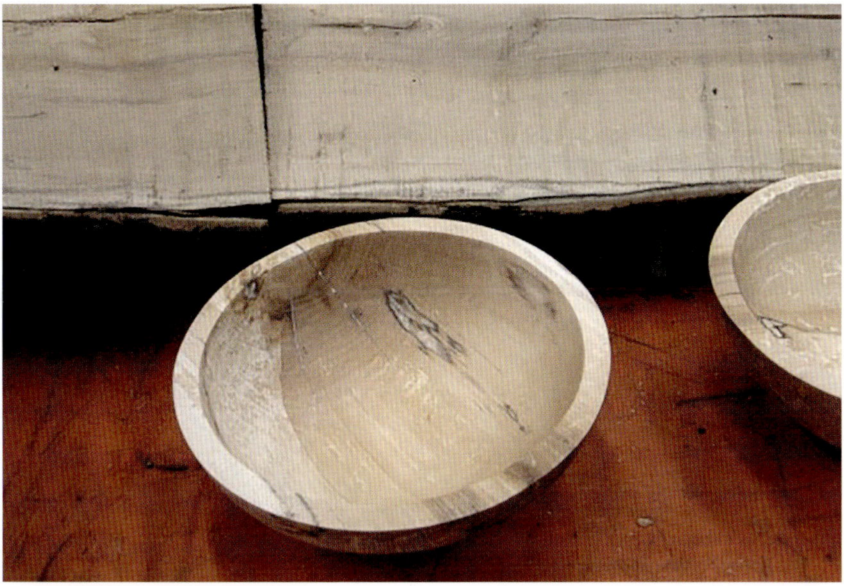

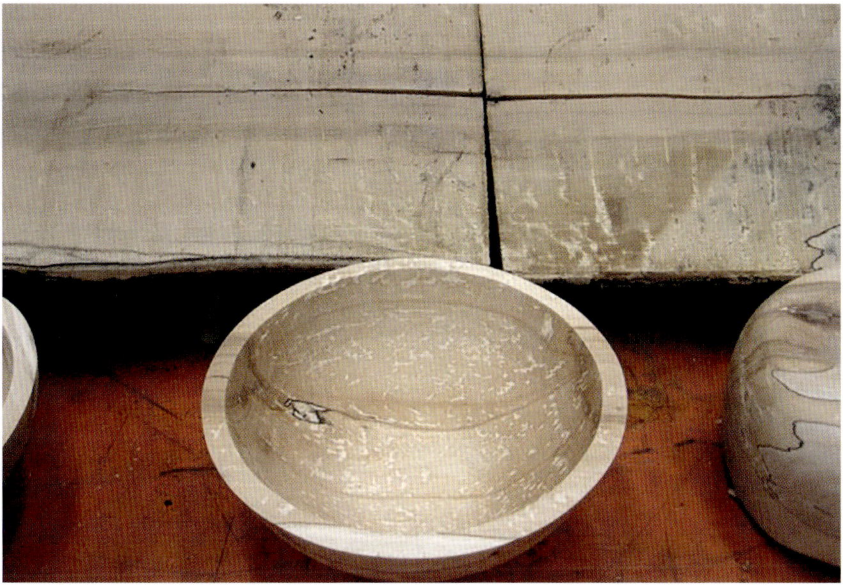

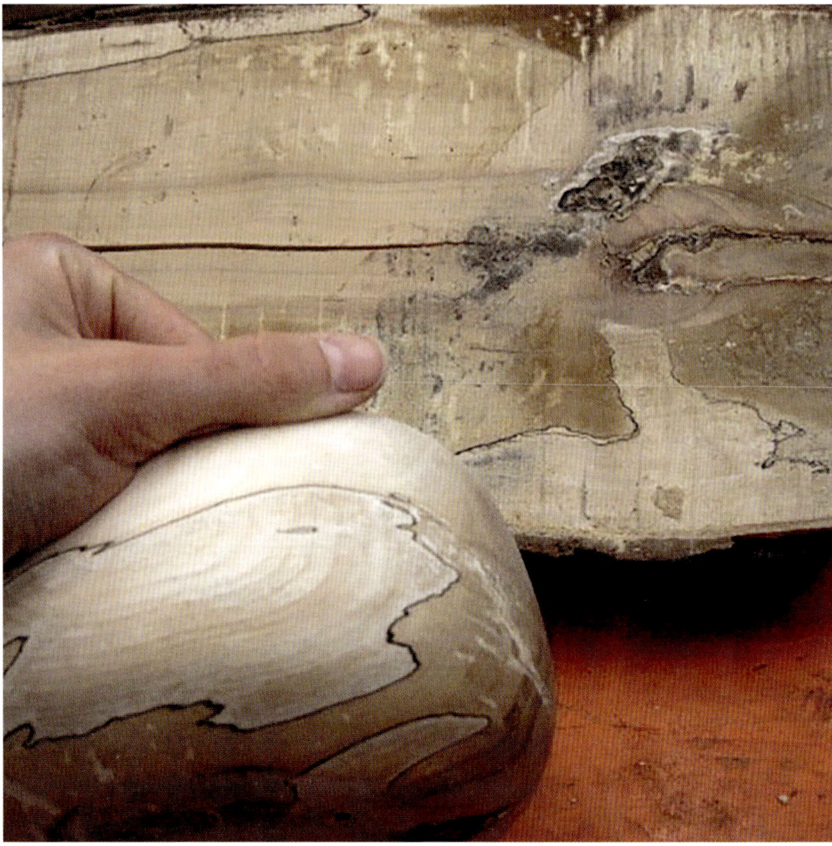

Kapitel 5

Weißfäule

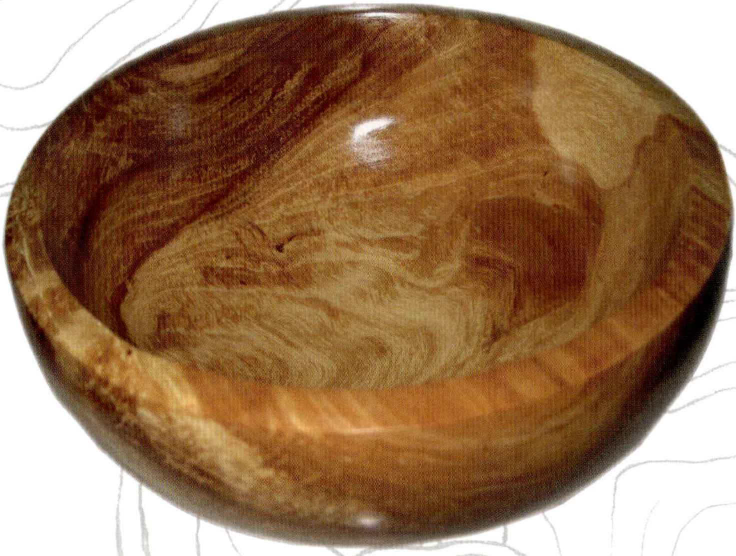

Moderate Weißfäule auf Birkenkernholz

KONTROLLE

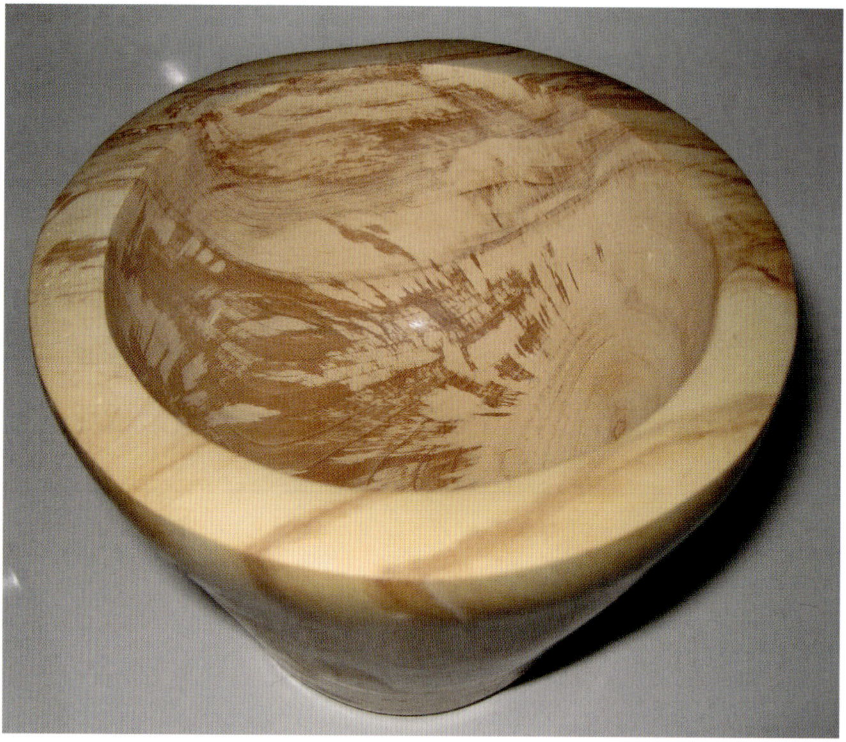

Starker Weißfäulebefall auf Ahornkernholz

Auch wenn Grenzlinien oft mit Weißfäule einhergehen, kann sie auch alleine eine markante Ergänzung im Holz sein. Es ist unglaublich einfach, ein Stück Holz mit Weißfäule zu versehen, aber es ist schwierig, Weißfäule gezielt einzubringen – und die Fäule dorthin zu leiten, wo Sie sie haben möchten. Um dies zu bewerkstelligen, müssen Sie den Feuchtigkeitsgehalt Ihres Holzes engmaschig kontrollieren. Beginnen Sie mit trockenem Holz und befeuchten Sie nur bestimmte Abschnitte, sei es durch Eintauchen der einen Holzhälfte in Wasser (unter Wasser gibt es kein Pilzwachstum, aber einen Wachstumsverlauf nach oben, weil das Wasser wie ein Docht wirkt) oder durch das Auftragen von Wasser auf nur einige Holzstellen.

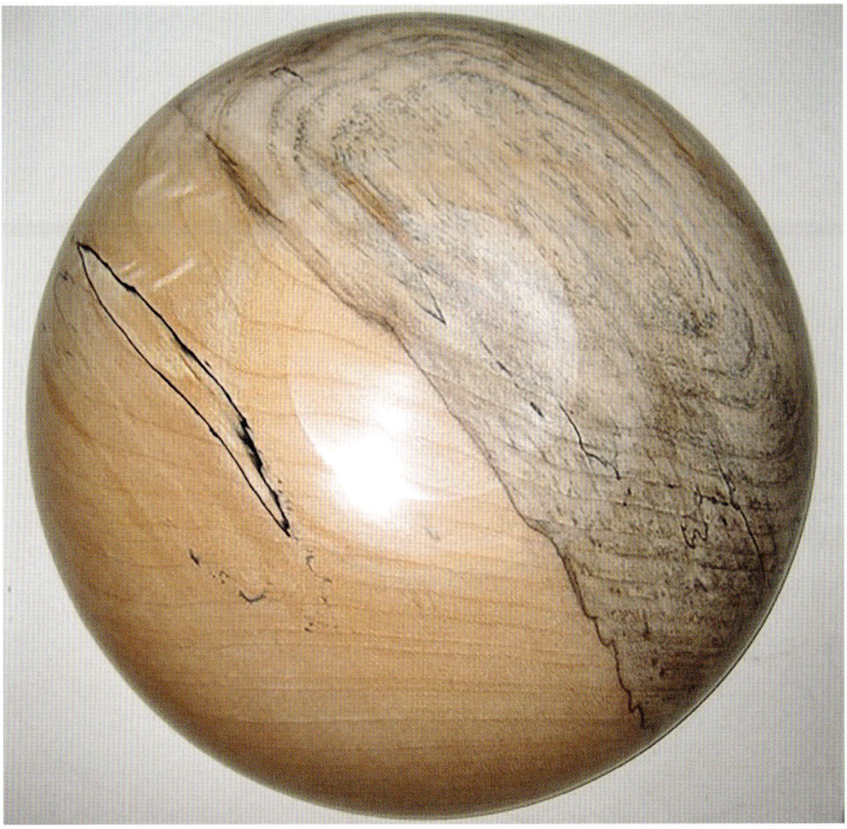

Ahorn-Splintholzschüssel. Die linke Seite war mit einem Weißfäulepilz in Wasser getaucht, der den Unterwasserbereich des Werkstücks besiedelte, als dieses trocknete. Die rechte Seite zeigt die graue Färbung durch *Scytalidium lignicola,* einen blaufärbenden Pilz.

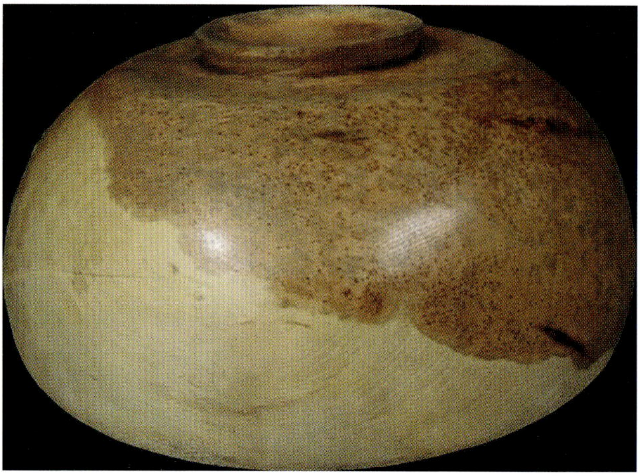

Ahorn-Kernholzschüssel mit Weißfäule. Der hellere Bereich war mit nassem Vermiculit in Kontakt, das die Pilze mit Wasser versorgte. Der dunkle Teil lag ungeschützt und war nicht im Kontakt mit Feuchtigkeit, wodurch die eindeutige Zersetzungsgrenzlinie entstanden ist.

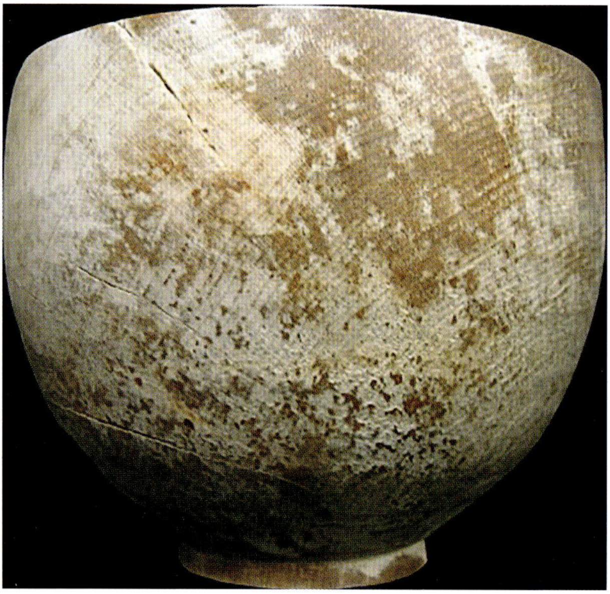

Zuckerahorn-Blindholzschüssel, die in einer geringen Konzentration aus Kupfersulfat gebadet und dann mit *Trametes versicolor* beimpft wurde. Die Struktur der Schüssel ist ein Ergebnis des Pilzes, der versuchte, das Kupfer abzusondern und kleine Inseln aus unzersetztem Holz zu erzeugen.

Da Pilze grundsätzlich flüssiges Wasser im Holz brauchen, um wirklich zu wachsen, können Sie das Pilzwachstum (grundsätzlich) in bestimmten Bereichen forcieren, indem Sie eine Wasserstrecke anlegen.

Andere Möglichkeiten, die Weißfäule zu kontrollieren, beinhalten die Verwendung milder Biozide, wie etwa Kupfersulfat. In sehr geringer Konzentration vergrämt es den Pilz genug, sodass er das Kupfer in Beschlag nimmt und Inseln unberührten Holzes in einem Ozean aus Weißfäule entstehen lässt. Die Konzentration des Kupfersulfats variiert je nach Porosität des Holzes und der Pilzspezies, also versuchen Sie es ein paar Mal.

VORAUSSETZUNGEN

Die meisten Weißfäulepilze mögen es warm und feucht. Versuchen Sie, das Holz für Weißfäule über 26 °C zu lagern (jedoch nicht über 30 °C), und halten Sie die relative Luftfeuchtigkeit so hoch, wie Sie nur können. Halten Sie den Feuchtigkeitsgehalt Ihres Holzes bei über 30 %.

Stellen Sie sicher, dass Sie das Wachstum Ihrer Weißfäule genau im Auge behalten. Dies ist die schnellste Art der Färbung und bei einigen Hölzern, wie etwa Birke, können 1 oder 2 Tage den Unterschied zwischen fantastisch verfärbtem Holz und Matsch ausmachen.

Für die Methodik über das Beimpfen mit Weißfäulepilzen folgen Sie den Anleitungen in Kapitel 4 für die Grenzlinienpilze. Da die meisten Pilze für Grenzlinien auch Weißfäulepilze sind, benötigen sie für gewöhnlich dieselben Voraussetzungen.

HÄUFIGE WEISSFÄULEPILZE

Unten sind einige der häufigsten Weißfäulepilze aufgelistet, die bekannt dafür sind, vernünftige Weißfäule auf Holz zu bilden, und in deren Besitz man relativ einfach kommen kann. Auch wenn die Liste nur die Artnamen aufzählt, funktioniert für gewöhnlich jede Spezies innerhalb dieser Gattung grundsätzlich ebenso für Weißfäule.

- *Trametes versicolor*
- *Inonotus hispidus* (verursacht auch Gelbfärbung)
- *Polyporus brumalis*
- *Pleurotus ostreatus*
- *Fomes fomentarius* (kann auch braune Grenzlinien verursachen)

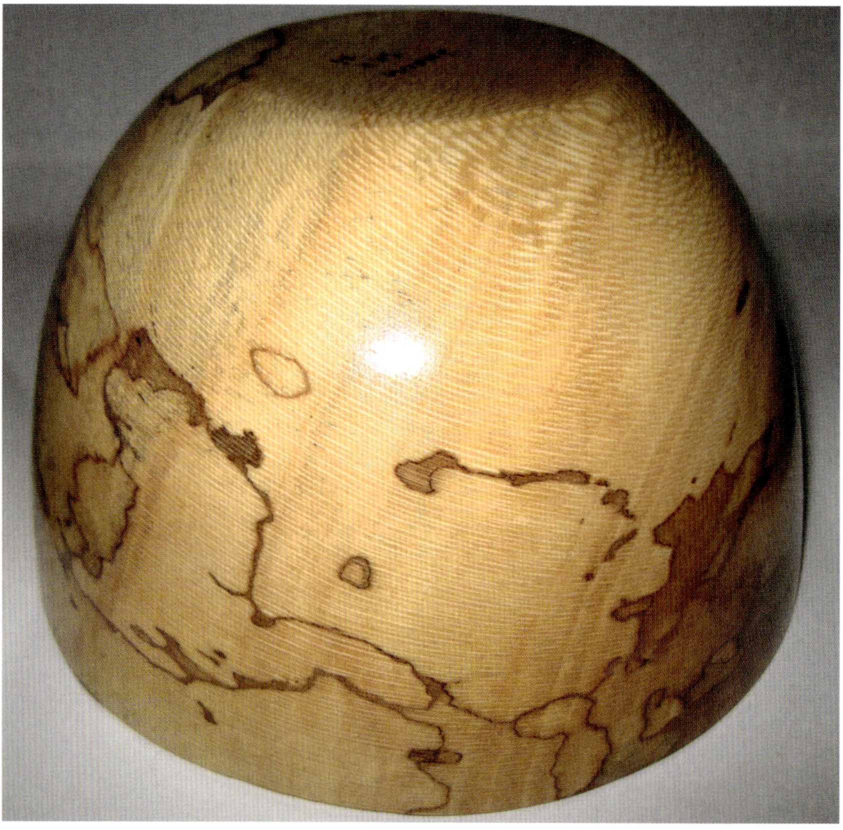

Bergahorn-Kernholz mit starker Besiedelung von *Inonotus hispidus*. Auch wenn dieser Pilz ein Weißfäulepilz ist, hinterlässt er oft bräunliche Grenzlinien und ausgeschlossene Bereiche.

Kapitel 6

Pigmente

Es ist schwer, allgemeine Aussagen über pigmentierende Pilze zu treffen, wenn es um kontrolliertes Färben geht. Einige ziehen kühlere Temperaturen vor, einige wärmere. Einige mögen stark zersetztes Holz, einige kommen gut auf unversehrtem Holz zurecht und wieder andere brauchen fast komplett steriles Holz, um zu wachsen. Oft mögen sie eher einen höheren Feuchtigkeitsgehalt und alle produzieren selbst Pigmente, unabhängig von anderen Pilz-Gegenspielern (im Gegensatz zu den Grenzlinien).

Trotz der großen Zahl an unterschiedlichen Pigmenten, die in Holz gefunden wurden, kommen die meisten Pilzpigmente von einer kleinen Gruppe von Pilzen, vorwiegend aus den Gattungen *Scytalidium* und *Chlorociboria*. Diese Pilze und ihre spezifischen Wachstumsbedingungen sind unten aufgelistet.

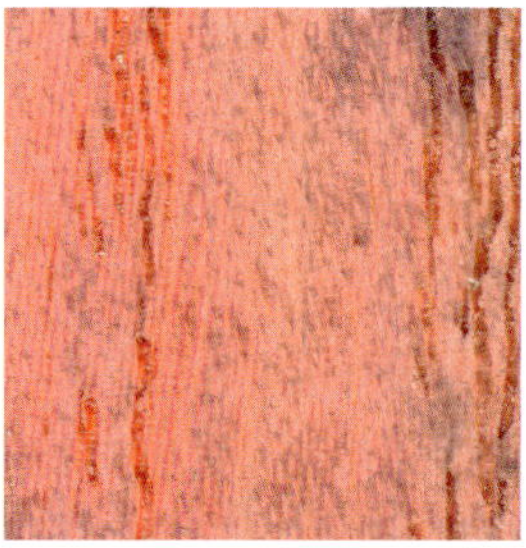
6-1

6-2

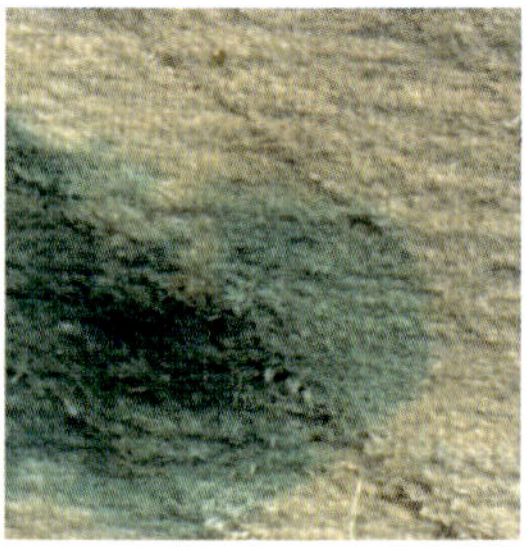
6-3

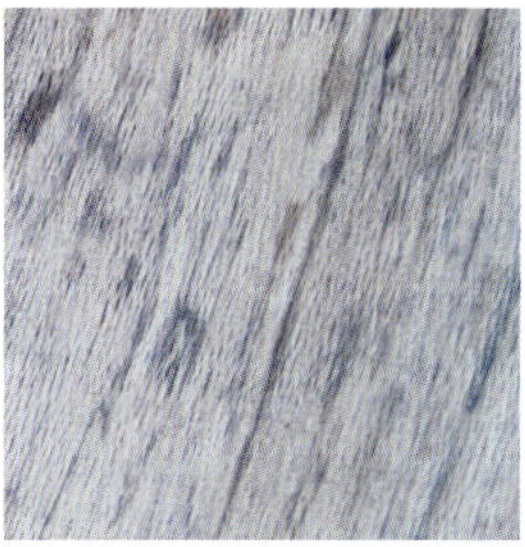
6-4

6-5

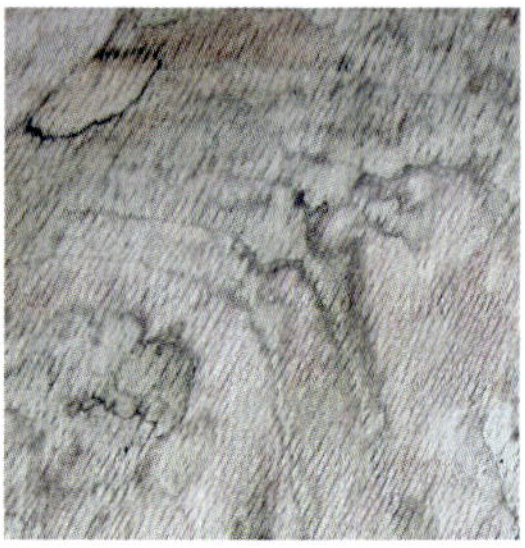
6-6

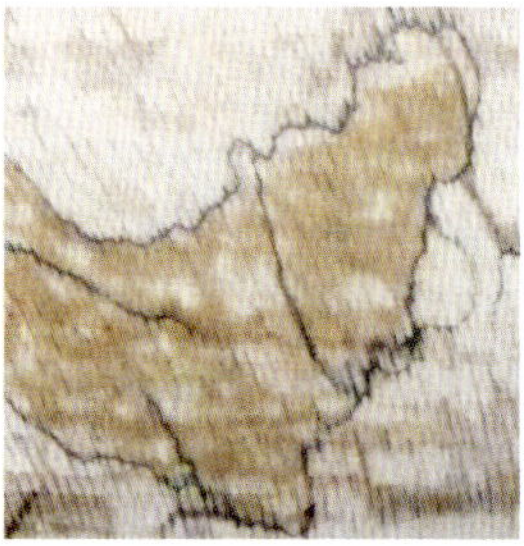
6-7

PIGMENTE: TABELLE ZUM SCHNELLEN NACHSCHLAGEN

Allgemein für die meisten gering bis mittelstark extraktbildenden Hölzer aus gemäßigter Klimazone. Die Tabelle ist nicht vollständig und zeigt nur Pilze, von denen bekannt ist, dass sie auf Zuckerahorn unter Laborbedingungen funktionieren.

Farbe	Pilz	Ideale Temperatur (°C)	Idealer FG	Benötigte Inkubationszeit	Besser für Beimpfung oder Extraktion geeignet?	Bild (s. S. 60)
Rot	*Scytalidium cuboideum*	> 23,9	Unbekannt, aber wahrscheinlich > 35 %	4–8 Wochen	Beides	6-1
Blau				> 8 Wochen	Beimpfung	6-2
Blaugrün	*Chlorociboria-Arten*	um 18,3–23,9		> 6 Monate	Extraktion	6-3
Violett	*Scytalidium cuboideum*	> 23,9		> 16 Wochen	Beimpfung – Farbe kommt von Überlappung blauer und roter Bereiche	6-4
	Scytalidium ganodermophtorum	nicht bekannt		> 36 Wochen	Extraktion	6-5
Gelb				7–12 Wochen	Beide	6-6
Limettengrün				13–24 Wochen	Extraktion	6-7
Braun				25–36 Wochen	Beide	6-8

METHODEN

Methoden zum Kultivieren von Pilzen und dem Vermehren von Pilzen in Petrischalen finden sich im Anhang I, S. 90 ff.

Den Elementen ausgesetzt

Zeitraum: 2–4 Jahre, abhängig vom Klima
Zuverlässigkeit: ca. 5 %
Erforderliche wissenschaftliche Kenntnis: keine
Risiko, dass Ihr Ehepartner/Mitbewohner dagegen ist: niedrig

Wenn Sie nicht schon eine sehr starke robuste Pilzkultur aufgebaut haben, ist es sehr schwierig, eine Färbung durch Pigmente auszulösen, indem man das Holz einfach liegen lässt. Es gibt natürlich einige Ausnahmen, etwa in den Gebieten, wo *Chlorociboria* spp. (Teile Alaskas und Deutschlands, fast ganz Chiloé, Chile usw.) oder *Scytalidium cuboideum* vorherrschen. Über die Jahre habe ich etwa ein Dutzend *Chlorociboria*-Kulturen gesehen, die robust genug waren, um ein einfach am Boden liegengelassenes Stück Holz in einem kurzen Zeitraum zu färben. Ich habe nur einmal eine *Scytalidium cuboideum*-Kultur gesehen. Dieses Stück Land war unglaublich anzusehen: Die Farbe fast des gesamten Holzes darauf changierte von Kaugummipink bis hin zu Rennwagenrot – was unüblich genug ist, dass es Ihnen die Zeit wert sein sollte.

Warum es nicht funktioniert: Die meisten pigmentierenden Pilze wachsen in der freien Natur sehr langsam (im Labor ist das eine ganz andere Geschichte) und es dauert manchmal Jahre, bis sie sich auch nur auf einem Stück Holz niederlassen. Einige, wie etwa *Chlorociboria*-Arten, neigen dazu, auf bereits zersetztem Holz zu wachsen, da sie keine tollen Holzzersetzer sind (da sie Weichfäulepilze sind und nicht zu den Weiß- oder Braunfäulepilzen gehören). Darum wäre ein Stapel Holz auf dem Boden wahrscheinlich eher zu Brei zersetzt, bevor die meisten pigmentierenden Pilze überhaupt angefangen hätten.

Der Natur nachhelfen

Zeitraum: 2–4 Jahre, abhängig vom Klima
Zuverlässigkeit: um 15 %
Erforderliche wissenschaftliche Kenntnis: keine
Risiko, dass Ihr Ehepartner/Mitbewohner dagegen ist: niedrig

Diese Methode ist der Methode, bei der das Holz den Elementen ausgesetzt ist, sehr ähnlich, aber sie hilft dabei, die Kultur zu etablieren. Stapeln Sie Ihr Holz und stellen Sie sicher, dass Teile davon in Bodenkontakt bleiben. Bestreichen Sie Stellen, die gut über dem Boden liegen (wo am Holz spielt keine Rolle, solange es relativ sauber ist), mit den Pilzkulturen, die die gewünschte Pigmentart produzieren.

Warum es oft nicht funktioniert: Die meisten pigmentierenden Pilze können schlichtweg keine Schimmelpilze und zersetzende Ständerpilze in dem Zeitraum ausstechen, den Sie wahrscheinlich wünschen. Den oberen Teil Ihres Holzes zu beimpfen, mag zwar den Pilz einbringen, ob er aber weit vordringen kann, bevor er aus dem Feld geschlagen wird, ist eine andere Geschichte. Ihr Holz könnte nicht von aggressiven Pilzen besiedelt sein oder Ihr Boden könnte relativ zersetzungspilzfrei sein, was Ihrem pigmentierenden Pilz freie Fahrt bietet. Wahrscheinlich wird das aber nicht der Fall sein und Ihre Pigmente werden sich nicht etablieren, bevor Ihr Holz bereits ziemlich verfallen ist und keinen Nutzen mehr für Sie hat.

Vor Wind und Wetter geschützt

Zeitraum: mindestens 3 Monate, für *Chlorociboria*-Arten länger
Zuverlässigkeit: um 35 %
Erforderliche wissenschaftliche Kenntnis: gering bis mittel
Risiko, dass Ihr Ehepartner/Mitbewohner dagegen ist: mittel; je nachdem, wie oft er Ihren Geräteschuppen betritt.

Ähnlich wie bei der rustikalen Methode stapeln Sie Ihre Holzstücke eng aufeinander. Anders als bei den vorigen zwei Methoden tun Sie dies irgendwo, wo das Holz keinen Kontakt zur Erde hat (sehen Sie, wie wir die Variablen langsam entfernen?) und wo es vor Regen und Sonne geschützt ist.

Vergewissern Sie sich, dass Ihr Holz knapp *über* dem idealen Feuchtigkeitsgehalt für Pilzverpaarungen ist. Heizen Sie den Ort je nach Erfordernis. Beimpfen Sie Ihr Holz mit bekannten Pilzkulturen, idealerweise mit einer Petrischale alle 30 cm, nicht jedoch die äußeren Stücke des Stapels. Lassen Sie die gesamte Sache 3 oder 4 Monate lang wachsen (länger für *Chlorociboria*-Arten), vorzugsweise abgedeckt mit einer Plane oder etwas anderem, um gegen den Feuchtigkeitsverlust zu wirken, bevor Sie nachsehen.

Um den Status ihrer Färbung zu überprüfen, schlüpfen Sie mit einer Taschenlampe bewaffnet unter die Plane. Wenn Sie die Farbe sehen, hinter der Sie her sind, laufen die Dinge gut. Wenn nicht, warten Sie länger. Es kann buchstäblich Jahre dauern, bis pigmentierende Pilze Holz färben, und auch wenn diese Methode viele der potenziellen Zersetzungspilze entfernt, gibt es sowohl immer noch Pilze, die über die Luft übertragen werden und in Konkurrenz stehen, als auch intaktes Holz (nicht unbedingt die erste Wahl Ihres Pilzes in puncto Substrat).

Warum die Ergebnisse variieren: Ihr Holz enthält noch andere Pilze, ebenso wie die Luft. Das Beimpfen auf diese Weise gibt Ihren Pilzen eine Überlebenschance, aber sie müssen kämpfen!

Mit Hilfe der Wissenschaft

Zeitraum: mindestens 3 Monate, pilzabhängig
Zuverlässigkeit: um 75 %
Erforderliche wissenschaftliche Kenntnis: mittel
Risiko, dass Ihr Ehepartner/Mitbewohner dagegen ist: mittel bis hoch

Der Hauptunterschied zwischen dieser Methode und der vorherigen ist die Kontrolle der Luft. Für diese Methode reinigen Sie Ihr Holz so gut wie möglich und schneiden es so weit wie möglich zu, bis knapp zu der Größe, die Sie haben möchten (dies ist am besten geeignet für Rohlinge von Schüsseln und kleinen Holzformen aus Holzscheitern). Bringen Sie die Pilzkulturen auf die Breitseiten Ihres Holzes auf, dann packen Sie das Holz fest in ein Behältnis – Plastikeimer mit Deckel zum Anklippen eignen sich prima dafür. Stellen Sie sicher, dass Ihr Holz einen angemessenen Feuchtigkeitsgehalt aufweist, bringen Sie den Deckel an und lagern Sie das Behältnis in einem Raum, in dem die Temperatur im richtigen Bereich gehalten wird.

Stellen Sie mithilfe eines Feuchtigkeitsmessgerätes sicher, dass Ihr Holz den richtigen Feuchtigkeitsgehalt aufweist, aber stören Sie den Holzstapel nicht. Je mehr Sie das Holz bewegen, umso länger wird es dauern.

Lassen Sie dem Holz seine Inkubationszeit, basierend auf der Zeit, die Ihr Pilz braucht. Zum Überprüfen öffnen Sie den Deckel und beurteilen Sie die Oberfläche. Sehen Sie die Farbe, die Sie wünschen, sind Sie auf dem richtigen Weg! Wenn nicht, gießen Sie ein bisschen Wasser zu und warten Sie länger. Die meisten pigmentierenden Pilze sind nicht gut im Zersetzen, es besteht also nicht so eine große Gefahr wie bei den Grenzlinien, dass Ihr Holz zu Brei wird, wenn Sie es zu lange arbeiten lassen.

Warum es funktioniert: Sie haben die Luftkomponente beseitigt, die Schimmelsporen mit sich bringt (und einige Zersetzungssporen ebenso). Das einzige, was Sie in diesem Stadium nicht kontrollieren können, ist, was bereits im Holz ist. Mit der richtigen Temperatur und Feuchtigkeit gibt es nichts, das einer guten Färbung bei dieser Prozedur im Wege stehen sollte. Die Verwendung suboptimaler Mengen an Beimpfung (optimal ist eine Petrischale alle 30 cm) kann das Verfärben etwas verlangsamen, aber nicht aufhalten.

Das Beste daran ist, dass Plastik porös ist. Haben Sie einmal ein paar Färbevorgänge in Ihrem Behälter erledigt, müssen Sie das Holz nicht einmal mehr beimpfen! Stecken Sie einfach nasses Holz in das Gefäß, machen Sie den Deckel zu und lassen Sie es liegen. Die Pilze kommen aus dem Plastik wieder heraus und in Ihr Holz. Sie haben Ihr eigenes tragbares Ökosystem erzeugt. Das funktioniert besonders gut mit *Scytalidium cuboideum*. Haben Sie diesen Pilz einmal in einem Behältnis kultiviert, wird das Holz darin bis in alle Ewigkeit und noch länger immer rot werden!

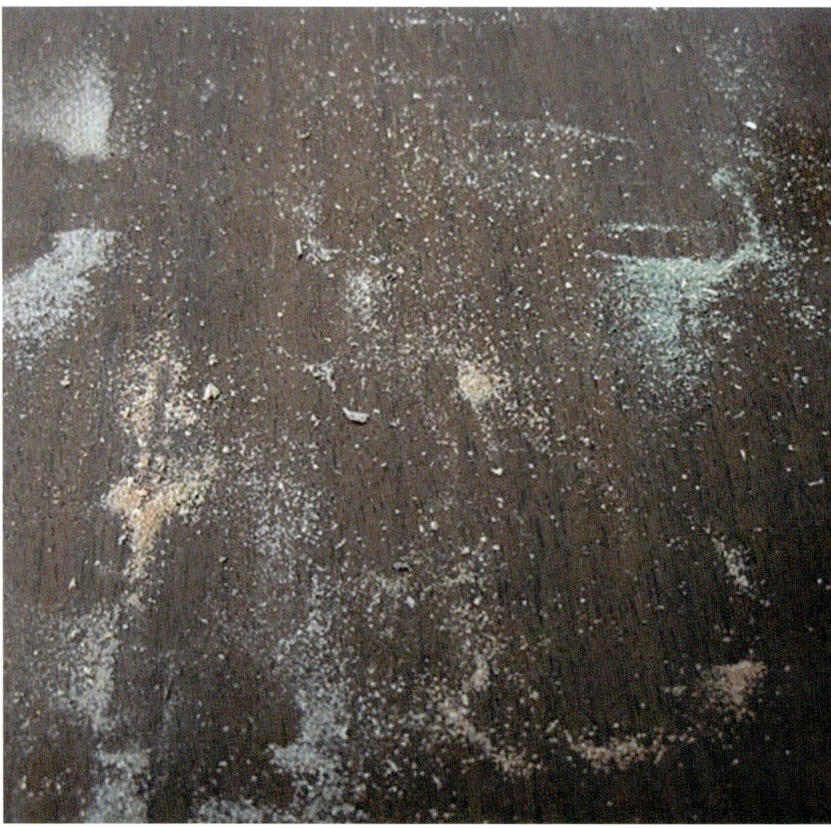

Feiner Staub einer Handsäge, erzeugt von verschiedenen pigmentierten Hölzern. Dieser Staub kann nun für den Extraktionsprozess genutzt werden.

Schluss mit dem Quatsch!

Zeitraum: 1–2 Stunden
Zuverlässigkeit: 100%
Erforderliche wissenschaftliche Kenntnis: hoch
Risiko, dass Ihr Ehepartner/Mitbewohner dagegen ist: gering, solange Sie draußen bleiben.

Es gibt keinen Grund, Monate oder gar Jahre zu verschwenden, in denen man pigmentierende Pilze dazu anregt, in Holz zu wachsen. Es ist sehr viel effizienter, Pigmente zu sammeln; entweder indem man sie von einem Labor kauft, das sie kultiviert, oder indem man sie selbst sammelt und dann wieder auf das Holz aufträgt. Dies trifft insbesondere bei mit *Chlorociboria* spp. gefärbtem Holz zu, da es bereits fertig in der Natur vorkommt. Einige andere pigmentierende Pilze sind schwieriger zu finden und es ist nicht so einfach, sich über ihre Herkunft zu vergewissern. Saugen sie nicht einfach jede rote Farbe aus dem Holz – einige Pilze, die rote Farbe produzieren, sind Krankheitserreger für den Menschen. Das extrahierte Pigment von einem namhaften Händler zu kaufen, ist eine schnelle und zuverlässige Methode, um gefärbtes Holz zu bekommen.

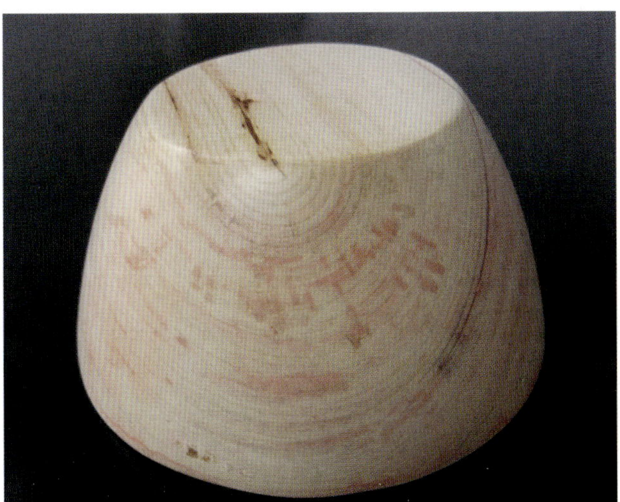

Pappelholzschüssel, die mit dem roten Pigment von *Scytalidium cuboideum* gefärbt wurde. Auch wenn die Schüssel sich mit den gelösten Pigmenten vollgesogen hat, bewegten diese sich vorwiegend durch die Holzstrahlen (genau wie der Pilz das getan hätte), wie man anhand der pinkfarbenen, radialen Streifen auf dem Holz sehen kann.

Denken Sie daran: Nur weil die Pigmente extrahiert sind, wird der Prozess kein bisschen weniger „real“. Beim Färben mit Pilzen scheiden Pilze Pigmente in das Holz aus. Ob Sie sie dies nun auf dem Holz erledigen lassen, ob Sie sie dazu bringen, das in einem Gefäß zu tun, oder sie von einem Holz sammeln und es auf ein anderes übertragen, ist immer noch buchstäblich derselbe Prozess: Pilzpigmente, die sich durch Holz bewegen.

PIGMENTE AUS DER NATUR ERNTEN

Sammeln Sie ein Stück von mit pigmentierenden Pilzen gefärbtes Holz im Wald. Verwenden Sie eine Handsäge, um Holzstaub zu erzeugen, oder irgendeine andere pulverisierende Methode. Je feiner Sie das Holz verkleinern können, umso mehr Farbe erhalten Sie.

Nehmen Sie den Staub bzw. die Stückchen und legen Sie sie in ein gläsernes Gefäß. Marmeladengläser eignen sich gut dafür. Beginnen Sie mit so viel, dass Sie den Boden des Glases gerade so bedecken können. Gießen Sie die Lösung Ihrer Wahl über den Staub, für gewöhnlich etwa 100 ml, aber genug, damit die Partikel etwa 1,7–2,5 cm über dem Boden des Glases schweben. Die Lösung vorsichtig verrühren. Sie sollten die Farbveränderung beinahe sofort sehen können. Haben Sie die gewünschte Farbe erreicht, gießen Sie den Inhalt Ihres Glases in ein anderes und verwenden Sie Kaffeefilterpapier, um die Schwebestoffteilchen auszusieben. Sie sollten dann eine leuchtende, farbige Lösung aus Pilzpigmenten und Ihrem Lösungsmittel haben.

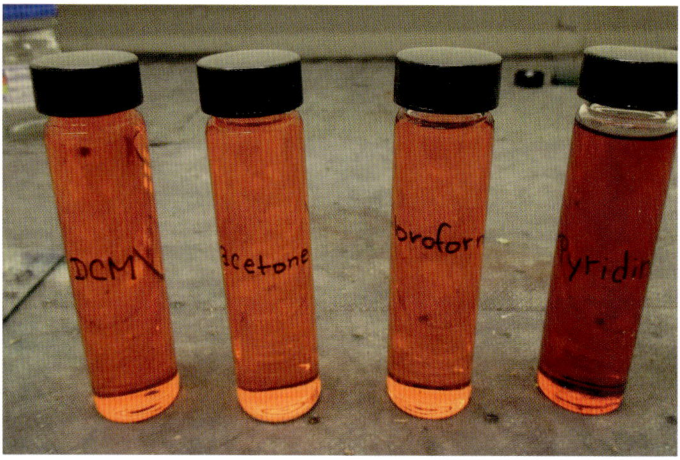

Während DCM (Dichlormethan/Methylenchlorid) besser bei den blaugrünen Pigmenten von *Chlorociboria*-Arten funktioniert, sind die roten Pigmente von *Scytalidium cuboideum* gleichermaßen für eine Reihe von Lösungsmitteln geeignet, darunter DCM, Aceton, Chloroform und Pyridin.

Dichlormethan (DCM) ist das beste Lösungsmittel. Es nimmt viel Farbe auf, extrahiert schnell und verdunstet schnell. Es ist nicht gut, es in Innenräumen zu verwenden oder auf die Haut zu bekommen (lesen Sie unbedingt das Sicherheitsdatenblatt vor der Verwendung durch), verwenden Sie es also draußen. Sie können auch Aceton verwenden, aber dieses Lösungsmittel nimmt nicht so viel Farbe auf, es dauert länger, die Farbe aus dem Holz zu absorbieren, und es braucht länger zum Trocknen. Es funktioniert zwar, aber rechnen Sie durchgehend längere Zeiträume ein.

Ist Ihre Lösung einmal extrahiert und gefiltert, kann sie unendlich lange stehen, bis Sie bereit sind, sie zu verwenden. Beachten Sie, dass minder qualitatives Aceton nicht mit Pigmenten aus Pilzen interagiert und die Farbe nur moderat verändert. DCM ist recht stabil.

PIGMENTE AUS EINEM LABOR VERWENDEN

Wenn Sie Ihre Pilzpigmente aus einem Labor bezogen haben, haben Sie sie wahrscheinlich in einer Glasflasche bekommen, ohne Staub oder Holz im Behältnis. Pigmente von Färbepilzen gibt es selten bis nie als Puder – ihre Polarität lässt sie sich an nahezu alles binden, weshalb sie so großartige Farbstoffe sind.

Um das Pigment aus dem Glas zu bekommen, fügen Sie einfach Ihr Lösungsmittel hinzu und verschließen Sie das Glas wieder. Lassen Sie es über Nacht stehen oder schütteln Sie die Lösung lange genug, sodass sich die Pigmente wieder zurück ins Lösungsmittel bewegen. Bei Aceton kann dies einige Stunden dauern, lassen Sie es also am besten über Nacht stehen. Bei DCM handelt es sich nur um Minuten.

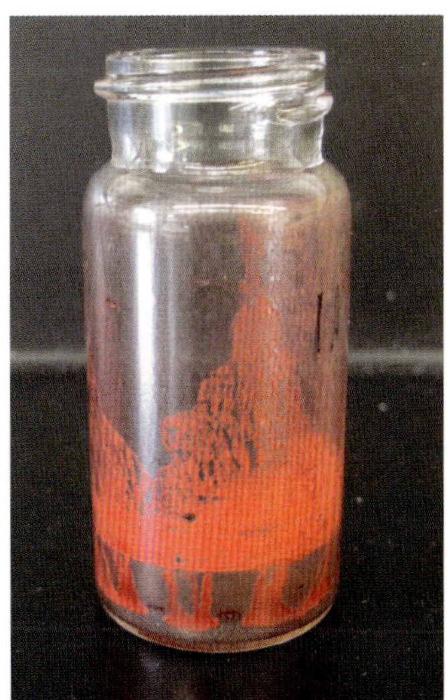

Trockenformen des Pigments (Dramada) von *Scytalidium cuboideum.* Das Pigment haftet an den Wänden des Glasbehälters.

EXTRAHIERTE PIGMENTE IN DER ANWENDUNG

Bei jeder Methode enden Sie mit einer in einem Lösungsmittel gelösten Farblösung. Sie können eine Glaspipette (kein Plastik – sowohl Aceton als auch DCM lassen Plastik schmelzen) oder einen Naturborstenpinsel verwenden, um die Lösung aufzunehmen und auf das Holz aufzutragen.

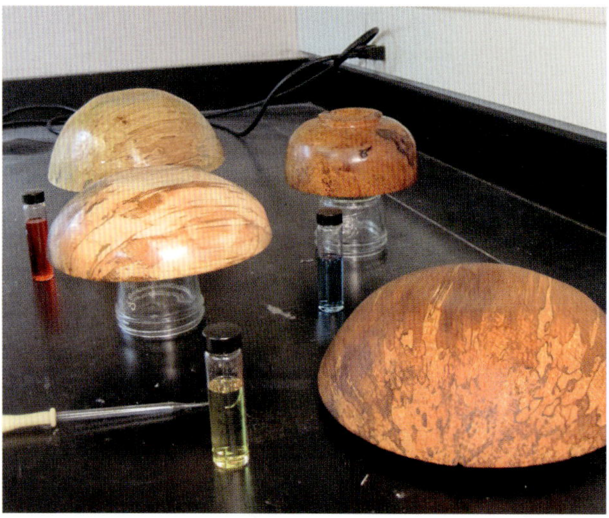

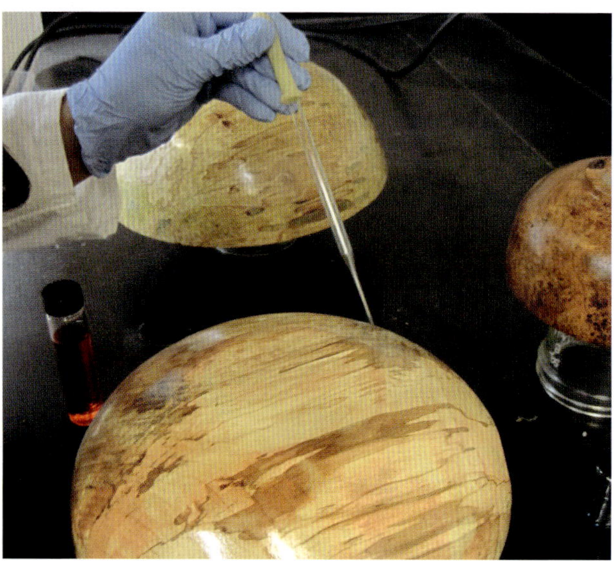

Färben mit extrahierten Pigmenten. Verwenden Sie eine Glaspipette, um das gelöste Pigment aufzunehmen, und bringen Sie es dann vorsichtig wieder auf dem Holz an.

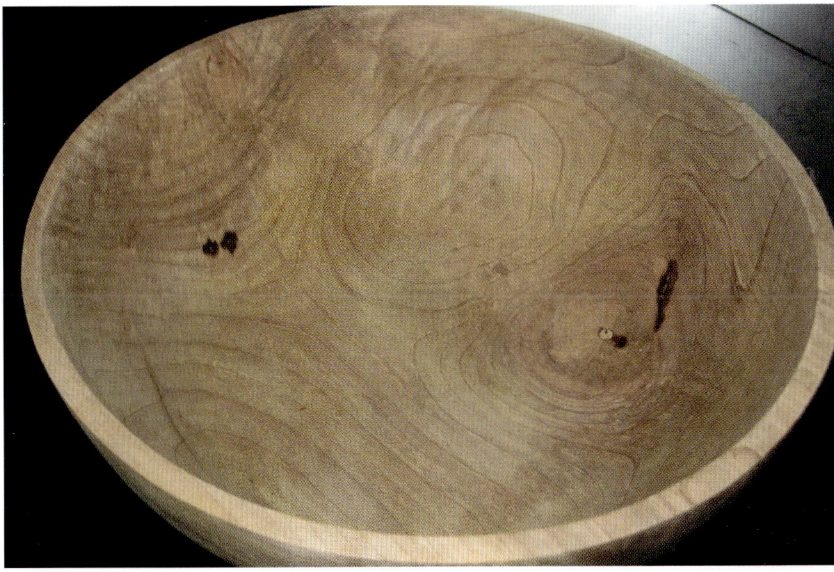

Magnolienholz, natürlicherweise silberfarben, das mit dem gelben Pigment von *Scytalidium ganodermophthorum* gefärbt wurde. Zwei Schichten.

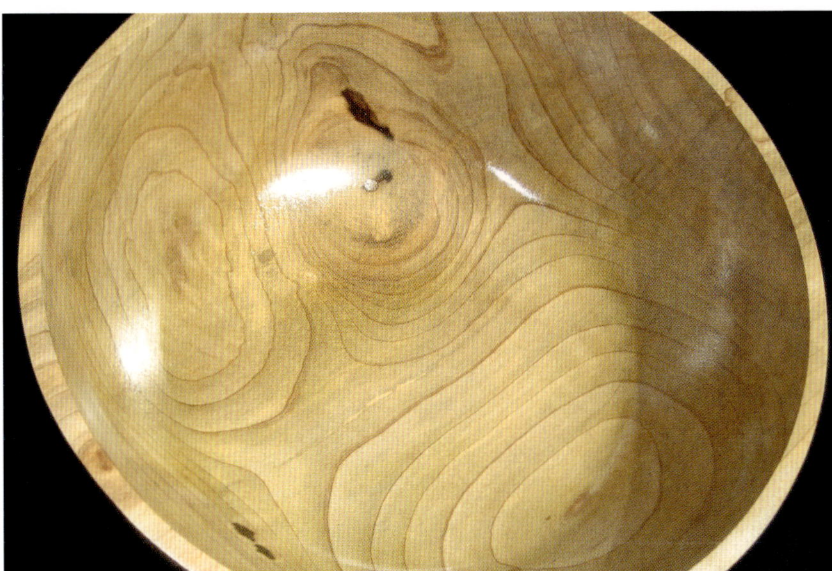

Fünf Schichten und eine Lasur. Das silberfarbene Holz ist nun einheitlich gelb.

Die Pigmente neigen dazu, sich auf dieselbe Weise zu bewegen, wie wenn ein Pilz sie deponiert hätte, wenn Sie sie langsam auftragen. Denken Sie daran, Pilze geben dieses Pigment über Jahre hinweg ab und Sie machen dies in Minuten. Die Struktur des Holzes ist nicht dafür gemacht, mit größeren Mengen umzugehen. Wenn Sie langsam arbeiten, bewegt sich das Pigment nur marginal von dort, wo Sie es angebracht haben, fort. Wenn Sie „innerhalb der Linien malen", etwa indem Sie eine weißgefaulte Fläche innerhalb einer Grenzlinie füllen, werden die Pigmente diese Linie nicht überschreiten, wenn Sie nicht eine ganze Tonne auftragen. Auch Spätholz kann als natürliche Grenze fungieren.

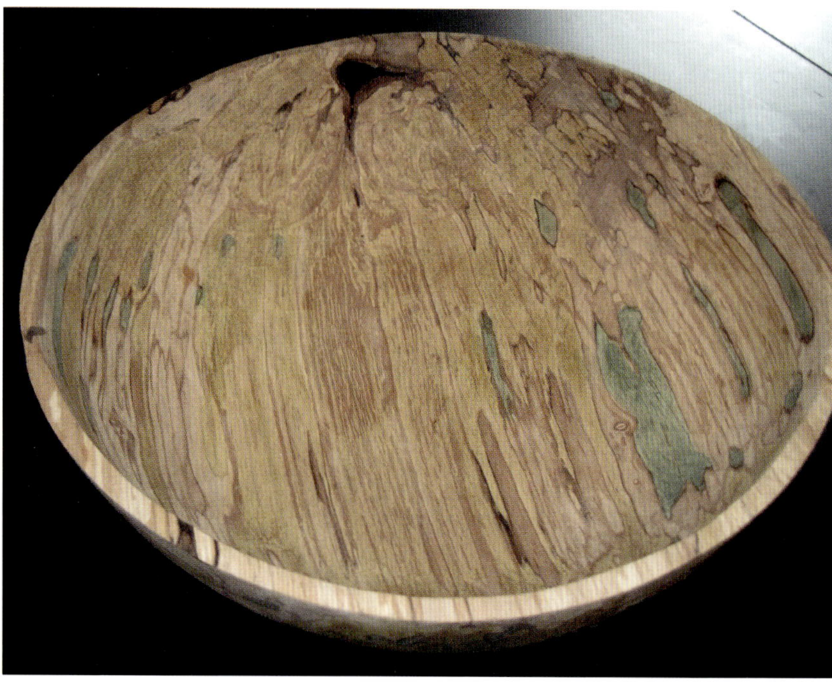

Großblättriger Ahorn *(Acer macrophyllum)* mit herbeigeführten Grenzlinien und grüner und gelber Färbung aus extrahierten Pigmenten. Die Flecken sind innerhalb der Bereiche der Grenzlinien geblieben.

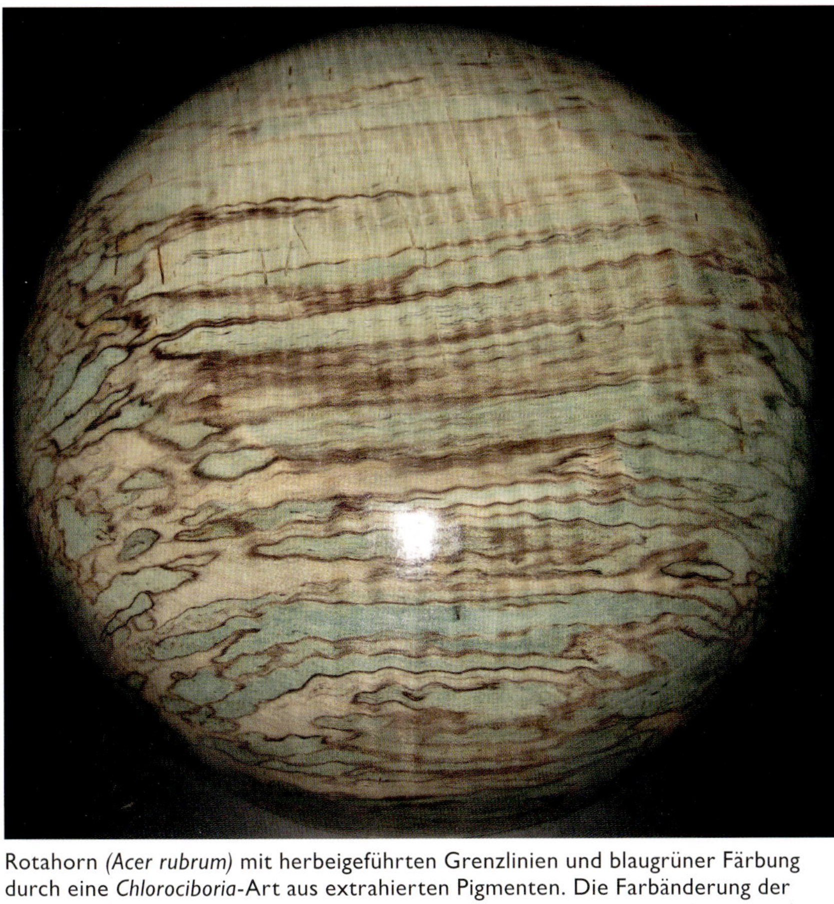

Rotahorn *(Acer rubrum)* mit herbeigeführten Grenzlinien und blaugrüner Färbung durch eine *Chlorociboria*-Art aus extrahierten Pigmenten. Die Farbänderung der Pigmente resultiert aus einer unterschiedlichen Anzahl an Schichten. Je blauer die Farbe, umso mehr Schichten wurden aufgetragen.

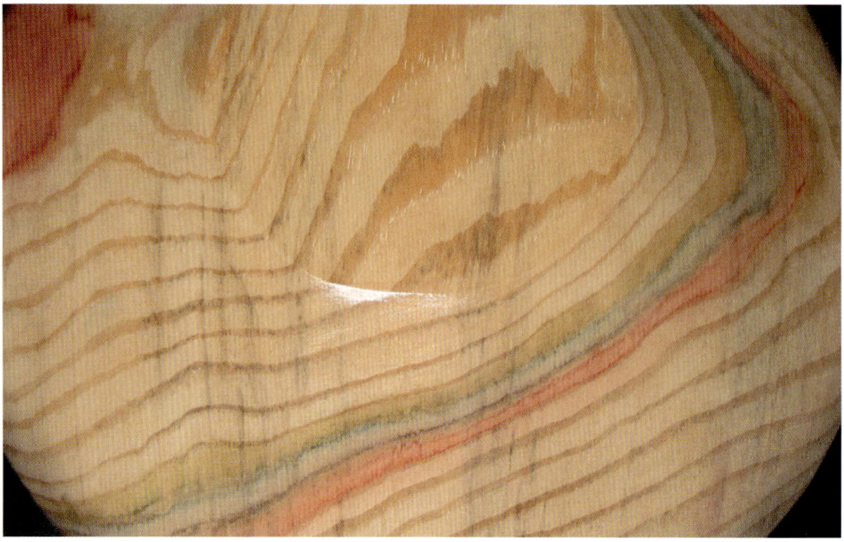

Mit roter, blaugrüner und gelber Farbe aus extrahierten Pigmenten verfärbte Höcker-Kiefer *(Pinus attenuata)*. Hier wurde das Spätholz als natürliche Begrenzung verwendet. Die blaue Farbe ist auch in der Schüssel zu sehen (radiale Streifen) und zeigt eine Verfärbung, die bereits stattfand, bevor sie ins Labor kam.

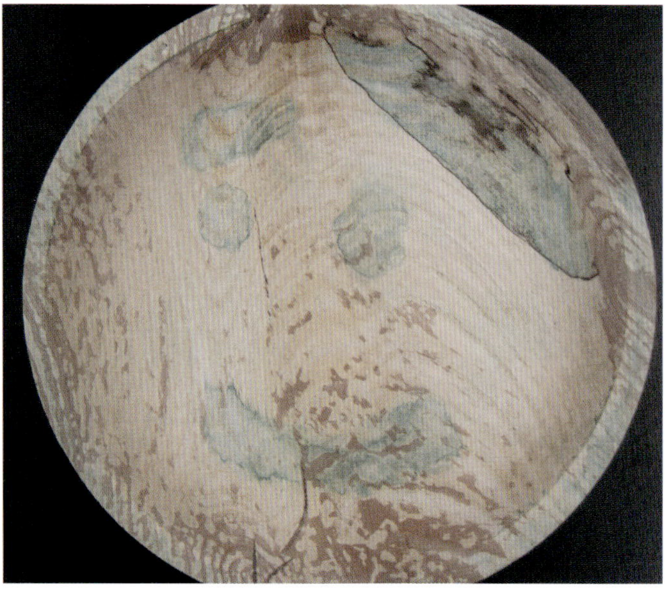

Färbende Pilzpigmente sind ziemlich „klebrig". Sogar wenn sie ohne Begrenzung angebracht werden, haben sie die Tendenz, da zu bleiben, wo man sie aufgetragen hat.

Das Wichtigste, woran Sie sich bei der Verwendung von Pilzpigmenten erinnern sollten, ist, dass die Pigmente sich nicht an das Holz binden, solange das Lösungsmittel nicht verdunstet ist. Das bedeutet, dass Sie das Holz zwischen jeder Schicht trocknen lassen müssen, sonst baut die Farbe sich nicht auf. In der Natur werden diese Pigmente Schicht für Schicht abgelegt und die zunehmende Anzahl an Schichten baut die Farbe auf und verändert sie. Beispielsweise beginnen die blaugrünen *Chlorociboria*-Pigmente für gewöhnlich mit Grün und nähern sich mit mehr Schichten immer mehr dem Blau an. Die Anzahl der Schichten entspricht grob der Wochenanzahl in der Inkubation, halten Sie sich also für Fortschritte in der Farbgebung an die Tabelle zum Nachschlagen für Pigmente.

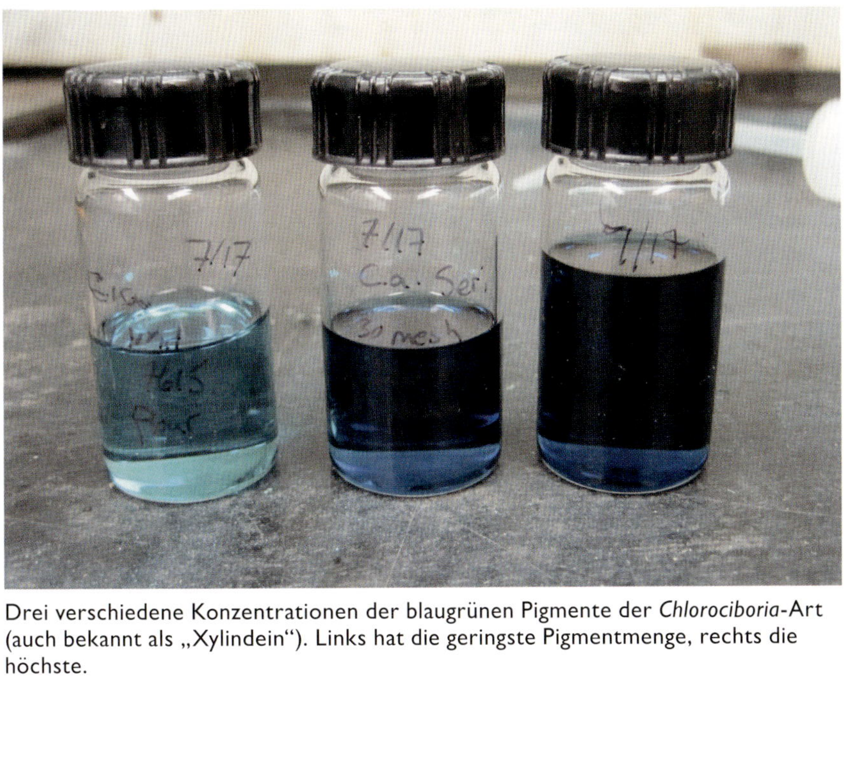

Drei verschiedene Konzentrationen der blaugrünen Pigmente der *Chlorociboria*-Art (auch bekannt als „Xylindein"). Links hat die geringste Pigmentmenge, rechts die höchste.

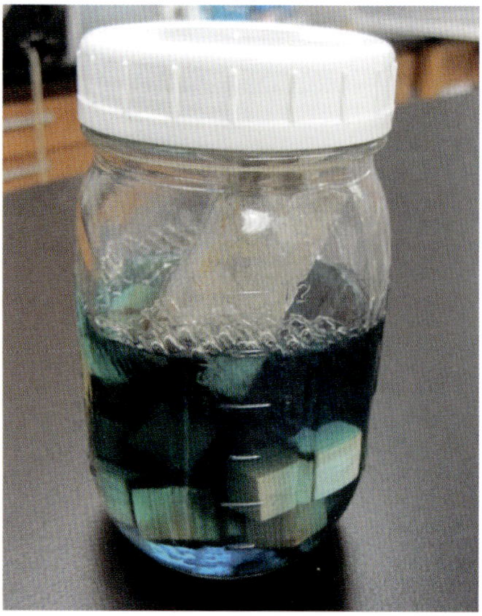

Weil sich die Pigmente in Schichten absetzen müssen, nutzt es nicht viel, das Holz einzutauchen, zu waschen oder mit Druck zu behandeln oder eine Kombination davon. Die Farbe muss in dünnen Schichten aufgetragen werden und trocknen können, um ihre Intensität aufzubauen.

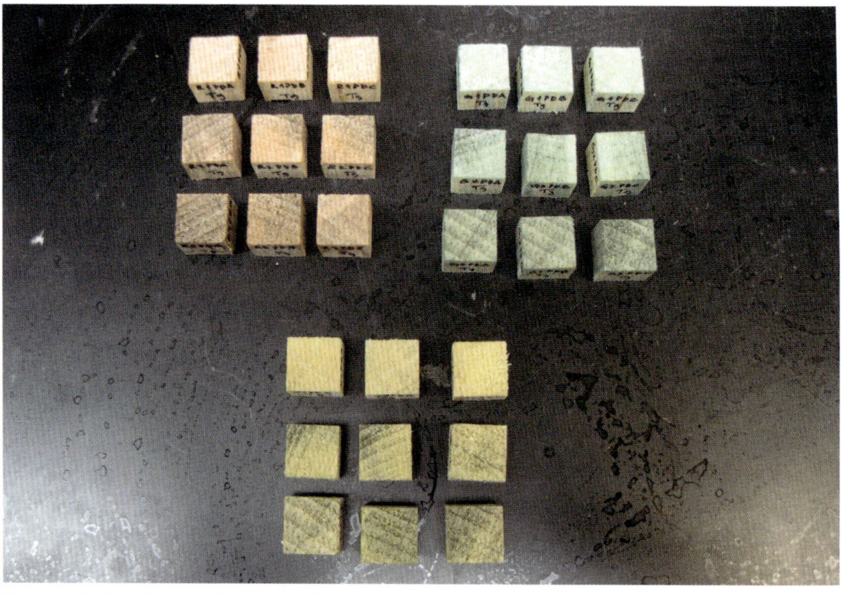

Probewürfel, die mit dem extrahierten Pigment von *Scytalidium cuboideum* (rot), einer *Chlorociboria*-Art (blaugrün) und *Scytalidium ganodermophthorum* (gelb) behandelt wurden. Die Farben sind gedämpft und schreiten nicht über die Oberfläche voran, da sie mittels Eintauchen und nicht durch Beträufeln aufgetragen wurden.

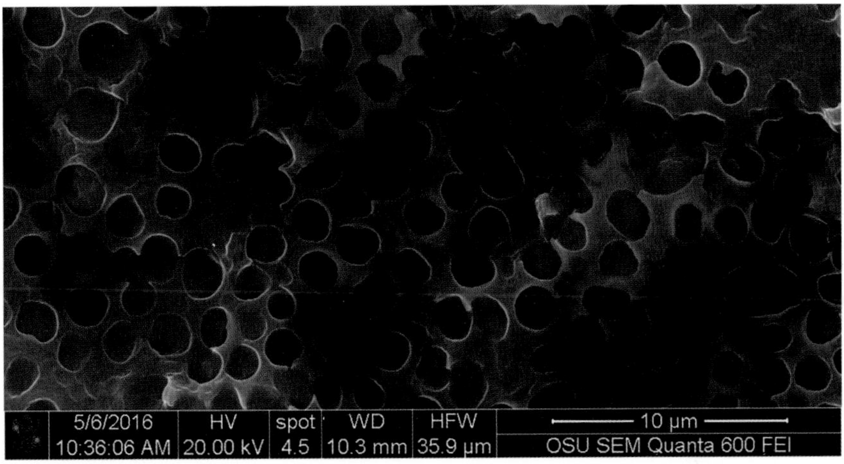

Das Pigment der *Chlorociboria*-Art (blaugrün) setzt sich als poröser Film ab. Um eine Farbe aufzubauen, müssen aufeinanderfolgende Schichten bestehende Lücken im vorhergehenden Film bedecken. Wird eine neue Schicht aufgetragen, bevor die alte sich setzen konnte (bevor das Lösungsmittel verdunstet ist), bildet der Film der neuen Schicht einfach dieselbe Form wie die vorige (somit erfolgt keine Änderung in der Farbe). *(Foto mit freundlicher Genehmigung von Sarath Vega Gutierrez)*

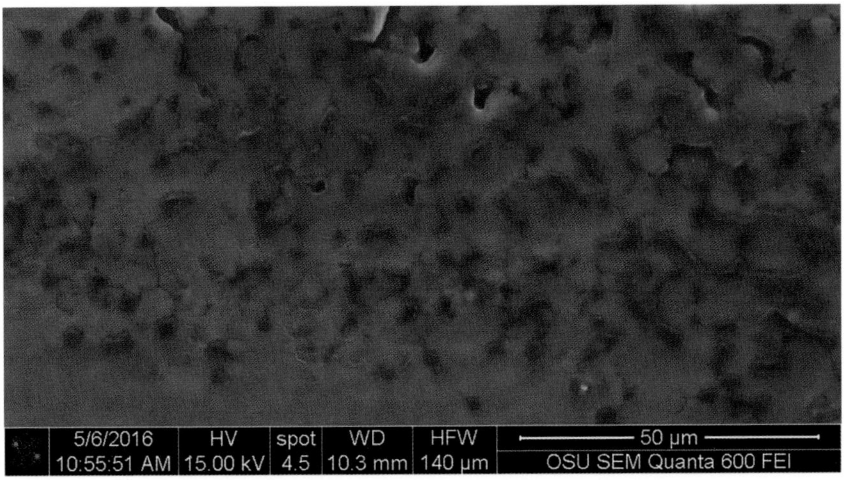

Das Pigment von *Scytalidium ganodermophtorum* (gelb) bildet ebenfalls einen porösen Film. Um Farbe aufzubauen, müssen aufeinanderfolgende Schichten auch hier bestehende Lücken im vorhergehenden Film bedecken. Wird eine neue Schicht aufgetragen, bevor die alte sich setzen konnte, bildet der Film der neuen Schicht einfach dieselbe Form wie die vorige (somit erfolgt keine Änderung in der Farbe).
(Foto mit freundlicher Genehmigung von Sarath Vega Gutierrez)

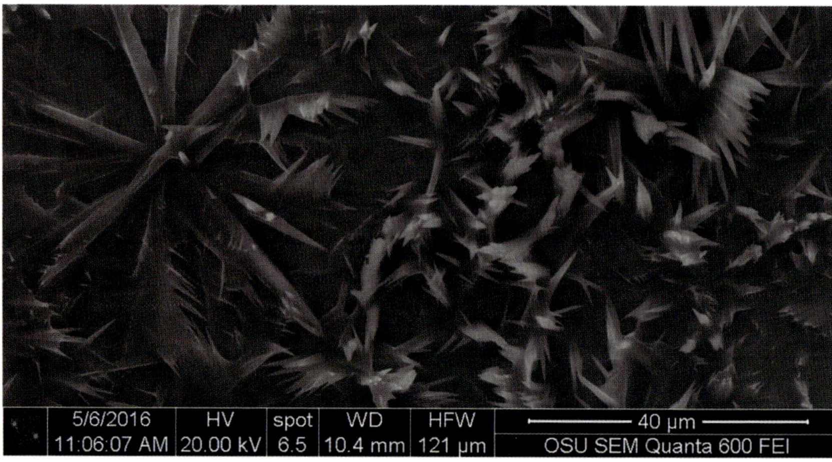

Das Pigment von *Scytalidium cuboideum* (rot) bildet eine blumenförmige kristalline Struktur. Auch wenn nicht viel über die Mechanik seiner Farbänderungen bekannt ist, wird darüber theoretisiert, dass sich die Farbe umso stärker in Richtung Blau/Violett bewegt, je größer die Kristalle sind. *(Foto mit freundlicher Genehmigung von Sarath Vega Gutierrez)*

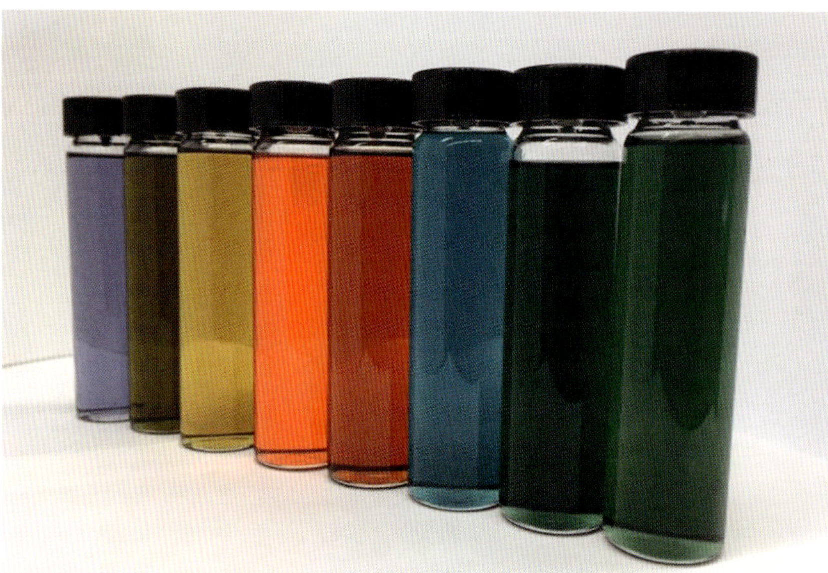

Die volle Bandbreite an Pigmentfarben, die derzeit aus pigmentierenden Pilzen erhältlich sind. *(Bild mit freundlicher Genehmigung von Patricia Vega Gutiérrez)*

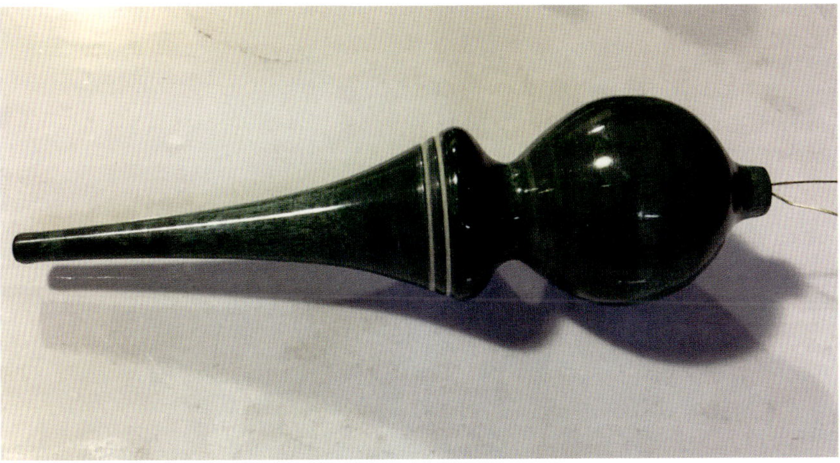

Weihnachtsbaumschmuck aus Ahorn von John Hyatt. Die Farbe stammt vollständig aus extrahiertem und wieder aufgetragem Xylindein der *Chlorociboria*-Art. *(Bild mit freundlicher Genehmigung von John Hyatt aus Sugar Land in Texas (USA). Gestaltet nach den TXRX Labs in Houston und angeordnet für eine Demonstration des Färbens mit Pilzen von Dr. Robinson.)*

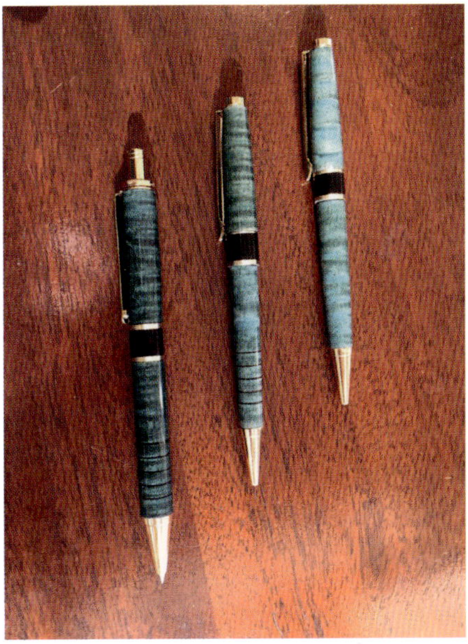

Die Kugelschreiber in geriegeltem Ahorn (handgefertigtes Messing- und Ebenholzband in der Mitte, goldfarbene Wolframnitrid-Spitze und Hinterteil, mit Draht eingebrannte Details am Griff, mit Cyanoacrylat lackiert) zeigen den Farbunterschied mittels unterschiedlicher Schichten. Die Farbe kommt gänzlich von extrahiertem und wieder aufgetragenem Xylindein der *Chlorociboria*-Art. *(Foto mit freundlicher Genehmigung von John Hyatt aus Sugar Land in Texas (USA). Gestaltet nach den TXRX Labs in Houston und angeordnet für eine Demonstration des Färbens mit Pilzen von Dr. Robinson.)*

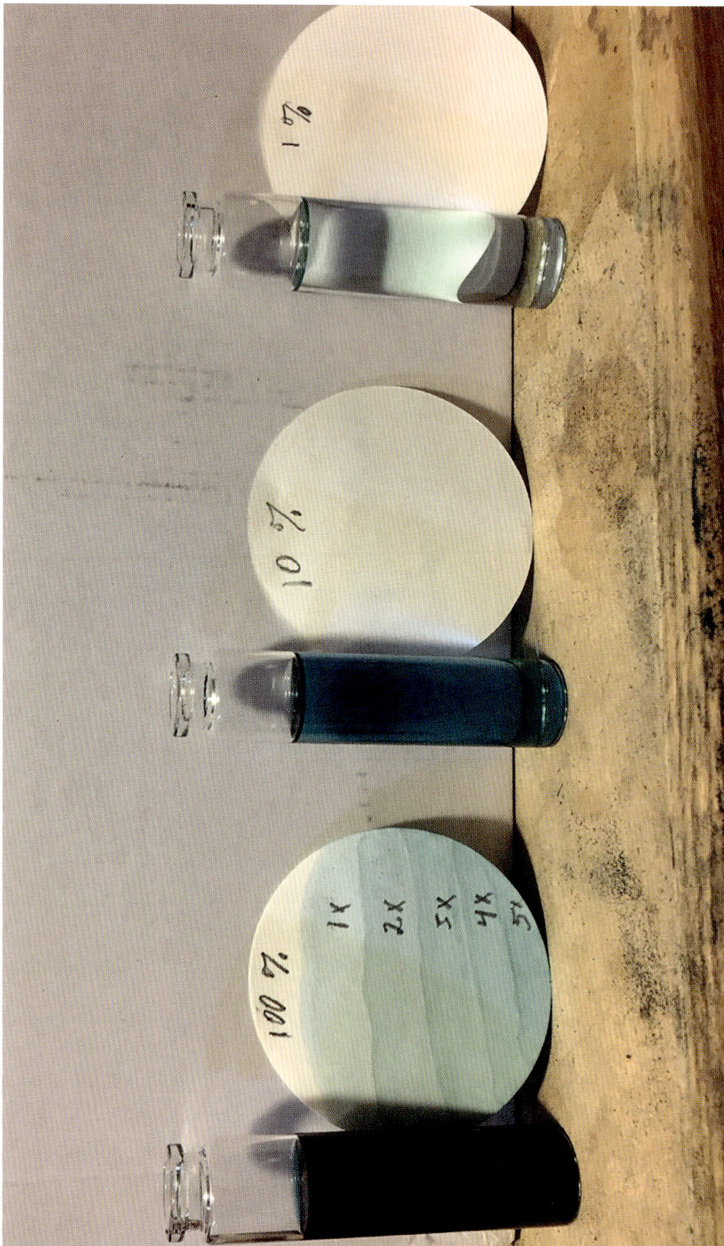

Die Art, wie Schichten und Konzentration die Farbe von extrahiertem Xylindein verändern. Während die hier notierte Prozentzahl willkürlich ist, sind der Effekt der Anzahl der Schichten und die Farbe der Ausgangslösung überwältigend. *(Foto mit freundlicher Genehmigung von John Hyatt aus Sugar Land in Texas (USA). Gestaltet nach den TXRX Labs in Houston und angeordnet für eine Demonstration des Färbens mit Pilzen von Dr. Robinson.)*

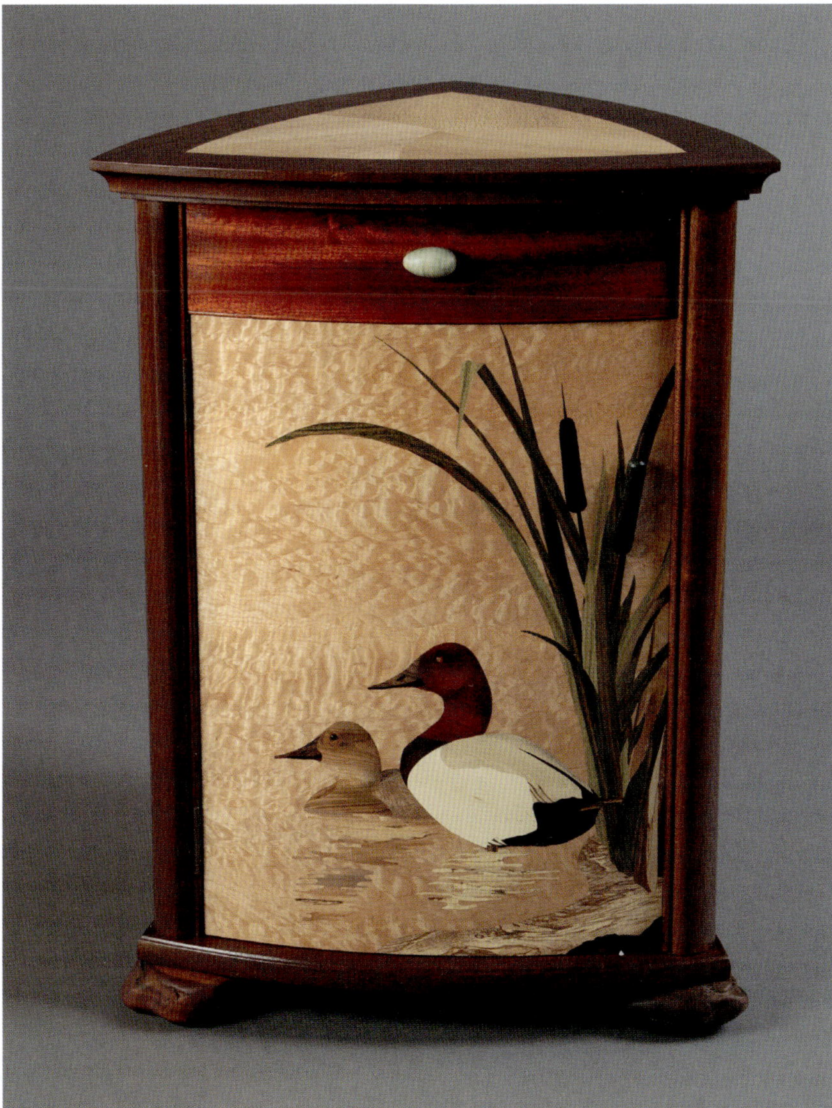

Liebende Riesentafelenten, von Joseph Scannell. Die Schublade der Kommode wurde mit extrahiertem Xylindein einer *Chlorociboria*-Art gefärbt. *(Foto mit freundlicher Genehmigung von Joe Scannell)*

Kapitel 7

Kombinationen

Es gibt kein spezielles Rezept, um die Färbearten Grenzlinie, Weißfäule und Pigmentierung miteinander zu kombinieren. Es ist vielmehr eine Aufgabe zu wissen, welcher Pilz schneller wächst, welcher von anderen ausgestochen werden kann und welcher in der Lage sein könnten, zu koexistieren.

Wenn Sie sich dazu entschließen, Holz nur lebend zu beimpfen, müssen Sie wissen, dass es Jahre dauern wird, um alle Färbearten effektiv zu kombinieren. Grenzlinien müssen im Allgemeinen als erste entstehen, dann wird das Holz getrocknet, um die Pilze abzutöten. Dann können die Pigmente aufgetragen werden, eines nach dem anderen soll wachsen und wird dann abgetötet, bevor ein anderes Pigment aufgetragen wird. Eine illustrierte Anleitung wird nachfolgend gezeigt.

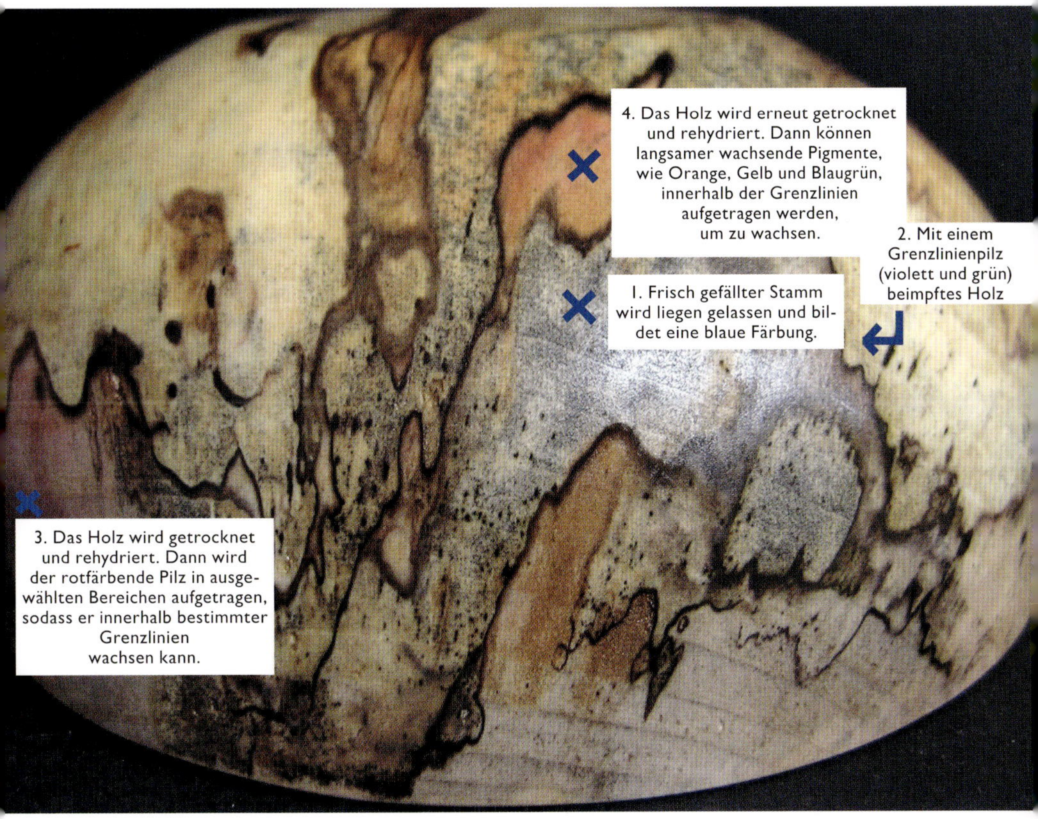

Wenn Sie sich dazu entscheiden, extrahierte Pigmente zu verwenden, ist das kombinierte Färben ziemlich einfach. Die Grenzlinien müssen zuerst gezüchtet werden. Wir haben extrahierte Grenzlinien im Labor für angewandte Mykologie, die mit einer Pipette aufgetragen werden können, wie die extrahierten Pigmente, aber sie werden in nächster Zeit nicht für den Hausgebrauch erhältlich sein. Sowie die Grenzlinien da sind, wo sie sein sollen, bringen Sie das Holz in seine endgültige Form und trocknen Sie es. Schleifen Sie es bis zur letzten Körnung und tragen Sie dann erst die extrahierten Pigmente auf. Das Lösungsmittel hebt die Maserung ein bisschen an, aber ein leichtes Schleifen mit einem Schleifpapier mit 800er-Körnung bringt die Maserung zurück nach unten.

Der Unterschied zwischen Lebendbeimpfung und extrahierter Beimpfung beträgt buchstäblich Jahre. Bei der Lebendbeimpfung besteht auch immer die Möglichkeit einer Kontamination der Behälter. Bei extrahierten Pigmenten erhalten Sie exakt die Farbe, die Sie wollen, exakt da, wo Sie sie wollen. Jedes Mal.

Kapitel 8

Pilze zu Hause kultivieren

Diese bebilderte Anleitung führt Sie durch das Herstellen eines Mediums und seine Beimpfung mit Pilzen aus variierenden Quellen.
(Alle Fotos wurden mit Hilfe von Dr. Daniela Tudor erstellt.)

1 Seien Sie so sauber wie möglich, wenn Sie mit Pilzkulturen arbeiten. Wasser und Seife sind am besten für Ihre Hände, aber bei Oberflächen, die Sie nicht abspülen können, sind 70%iger Ethanol oder 91%iges Isopropyl ebenso geeignet.

2 Sie benötigen ein Stabilisierungsmittel für Ihr Medium. Pektin ist in den meisten Lebensmittelgeschäften erhältlich, verflüssigt sich jedoch leicht. Eine bessere Option ist Gelatine aus dem Großhandel oder – noch besser – Agar Agar. Gelatine ist in der Regel billiger und leichter zu bekommen als Agar Agar; allerdings verflüssigt sich auch sie bei Raumtemperatur, während Agar Agar fest bleibt. Im Labor ziehen wir Agar Agar vor, verwenden Sie daheim jedoch, was für Sie am leichtesten ist.

3 Sie brauchen eine Zuckerbasis. Gerstenmalz ist einfach (und günstig) zu finden.

4

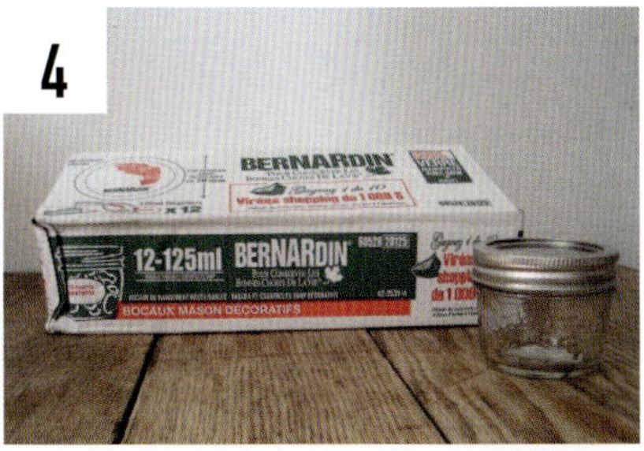

6

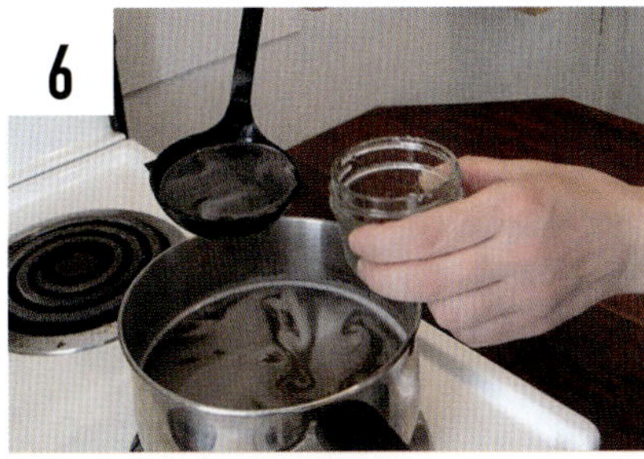

7a

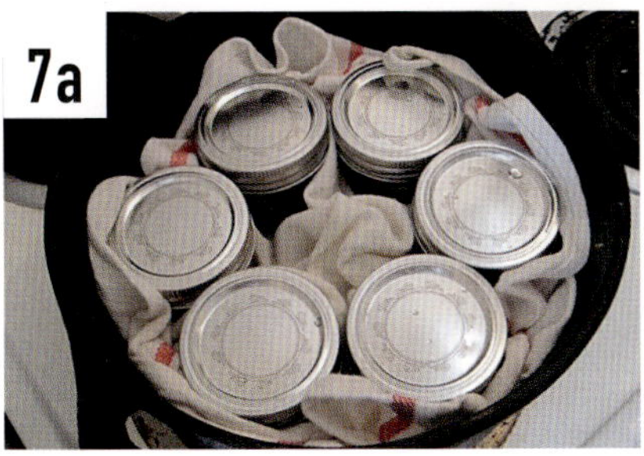

7b

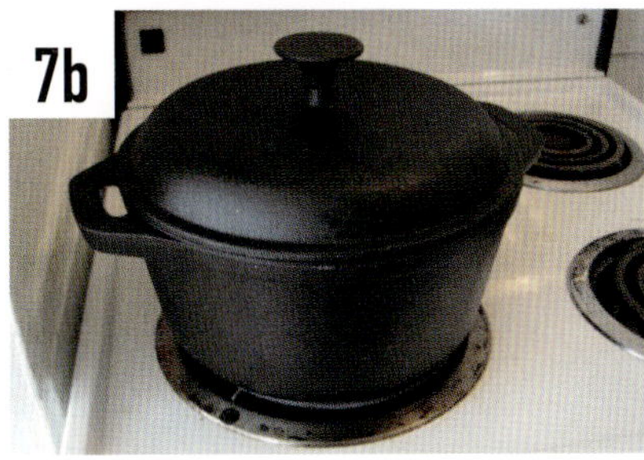

4 Schlussendlich benötigen Sie etwas, worin Sie Ihr Medium aufbewahren können. Sie können vorgefertigte Petrischalen im Internet oder bei Laborbedarfsfirmen kaufen, Sie können aber auch leicht Ihre eigenen herstellen. Sie müssen Ihr Medium jedoch in Gläsern lagern, finden Sie also einen Lieferanten für Einmachgläser – die kleinsten, die Sie finden können.

5 Kochen Sie das Medium. Die meisten Färbepilze werden auf 2%igem Malz-Agar-Agar gezogen. Mischen Sie 1 l Wasser (wenn möglich destilliert), 20 g Malz und 15 g Agar Agar (durch den Stabilisator Ihrer Wahl ersetzen – Sie können gerne mit der Menge spielen, wenn Sie keinen Agar Agar verwenden) in einem Topf. Vermengen und nicht erhitzen.

6 Gießen oder schöpfen Sie die Mischung in die Einmachgläser, sodass Sie gerade genug einfüllen, dass der Boden des Glases bedeckt ist. Sie brauchen keine dicke Mediumschicht, außer Sie planen, die Pilze vor ihrer Verwendung für eine sehr lange Zeit aufzubewahren.

7 Stellen Sie die Gläser in einen Topf. **(7a)** Wenn Sie ein Konservierungssystem haben, ist das sogar noch besser, da der Druck bei der Sterilisation hilft. Kochen Sie die Gläser 15 Minuten lang **(7b)** und achten Sie darauf, dass der Deckel in die Deckeleinkerbungen der Gläser einrastet. Sobald dies geschieht, sind Ihre Gläser versiegelt und steril.

8

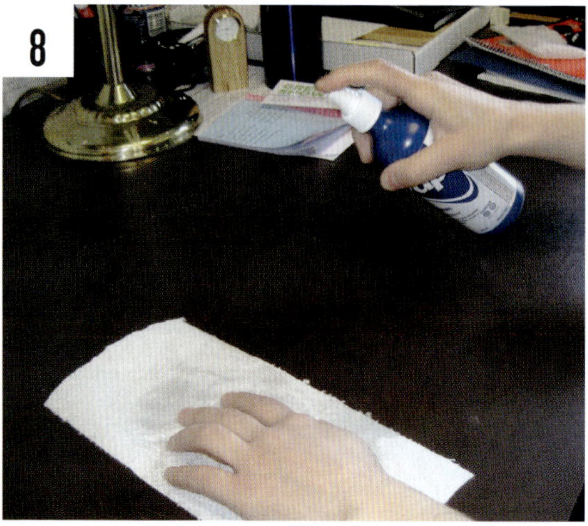

9

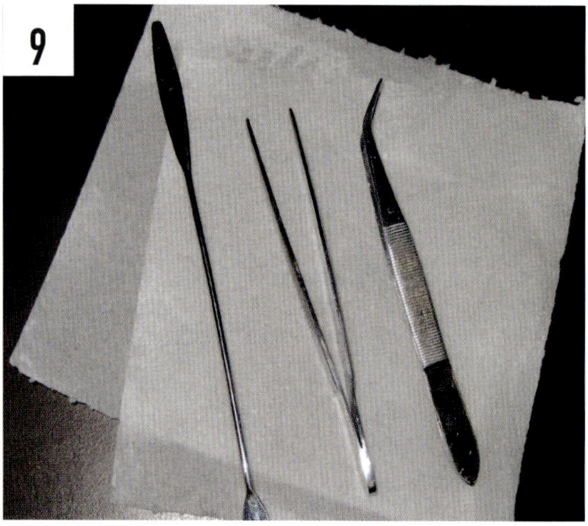

8 Lassen Sie die Gläser mindestens eine Stunde abkühlen. Während Sie warten, reinigen Sie alle Oberflächen, auf denen Sie arbeiten werden.

9 Wählen Sie Werkzeug aus, das leicht gereinigt/ausgekocht werden kann und das dünne Spitzen hat. Kleine Messer, Spatel und Pinzetten sind eine exzellente Wahl. Achten Sie darauf, dass alles so sauber wie möglich ist.

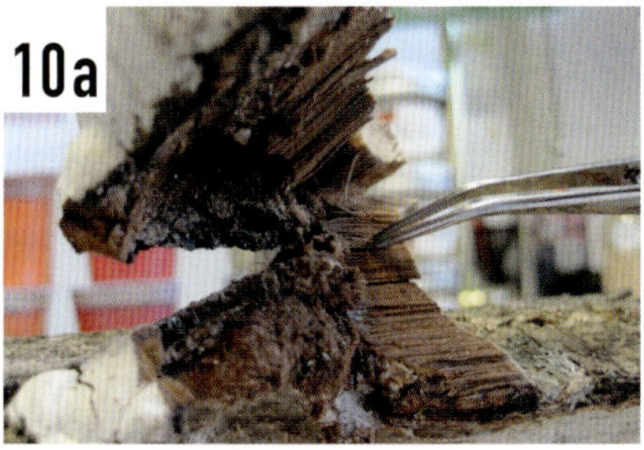

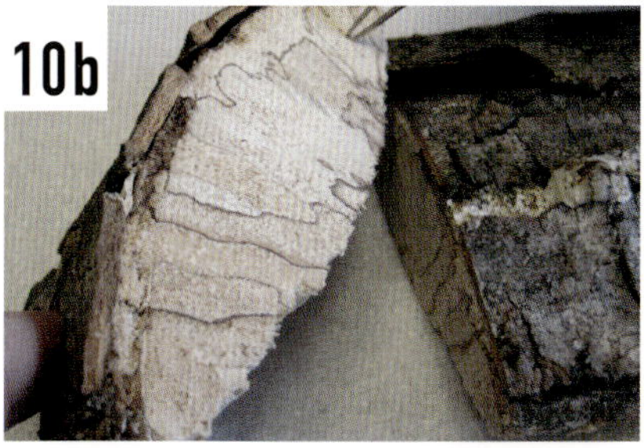

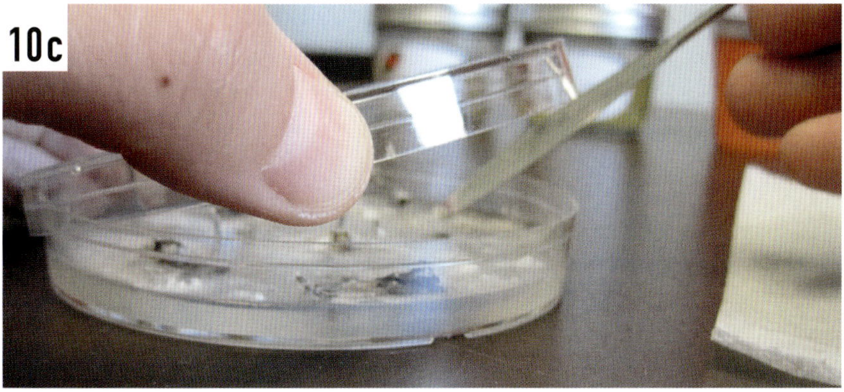

10 Sie können von überall Kulturen abnehmen, es gibt jedoch immer ein Kontaminationsrisiko. Wenn Sie versuchen, es durch einen Fruchtkörper zu isolieren, brechen Sie den Körper auf und nehmen Sie das Material aus dem Inneren. **(10a)** Legen Sie ein kleines Stück des Innenmaterials in die Mitte Ihres Mediums. Denken Sie daran, dass Pilze oft andere Pilzarten kolonialisieren; nur weil etwas in Ihrer Petrischale wächst, bedeutet es nicht, dass es das *richtige* „Etwas" ist.

Sie können es auch von durch Pilze verfärbtem Holz abnehmen **(10b)**, allerdings ist die Chance einer Kontamination hier recht hoch, weil Sie keine Ahnung haben, was Sie da abnehmen. Als Abhilfe nehmen Sie die Beimpfung von einer frisch geöffneten Stelle im Holz ab; dies sollte helfen, durch Luft übertragene Schimmelpilze einzudämmen.

Die beste Option ist es, eine reine Kultur zu verwenden **(10c)**, die Sie selbst gezogen oder aus einem zuverlässigen Labor erworben haben.

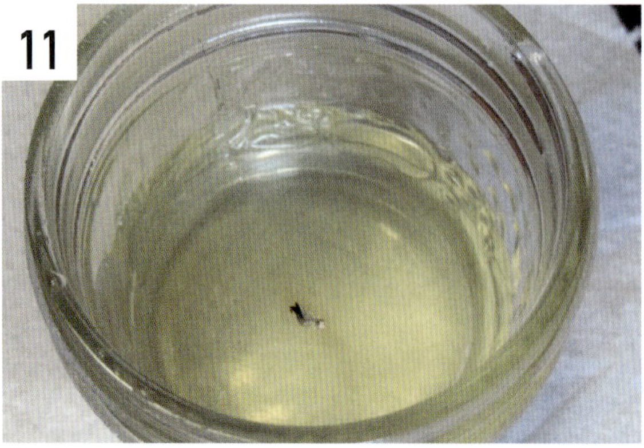
11

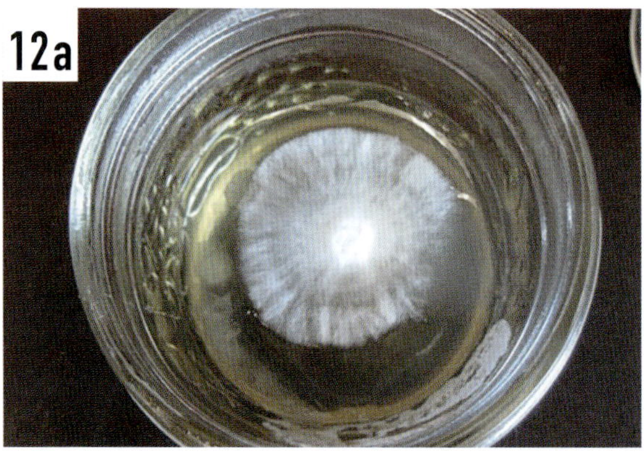
12a

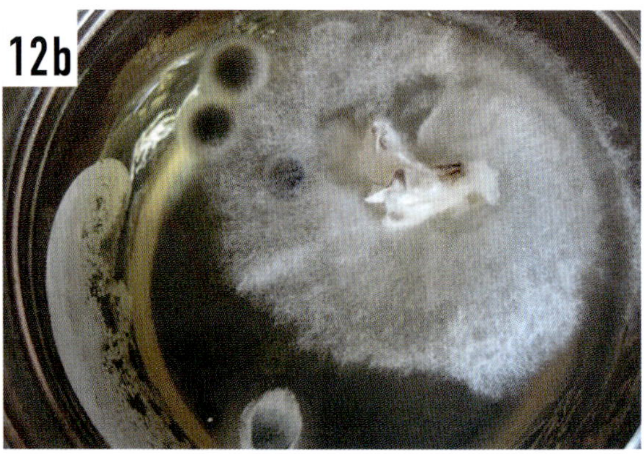
12b

11 Aus welcher Quelle Sie sich auch bedienen, beachten Sie, nur ein sehr kleines Stück des Materials in die Mitte Ihres Mediums zu setzen. Dies hilft Ihnen später festzustellen, ob es Kontaminationsstoffe gibt. Nachdem Sie das Material platziert haben, verschließen Sie das Glas wieder mit dem Deckel und bewahren Sie es an einem sauberen Ort auf, etwa in einem Schrank.

12 Überprüfen Sie Ihre Gläser mittels Durchsicht, nicht durch Aufschrauben (was in **12a** für mehr Bildklarheit getan wurde). Wenn sich eine einzelne Kolonie an der Beimpfungsstelle gebildet hat, haben Sie erfolgreich eine Kultur gezogen (zu sagen, ob es der richtige Pilz ist, ist eine andere Geschichte). Nachdem Sie die Bestätigung haben, dass Sie den richtigen Pilz haben, können Sie fortfahren und das Medium als Beimpfung nutzen, indem Sie den in dem Buch gezeigten Schritten folgen.

Wenn Sie mehr als eine Kolonie haben, vor allem wenn die Kolonien unterschiedlich gefärbt sind, haben Sie Kontaminationsstoffe (**12b**). Werfen Sie den Inhalt aus dem Glas, reinigen Sie es und versuchen Sie es noch einmal.

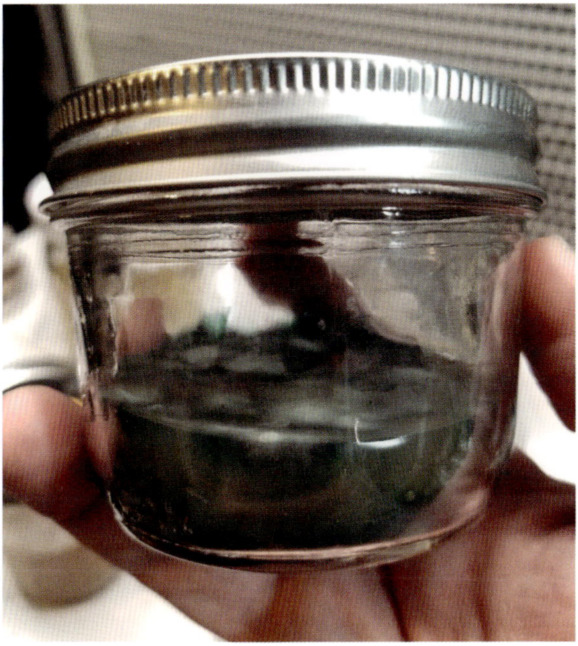

Chlorociboria (Beimpfung an mehreren Stellen), der auf einem Agar-Agar-Medium in einem Schraubglas wächst. *(Foto mit freundlicher Genehmigung von Mushroom Man of Peotone LLC: mushroommanofpeotone.com)*

Anhang I

Geeignete Pilze für das Holzfärben und woher man sie bekommt

WEISSFÄULE

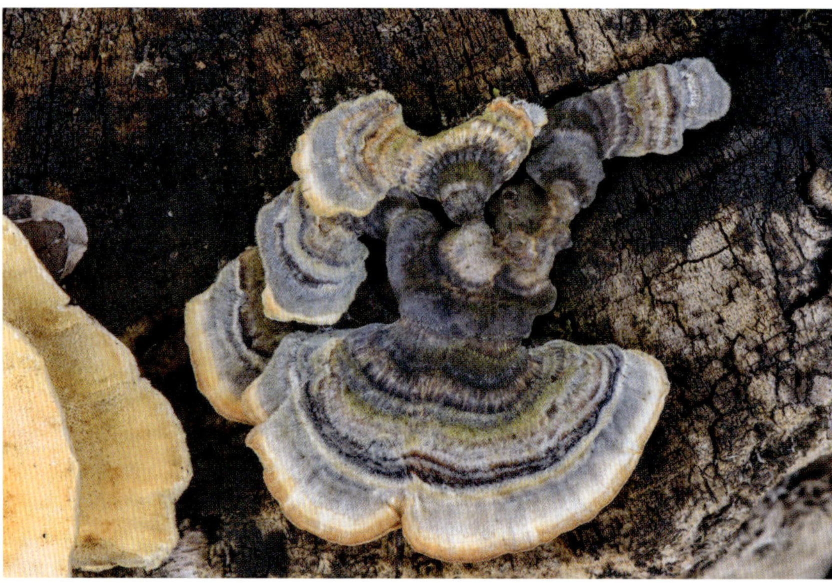

Trametes versicolor (Schmetterlings-Tramete) am Ort einer Holzfällung nahe dem Hallojarvi-See (Gorynskoe) in der Nähe von Lembolovo, 40 Meilen nördlich von St. Petersburg in Russland. Das Foto wurde am 27. April 2017 aufgenommen. *(Foto mit freundlicher Genehmigung von Alexey Sergeev: http://www.asergeev.com/index.htm)*

Trametes versicolor (Schmetterlings-Tramete) bildet einen dünnen, konsolenförmigen Fruchtkörper aus und ist über weite Teile der Welt verbreitet. Er ist essbar, auch wenn die Fruchtform hauptsächlich in der Alternativmedizin verwendet wird. Auch wenn es viele Pilze mit ähnlicher Form gibt, lässt sich *Trametes versicolor* oft durch seine blaue Innenfärbung unterscheiden.

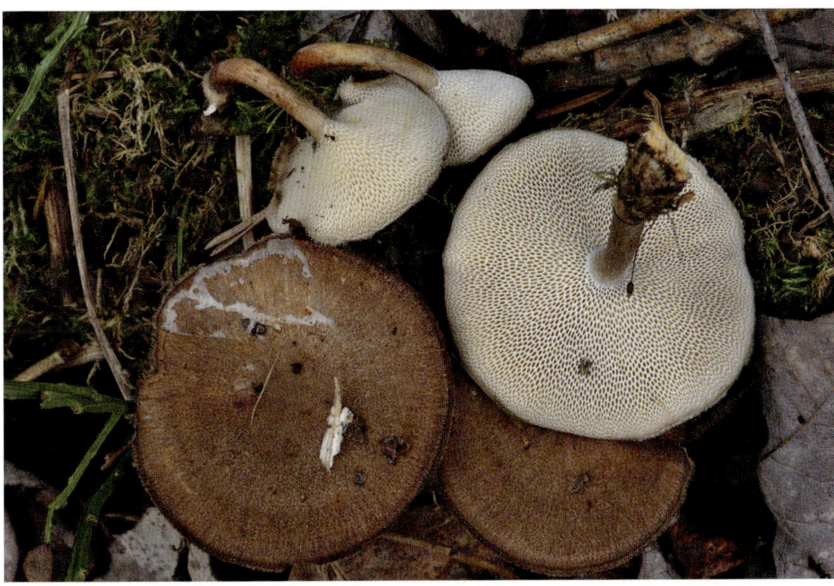

Polyporus brumalis (Winter-Stielporling), gefunden in der Nähe von Orekhovo, nördlich von St. Petersburg in Russland am 22. Oktober 2016. *(Foto mit freundlicher Genehmigung von Alexey Sergeev: http://www.asergeev.com/index.htm)*

Polyporus brumalis (Winter-Stielporling) ist ein sehr „traditionell" geformter Pilz mit einem Stiel und einem Hut. Der Hut ist braun, die weiße Unterseite hat aber Poren, keine Lamellen, was ein Hauptunterscheidungsmerkmal ist. Er ist auch weit verbreitet. Er wird nicht als essbar angesehen, weil er so zäh ist.

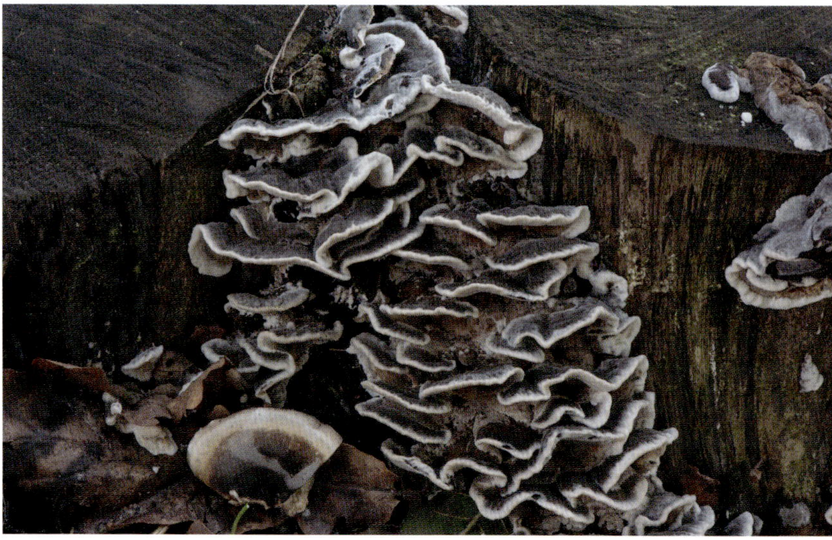

Bjerkandera adusta (Angebrannter Rauchporling), gefunden nahe der vierten Südbrücke auf der Insel Elagin in St. Petersburg in Russland am 7. Oktober 2017. *(Foto mit freundlicher Genehmigung von Alexey Sergeev: http://www.asergeev.com/index.htm)*

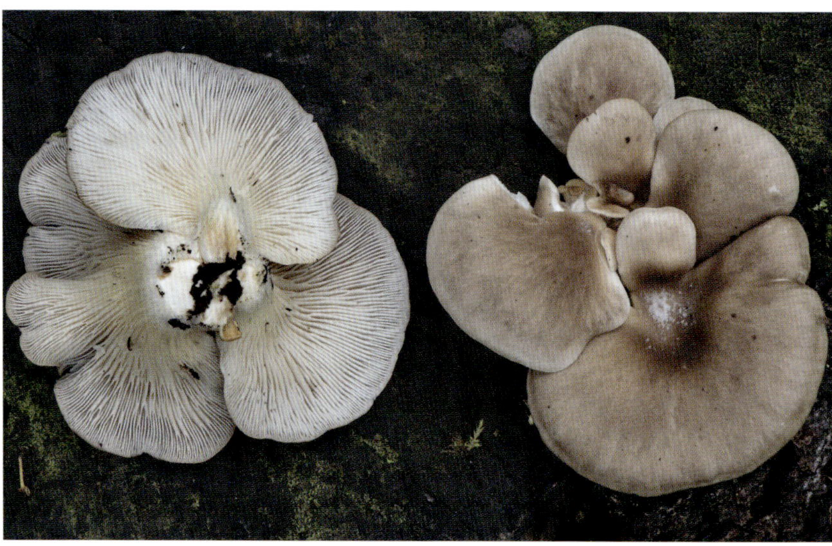

Bjerkandera adusta (Angebrannter Rauchporling), gefunden nahe der vierten Südbrücke auf der Insel Elagin in St. Petersburg in Russland am 7. Oktober 2017. *(Foto mit freundlicher Genehmigung von Alexey Sergeev: http://www.asergeev.com/index.htm)*

Bjerkandera adusta (Angebrannter Rauchporling) ist weit verbreitet in Europa, Nordamerika und Asien. Er neigt dazu, auf Totholz zu wachsen, wie die meisten Weißfäulepilze. Er hat einige Doppelgänger, weshalb die Identifikation auf freiem Feld das Halbieren eines Fruchtkörpers beinhalten muss, um zu sehen, ob er einen sehr starken Farbunterschied zwischen dem „Fleisch" und den grauschwarzen Röhrchen aufweist. Hellere Röhren, die durch eine ausgeprägte dunkle Linie getrennt sind, würden für *Bjerkandera fumosa* sprechen.

Pleurotus ostreatus (Austernseitling) wird auf der ganzen Welt kommerziell gezüchtet und ist somit der wahrscheinlich am leichtesten zu findende Weißfäulepilz. In der Natur unterscheidet man ihn von ähnlich aussehenden, austernförmigen Pilzen, die auf Baumstämmen wachsen, durch seinen charakteristischen Geruch nach Bittermandeln. Während *P. ostreatus* essbar ist, hat er einige giftige Doppelgänger, weshalb er besser von einer Pilzzucht oder als Lebendkultur gekauft werden sollte.

Ein exzellentes Nachschlagewerk für die Jagd nach Weißfäulepilzen zum Färben (und aus dem viel der obigen Informationen kam) ist *Pilze der Schweiz. Band 2. Nichtblätterpilze* von J. Breitenback und F. Kränzlin. Während andere Nachschlagewerke kleiner sind und sich „laienhafter" ausdrücken, gibt die Reihe *Pilze der Schweiz* detaillierte Informationen sowohl zur Identifikation als auch über die Zersetzungsarten, die von den Pilzen verursacht werden. Viele Weichfäulepilze können in diesem Buch ebenso gefunden werden.

BRAUNFÄULE

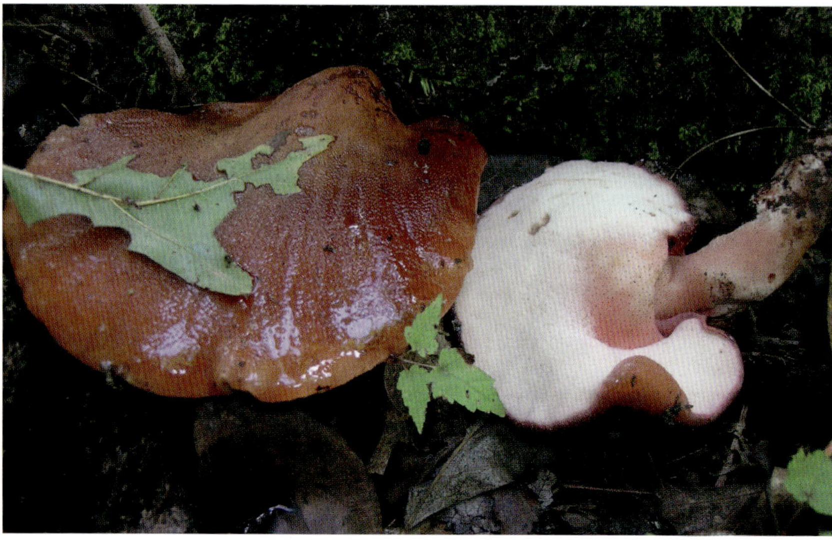

Fruchtkörper von *Fistulina hepatica* *(Foto von Michael Kuo)*

Der einzige bekannte zuverlässig braun färbende Pilz ist *Fistulina hepatica* (Leberpilz/Ochsenzunge, engl.: beefsteak fungus), der für die braune Verfärbung der englischen Brauneiche bekannt ist. Er kommt häufig in Großbritannien vor und kann vielerorts im Rest Europas, in Nordamerika, Australien und Teilen Afrikas gefunden werden. Wie jede Braunfäule macht er das Holz irgendwann unbrauchbar, wenn er zu lange auf dem Holz gelassen wird.

Fistulina hepatica bildet einen konsolenförmigen Fruchtkörper mit wellenförmigem Rand und wächst auf Baumstämmen. Seine Farbe sieht – Sie ahnen es bereits – stark nach rohem Rindfleisch aus (daher der Name im Englischen).

GRENZLINIEN ERZEUGENDE PILZE

Für Pilze, die gemeinsam mit anderen auftreten müssen, um Grenzlinien zu erzeugen, siehe Abschnitt Weißfäule

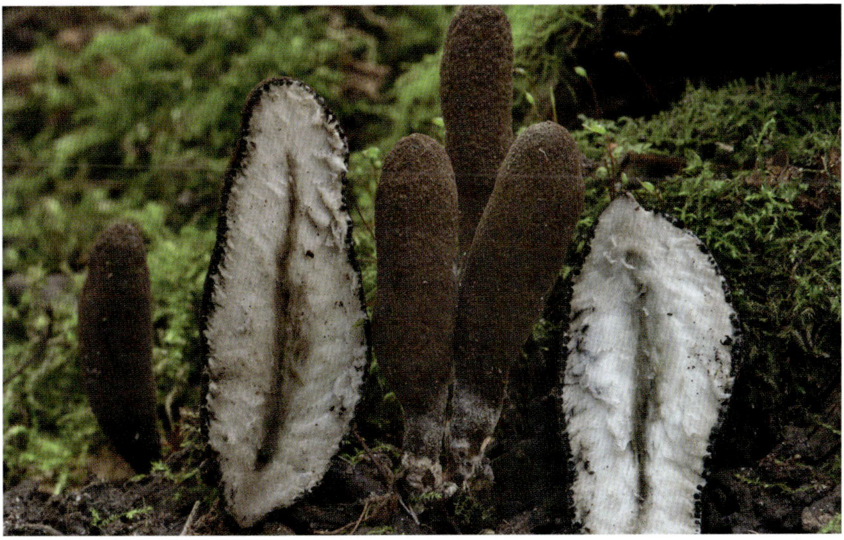

Xylaria polymorpha (Vielgestaltige Holzkeule), sowohl halbiert als auch im Ganzen (als visuelle Nachschlaghilfe), gefunden nahe einem verrottenden Eichenstumpf in Alexander Park, Pushkin (ehem. Tsarskoe Selo), nahe St. Petersburg (Russland) am 4. September 2017. *(Foto mit freundlicher Genehmigung von Alexey Sergeev: http://www.asergeev.com/index.htm)*

Xylaria polymorpha (Vielgestaltige Holzkeule) ist wahrscheinlich einer der meiststudierten grenzlinienerzeugenden Pilze mit einer Forschungsgeschichte über sein Melanin, die zurück in die frühen 1900er-Jahre reicht. Er ist ein keulenörmiger Schlauchpilz, der in Nordamerika oft in den Aushöhlungen alter Baumstümpfe und in Südamerika direkt auf umgefallenen Stämmen wächst. Er ist weltweit verbreitet, auch wenn er in einigen Gebieten häufiger vorkommt als in anderen (etwa im Amazonas-Regenwald). Die Kegelformen können beim jungen Pilz blau sein, verdunkeln sich jedoch schnell zu Schwarz, wenn die Reife fortschreitet. Die Berührung der Keulen hinterlässt oft einen schwarzen Überrest auf den Fingern. Er ist ein Weichfäulepilz, kein Weißfäulepilz und braucht als solcher länger als seine aggressiveren Gegenspieler, um Holz zu färben.

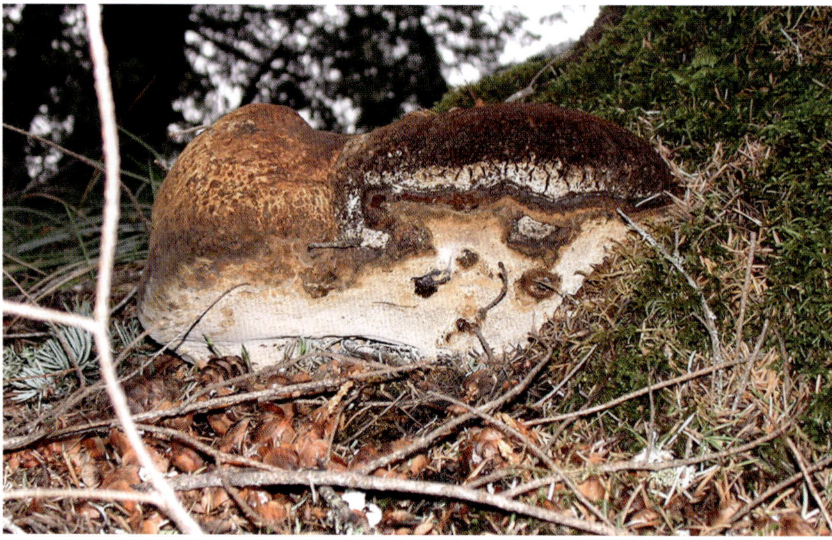

Fruchtform von *Inonotus hispidus* *(Foto von Darvin DeShazer)*

Inonotus hispidus (Zottiger Schillerporling) ist ein weißfaulender Ständerpilz, der regelmäßig auf gestressten, lebenden Bäumen wächst. Er hat eine charakteristische rote Oberseite und eine gelbe Unterseite, die oft gelborange „Kondenströpfchen" aufweist. Er kann aufgrund von Farbe und Form mit *Fistulina hepatica* verwechselt werden; allerdings hat *I. hispidus* eine haarig-zottelige Oberseite, während *F. hepatica* dies nicht hat. *Inonotus hispidus* ist in den meisten Teilen der Welt verbreitet, aber nicht häufig. Es wäre viel leichter, sich eine Reinkultur aus einer Pilzkulturzucht zu besorgen, als diesen Pilz in der Wildnis anzutreffen.

PIGMENTBILDENDE PILZE

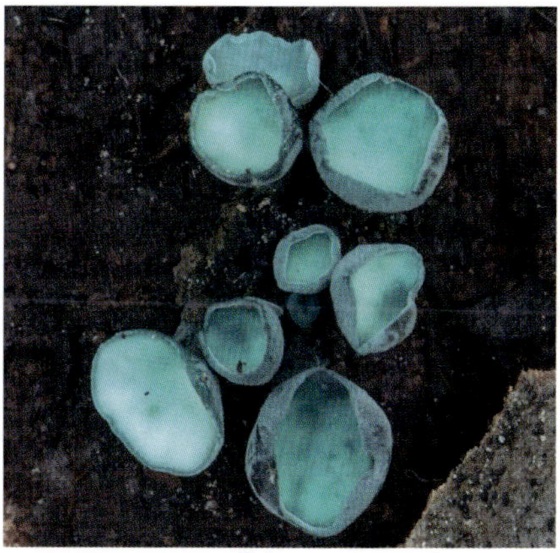

Chlorociboria aeruginosa (Großsporiger Grünspanbecherling) auf verrottendem Holz in Sosnovka Park in St Petersburg (Russland), 14. August 2017. *(Foto mit freundlicher Genehmigung von Alexey Sergeev: http://www.asergeev.com/index.htm)*

Unglücklicherweise bilden die meisten pigmentierenden Pilze keine Fruchtkörper. Glücklicherweise kommt die strahlend blaugrüne Farbe von der *Chlorociboria*-Art (Grünspanbecherling), die eine weltweite Verbreitung aufweist. Sie ist besonders häufig in Neuseeland und Teilen von Chile anzutreffen, insbesondere in Chiloé, aber aufgrund der unverwechselbaren Farbe des Holzes kann sie auch leicht an den meisten Orten mit genügend Niederschlag gefunden werden.

Die kleinen blaugrünen Becher der Fruchtkörper sind nach dem Regen sichtbarer, aber das gefärbte Holz ist das ganze Jahr über blaugrün.

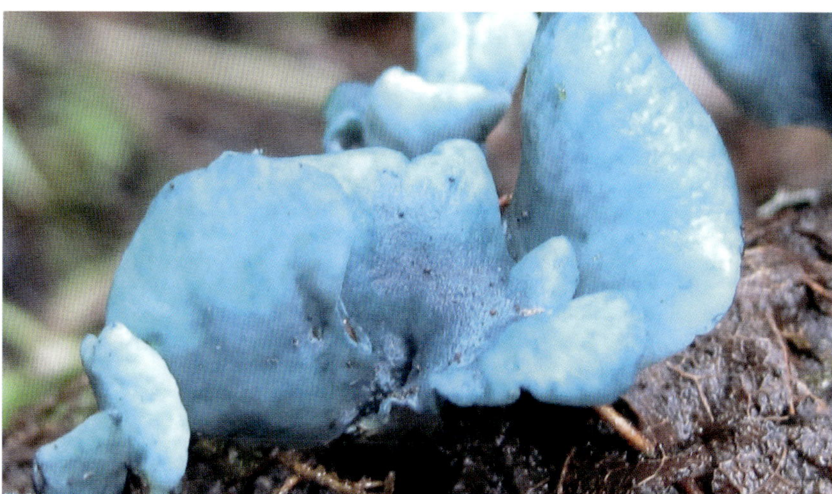

Nahaufnahme einer *Chlorociboria*-Art in Michigan, USA

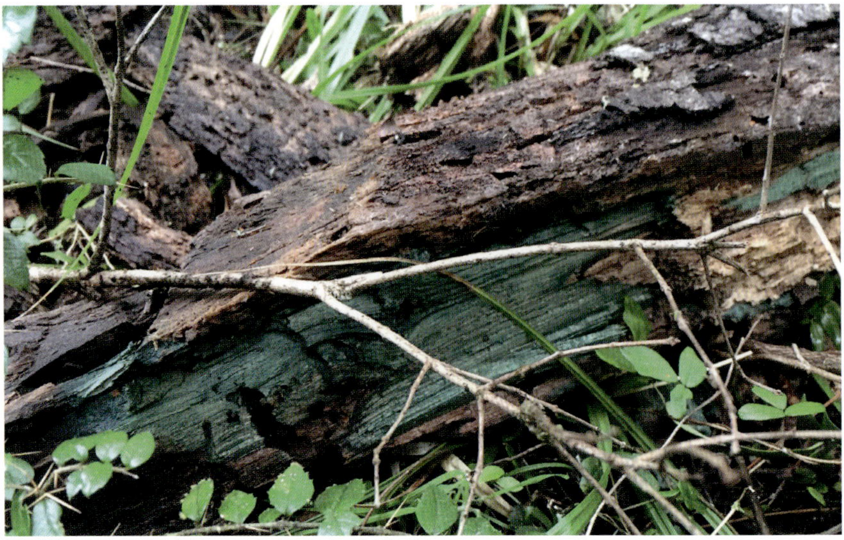

Vollständig von einer *Chlorociboria*-Art gefärbter Baumstamm in Chiloé (Chile) *(Foto mit freundlicher Genehmigung von Patricia Vega Gutierrez)*

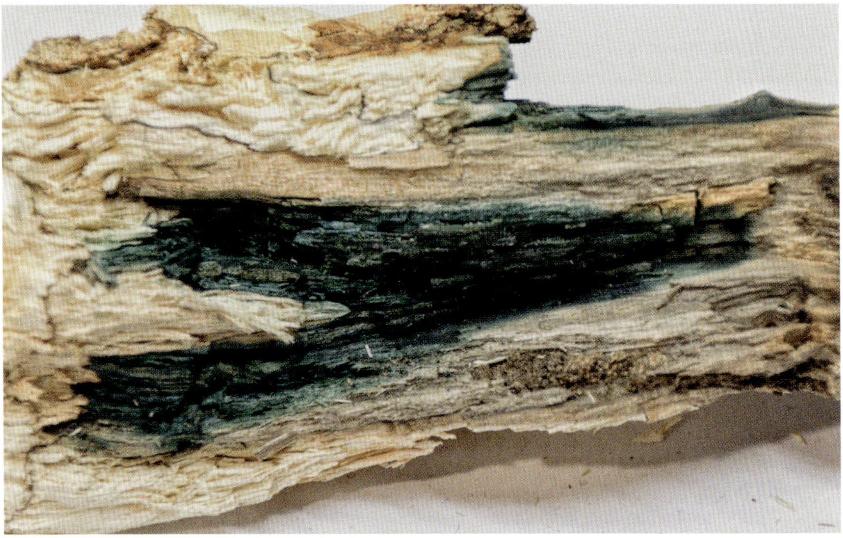

Eine „normale" Menge an *Chlorociboria*-Färbung für die USA, ebenso begleitet von einigen spärlichen schwarzen Grenzlinien *(Foto mit freundlicher Genehmigung von Mich Williams)*

KAUF VON PILZKULTUREN

Auch wenn es möglich ist, Pilze aus dem Wald zu sammeln und Ihre eigenen Kulturen anzulegen, entscheiden sich viele Menschen stattdessen dazu, Reinkulturen von Pilzkulturzüchtern zu kaufen.

Dies ist besonders bei vielen der pigmentierenden Pilze notwendig, die keine Fruchtkörper bilden.

Wenn Sie von einem Züchter kaufen, vergewissern Sie sich, dass die Pilze dort nicht kalt gelagert werden. Dies fährt oft den Pigmentierungsprozess herunter; während die Pilze vielleicht noch wachsen, sind sie viel langsamer beim Färben. Ein idealer Pilzzuchtbetrieb würde Färbepilze aktiv am Wachsen halten, um sie in einem aggressiven Zustand auszuliefern.

Einige größere Kultursammlungen sind unter anderem die American Type Culture Collection (ATCC), das Mikroherbarium der Universität von Alberta (UAMH, und nun in der Universität von Toronto beheimatet) und die Madison-Sammlung (MAD; in der US-amerikanischen Waldforschungsstation in Madison im Bundesstaat Wisconsin). Das Labor für Angewandte Mykologie an der Oregon State University hat ebenso eine Färbepilzkulturbank und die Kulturen werden hier nie kühl gelagert.

Es gibt viele kleinere Ausstatter, die Färbepilze ebenso verkaufen. Bedenken Sie, dass die meisten Färbepilze als Pflanzenschädlinge betrachtet werden und daher, wenn Sie in den Vereinigten Staaten von Amerika sind, nicht ohne Genehmigung über die Grenzen der Bundesstaaten verbracht werden dürfen. Wenn der Händler, bei dem Sie ihre Pilze kaufen, keine Genehmigung von Ihnen verlangt (oder Ihnen eine aushändigt, die er bereits hat), kaufen Sie bitte nicht bei ihm.

Und natürlich können Färbepilze direkt aus dem Labor für angewandte Mykologie an der Oregon State University bezogen werden, wo die meiste Forschungsarbeit über Färbepilze geleistet wird: www.northernspalting.com. Das Geld aus diesen Verkäufen fließt direkt zurück in weitere Färbepilzforschungen.

Die kosteneffizienteste Art, sowohl Färbepilze und Färbepigmente zu kaufen als auch bei neuen Forschungsergebnissen am Laufenden zu bleiben, ist durch die Spalting Cooperative (www.patreon.com/spalting). Pilze und Pigmente sind für Mitglieder der Kooperative zu signifikant reduzierten Preisen erhältlich und Mitglieder können so direkt laufender und künftiger Forschung helfen sowie das Labor für angewandte Mykologie und seine Studenten unterstützen.

Anhang II

Geeignete Hölzer zum Färben mit Pilzen

Jedes Holz kann verrotten; darum kann sich auch jedes Holz durch Pilze verfärben. Das Zeitfenster macht den Unterschied, da alle Färbepilze dazu in der Lage sind, Holz zu zersetzen, aber dies nach sehr unterschiedlichen Zeitplänen machen. Holz enthält auch viele verschiedene Arten von Extraktstoffen, die je nach Spezies (und in der Menge von Baum zu Baum, ja sogar je nach Bereich von ein und demselben Baum) variieren, was eine große Rolle in puncto Widerstandsfähigkeit vor Zersetzung spielt.

Trotzdem gibt es einige grundsätzliche Thesen, die über Holz gemacht werden können.

Leichtes Holz verfärbt sich schneller durch Pilze als schwereres.

- Das meiste Gewicht im Holz (abgesehen von Wasser) machen die Extraktstoffe aus (denken Sie beispielsweise an Silica).

Helles Holz verfärbt sich schneller als dunkleres.

- Die meiste Farbe im Holz kommt von den Extraktstoffen (denken Sie an Walnuss-Kernholz, Milchorangenbaum (Osagedorn), usw.).
- Es dauert länger, bis die Pigmente sich auf dunklerem Holz zeigen, wodurch es scheint, als bräuchte der Pilz mehr Zeit zum Wachsen, obgleich er in Wahrheit mehr Pigmente bilden muss, bevor sie sichtbar werden.

Leichte helle Holzarten bekommen nicht so gut Grenzlinien.

- Holz, das so gut wie keinen Widerstand vor der Zersetzung leistet, pigmentiert gut, doch es bekommt nicht leicht Grenzlinien, weil es sich zu leicht verdauen lässt. Die meisten Pilze nehmen sich einfach, was sie wollen, und verschwinden, ohne sich darum zu kümmern, ihr Territorium zu markieren.

Tropenhölzer haben meist mehr Extraktstoffe als Hölzer aus gemäßigten Klimazonen.

- Dies ist eine weitverbreitete Verallgemeinerung, aber grundsätzlich können Sie erwarten, dass tropische Hölzer länger brauchen, um sich mit Pilzen zu verfärben als Hölzer aus gemäßigterem Klima, außer Sie verwenden tropische Pilze in einer tropischen Umgebung.

Zuckerahorn (Acer saccharum) *ist ein ideales Holz zum Färben mit Pilzen.*

- Die Pilze verfärben das Holz so gut, dass es oft als Kontrolle bei Versuchsanordnungen mit Färbepilzen genutzt wird. Versagt das Färben beim Zuckerahorn, ist irgendetwas mit dem Test schiefgelaufen. Interessanterweise trifft dies nicht auf die gesamte Bandbreite aller Ahornarten zu, sondern nur auf die harten. Es wird angenommen, dass die Zuckerarten im Inneren der harten Ahorngewächse dabei eine Rolle spielen.

Trockenes Holz verfärbt sich nicht durch Pilze.

- Pilze brauchen Wasser zum Leben.

Holz verfärbt sich nicht unter Wasser.

- (Die meisten) Pilze brauchen Sauerstoff zum Leben.

Holz mit starkem Geruch verfärbt sich nicht so gut wie Holz ohne Geruch.

- Die meisten Gerüche im Wald (denken Sie an Kiefern) sind aromatische Extraktstoffe und spielen eine Rolle bei der Widerstandsfähigkeit gegen Zersetzung.

Hartholz bildet besser Grenzlinien als Weichholz.

- Die meisten Pilze, die Grenzlinien bilden, sind Weißfäulepilze, die eher auf Harthölzern wachsen.

Weich- und Hartholz lassen sich gleich gut mit pigmentierenden Pilzen färben.

- Die meisten pigmentierenden Weichfäulepilze wachsen gleich gut auf Hart- und Weichhölzern.

Ringporöse Harthölzer lassen sich besser pigmentieren als zerstreutporige.

- Die größeren Gefäße im Frühholz erleichtern den Transport der Pigmente und Pilze.

Wenn Sie gerade erst mit dem Färben mit Baumpilzen anfangen, bleiben Sie bei mitteldichten, weißen Holzarten, wie Zuckerahorn und Birke. Beide reagieren schnell und gründlich und können Ihnen eine gute Verständnisgrundlage liefern, bevor Sie zu komplexeren Holzarten, wie Walnuss, Eiche usw., übergehen.

Anhang III

Anmerkungen zur Verarbeitung von pilzverfärbtem Holz

Durch Pilze verfärbtes Holz sollte nicht gleich bearbeitet oder behandelt werden wie unversehrtes Holz. Da Färbepilze holzzerstörende Fäulnispilze sind, sind signifikante Veränderungen in der Mikro- und Makrostruktur des Holzes während des Färbevorganges geschehen. Das trifft offensichtlich nicht zu, wenn die Färbung mittels Auftragen extrahierter Pigmente vonstattengegangen ist.

Hier sind einige allgemeine Regeln für die Arbeit mit durch Pilze verfärbtem Holz.

ÄNDERUNGEN IN STÄRKE UND DICHTE

Jede Art der Zersetzung mindert die Dichte und Stärke des Holzes. Verwenden Sie kein durch Pilze verfärbtes Holz für gewichtstragende Anwendungszwecke. Fassen Sie es nur für dekorative Zwecke ins Auge, wenn es nicht mit einem Kunstharz stabilisiert wird.

ÄNDERUNGEN IN DER PORÖSITÄT

Die Zersetzung macht Löcher ins Holz, auch wenn diese Löcher oft zu klein sind, um sie zu sehen. Die Löcher beeinträchtigen Stärke und Porösität. Rechnen Sie damit, dass Schlussbehandlungen viel stärker an angegriffenen Stellen einziehen als an unversehrten, was ungleichmäßigen Glanz verursacht. Siegellacke (etwa Polyurethan auf Wasserbasis) sind besser für durch Pilze verfärbtes Holz geeignet, da sie sofort eine Schicht an der Oberfläche bilden und nicht in das Holz einziehen. Dies vermeidet unterschiedliche „Glanzprobleme“ ölbasierter Lacke.

Rechnen Sie damit, bei durch Pilze verfärbtem Holz aufgrund der Porösität auch mehr Leim zu benötigen.

ÄNDERUNGEN IN DER TEXTUR

Zersetzung bedeutet, dass Holz leichter splittern, bröckeln oder brechen kann, wenn es durch eine Säge geschoben wird. Bewegen Sie durch Pilze verfärbtes Holz langsamer durch Maschinen und seien Sie auf ein Ausreißen vorbereitet.

Verfaulte Bereiche lassen sich leichter schleifen als das sie umgebende Holz. Nutzen Sie Schaumstoffschleifpads, um den Druck während des Schleifens variieren zu können, da die zersetzten Bereiche sonst Vertiefungen in der Oberfläche Ihres Holzes bilden.

ÄNDERUNGEN IM KLANG

Aufgrund der durch die Zersetzung entstandenen Leerräume hat durch Pilze verfärbtes Holz eine ganz andere Tonqualität als gesundes Holz. Derartiges Holz, insbesondere von *Xylaria*-Arten befallenes, wird seit Jahrhunderten im Musikinstrumentenbau verwendet.

ÄNDERUNGEN IM CHEMISCHEN AUFBAU

Die Farben, die durch die Pilze erzeugt werden, sind grundsätzlich Chemikalien. Das sind Lacke ebenso. Die pilzbasierten Farbstoffe sind dafür bekannt, dass sie mit Ölen interagieren und somit können ölhaltige Lacke die Farbe des gefärbten Holzes verändern (oft dämpfen oder verdunkeln sie sie zu weniger lebhaften Farbtönen) oder auch gänzlich verschwinden lassen. Denken Sie an diese potenziellen Interaktionen zwischen Ihrer Oberflächenbehandlung und Ihrem Färben mit Pilzen.

Anhang IV

Anmerkungen zum Drechseln von pilzverfärbtem Holz

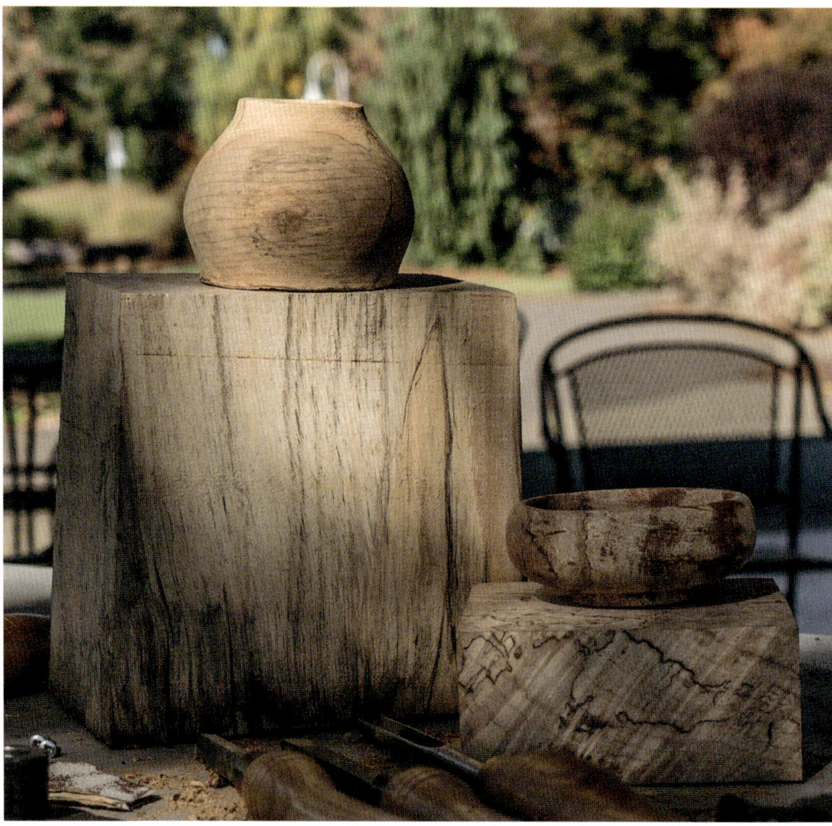

(Bild mit freundlicher Genehmigung von Eric Kawashima)

Das Drechseln von durch Pilze verfärbtem Holz bringt einen eine Menge zusätzlicher Probleme mit sich, die in Anhang IV aufgelistet sind.

Das größte Problem, dem man begegnet, wenn man pilzverfärbtes Holz drechselt, ist das Ausbrechen – das Abreißen von Fasern an faulen Stellen durch das Werkzeug. Viele Drechsler umgehen dies, indem sie ihr durch Pilze verfärbtes Holz mit verschiedenen Kunstharzen stabilisieren, womit sie das Holz in ein Holz-Plastik-Komposit verwandeln und die Dichte ausgleichen. An dieser Methode ist nichts verkehrt; tatsächlich gibt es eine lange Reihe von Drechslern, die stabilisiertes Holz verwenden, es ist aber nicht *notwendig*.

Selbst das angegriffenste Holz kann ohne signifikante Risse oder die Gefahr, dass es auf der Werkbank „in die Luft geht", gedreht werden. Der Trick ist (1) eine langsame Drehzahl (gut unter 1.000 Umdrehungen, normalerweise zwischen 300 und 500), (2) dass man keine Angst davor hat, eine Planscheibe zu verwenden, und (3) die Fase mit einem Hohlmeißel anzuarbeiten.

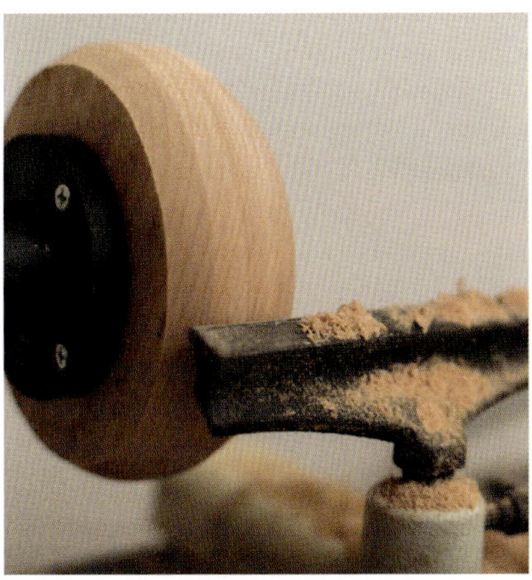

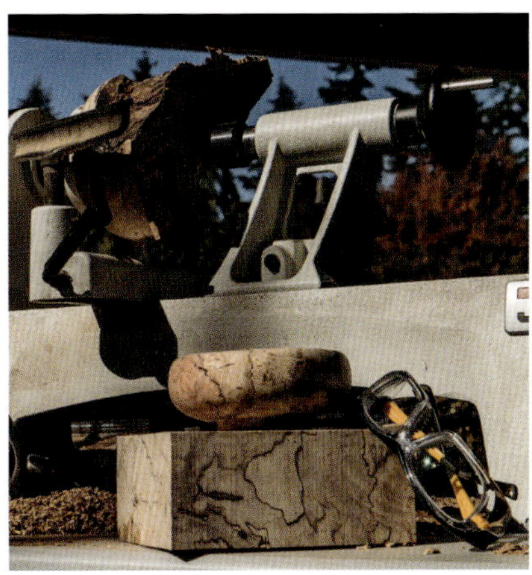

Links: Immer wenn Sie durch Pilze verfärbtes Holz schruppen, sollten Sie eine Planscheibe verwenden. Diejenige, die mit der Drehbank mitgeliefert worden ist, wird funktionieren, Sie könnten aber darüber nachdenken, eine beschichtete Planscheibe mit mehr als vier Schraubenlöchern nachzurüsten. *(Bild mit freundlicher Genehmigung der Oregon State University)*

Rechts: Spannen Sie das Werkstück immer mit dem Reitstock ein, wenn Sie mit Pilzen verfärbtes Holz schruppen – sogar dann, wenn die Spitze nur teilweise damit verbunden ist. Je mehr Kontaktpunkte, umso besser. *(Bild mit freundlicher Genehmigung von Eric Kawashima)*

Auch wenn sie im modernen Drechseln viel geschmäht sind, sind Planscheiben eine hervorragende Versicherung, wenn Sie durch Pilze verfärbtes Holz drehen. Die Vielzahl an Kontaktpunkten bedeutet mehr Stabilität – die dringend benötigt wird, denn die Änderungen in der Holzdichte bedeuten, dass es immer Vibrationen geben wird. Einsätze für Spannfutter zu schneiden, führt oft zu Rissen im Holz, da das verfärbte Holz dem Druck nicht standhalten kann und so die Einsätze oft brechen oder ganz abreißen. Planscheiben in guter Qualität – jene mit einer Beschichtung und mehr als vier Löchern – sind ideal, um Holz auf einer Drechselbank zu befestigen. Wenn Sie ein Stück drechseln, das nicht vollständig abgerundet sein wird, erwägen Sie, Holzschrauben in Größe 8 für den Anfang zu verwenden, bis die Grobbearbeitung des Werkstücks beendet ist. Nach dem Schruppen, wenn die 8er-Schrauben wackelig sind, entfernen Sie sie und schrauben Sie 10er-Schrauben ein. So müssen Sie die Planscheibe nicht entfernen und halten alles in der Mitte.

Eine wichtige Erinnerung: je mehr Kontaktpunkte, umso besser. Auch wenn Sie eine Planscheibe verwenden, nutzen Sie Ihren Reitstock, wenn möglich.

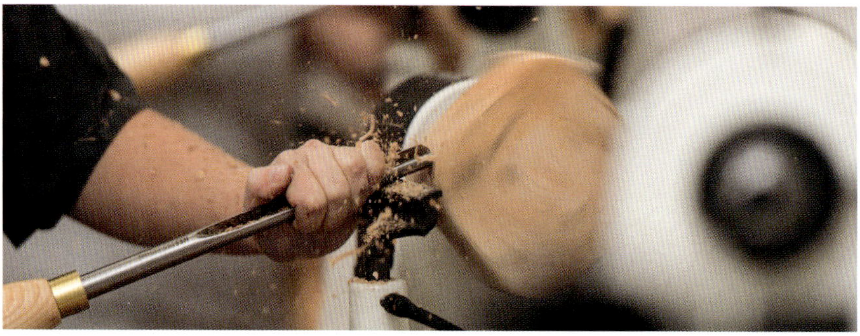

Grobbearbeitung an einem Stück verfärbtem Holz mit einer traditionellen Schruppröhre (englische Form) *(Bild mit freundlicher Genehmigung der Oregon State University)*

Das Drechseln hat sich in den letzten zehn Jahren dahin bewegt, dass Schaber aufgrund ihrer einfachen Verwendung, dem fehlenden Schärfen und der relativen Sicherheit zum Allzweckwerkzeug geworden sind. Unglücklicherweise sind Schaber nicht ideal für viele weichere Holzarten und sie richten verheerenden Schaden an pilzverfärbtem Holz an. Die Fäulnis im Holz ist hier mit kleinen, mikroskopischen Löchern und Rissen (Fissuren) im Holz gleichzusetzen, was bedeutet, dass die Trennung der Zellen sehr viel leichter geschieht. Das Ausreißen ist mit den meisten schabenden Drechselwerkzeugen beinahe unvermeidbar, weil die Kraft, die auf das Holz einwirkt, an den Zellen zieht, die dann vom sie umgebenden Gewebe abbrechen und nach außen ziehen.

Hohlmeißel, insbesondere traditionell geschliffene Formröhren für Schalen (kein Fingernagelprofil, aber spitzer angeschliffen, mit kleinem Keilwinkel (spitzer als ein „Bottom Feeder")), können so verwendet werden, dass ein feiner, leichter Schnitt gesetzt wird wie beim Feindrehen, wobei die Schräge vorsichtig während des Schneidens an die Schüssel gedrückt wird. Dies fixiert die Zellen unten, bevor der Schnitt beginnt, wodurch das Ausreißen der Zellen möglichst gering gehalten wird. Stellen Sie sich das vor wie den Unterschied zwischen dem Abreißen eines Pflasters (Schaben) im Gegensatz zum Glattziehen Ihrer Haut und dann erst folgendem Abreißen. Letzteres ist weniger schmerzhaft und reißt weniger Haut mit, weil für Halt gesorgt ist.

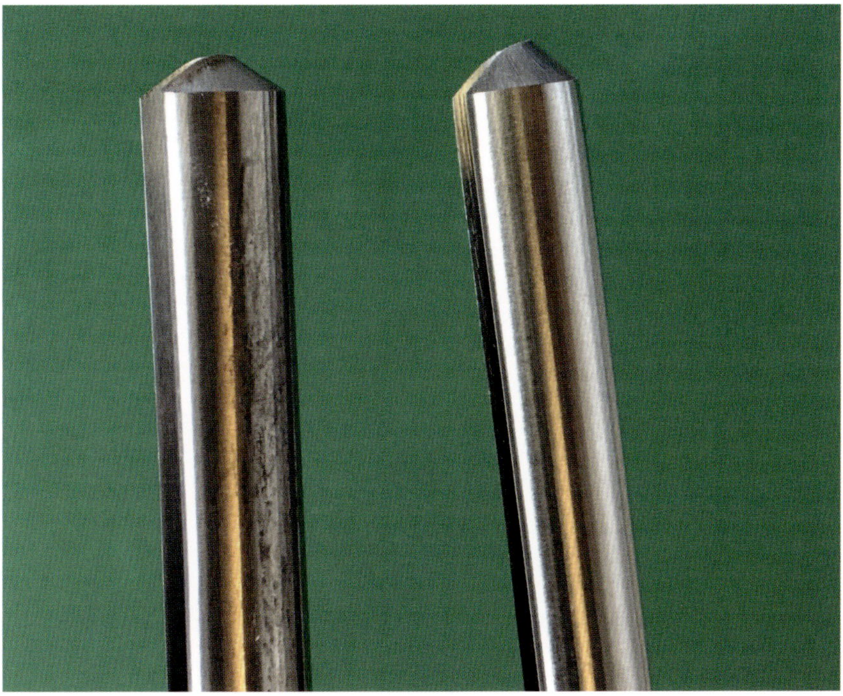

Links: Werksschliff einer traditionellen Formröhre für Schalen (Marke: Robert Sorby).

Rechts: Leicht modifizierter Schliff, um innenliegende Übergangsschnitte an pilzverfärbtem Holz zu erleichtern. Dieser Schliff liegt zwischen „Bottom Feeder"-Schliff und Werksschliff.

Anhang V

Häufige Fragen und Antworten (FAQ)

Was ist Färben mit Pilzen?

Als Färben mit Pilzen bezeichnet man jede Farbe im Holz, die von einem Pilz produziert wurde. Es ist keine Farbe, die der Baum produziert hat (wie etwa Eschenahorn, Flieder usw.) oder die durch Mineralien, chemische Reaktionen und dergleichen produziert wird. Grenzlinien, Pigmente, Weißfäule (Bleichen) oder jede Kombination davon können so entstehen. Es umfasst verfärbtes Holz, das in der Natur gefunden wird (darunter auch landläufig als „gestockt" bezeichnetes Holz) und das in einer Garage oder einem Labor erzeugt wird.

Welche Pilze können Holz färben?

Ein Pilz muss in der Lage sein, Holz zu zersetzen, um es zu färben. Daher sind nur Fäulnispilze Färbepilze, was bedeutet, dass grundsätzlich über die Luft übertragene Schimmelpilze keine Färbepilze sind, auch wenn sie oberflächlich Pigmente produzieren. Weiß-, Braun- und Weichfäulepilze sind in der Lage zu färben, allerdings produzieren nicht alle während der Zersetzung Pigmente.

Welches Holz kann mit Pilzen gefärbt werden?

Jedes Holz kann faulen; darum kann jedes Holz auch gefärbt werden. Hölzer mit mehr Widerstandsfähigkeit gegen Zersetzung (mit mehr Extraktstoffen) brauchen länger. Hölzer mit sehr wenig Widerstandsfähigkeit können aufgrund sehr schneller Zersetzung ebenfalls nicht gefärbt werden.

Wie lange dauert das Färben mit Pilzen?

Diese Frage kann nicht kurz und bündig beantwortet werden. Lesen Sie die Kapitel in diesem Buch, um zu erfahren, warum.

Ist das Färben mit Pilzen gefährlich für Menschen?

Nein. Das Färben ist kein Schimmeln (und zur Verteidigung des Schimmels – die meisten Schimmelpilze sind ebenfalls komplett gutartig).

Kann man abgestorbenes Holz färben?

Ja, wenn Sie es nass genug bekommen.

Helfen Zusätze (Zucker, Bier, Urin, Mayonnaise usw.) dabei, das Färben zu beschleunigen?

Nein. Damit dauert es länger.

Welche Art Gerstenmalz ist am besten für Färbepilze?

Laborqualität ist die beste. Abgesehen davon funktioniert Gerstenmalzextrakt am besten.

Kann ich holzverfärbende Pilze auf flüssigen Kulturen ziehen oder die Kultur verflüssigen, sodass sie auf das Holz gesprüht werden kann?

Sie können, es ist aber nicht empfehlenswert. Die Nährbasis zu verdünnen, die Beimpfung zu verteilen oder die Nährbasis zu vergrößern, verändert die Dynamik der Kolonie. Petrischalen mit Malz und Agar Agar sind ideal, weil sie die richtige Menge an Nährstoffen und Wachstum bieten, um einem Pilz zu helfen, sich anzusiedeln. Verteilen Sie die Beimpfung, erhöhen oder senken Sie die Nährstoffmenge, umso geringer ist die Chance, dass er sich durchsetzt.

Ist mit Pilzen gefärbtes Holz gefährlich zu drechseln?

Nicht, wenn Sie dies langsam mit scharfen Werkzeugen tun und die Schräge ansetzen. Siehe Anhang IV für mehr Information.

Ist mit Pilzen gefärbtes Holz lebensmittelsicher?

Soweit derzeit nachvollziehbar, ja. Jedoch ist verfärbtes Holz viel poröser als gesundes Holz, erwarten Sie sich also nicht, dass Ihre Schüssel aus verfärbtem Holz eine Suppe bei sich behalten kann.

Anhang VI

Erscheinungsbild der Pilzverfärbungen nach Holzart

Diese Information wurde erstmals bei Schiffer Publishing in *Spalted Wood: The History, Science, and Art of a Unique Material* veröffentlicht. Zusätzliche Schautafeln zum Nachschlagen können in diesem Buch gefunden werden. Die relevantesten wurden hier abgedruckt.

BEISPIELE ZUM FÄRBEN MIT PILZEN AUF UNTERSCHIEDLICHEN HOLZARTEN

Die folgenden Seiten zeigen das Färben mit Pilzen auf einer Vielzahl von Holzarten rund um die Welt. Einige sind mit bekannten Pilzen gefärbt, andere wurden einfach gefunden. Bei allen handelt es sich um unlackiertes Holz, damit der wahre Effekt des Färbens bei jeder Holzart gesehen werden kann. Alle zeigen zum Vergleich auch eine Inkubation von zwölf Wochen.

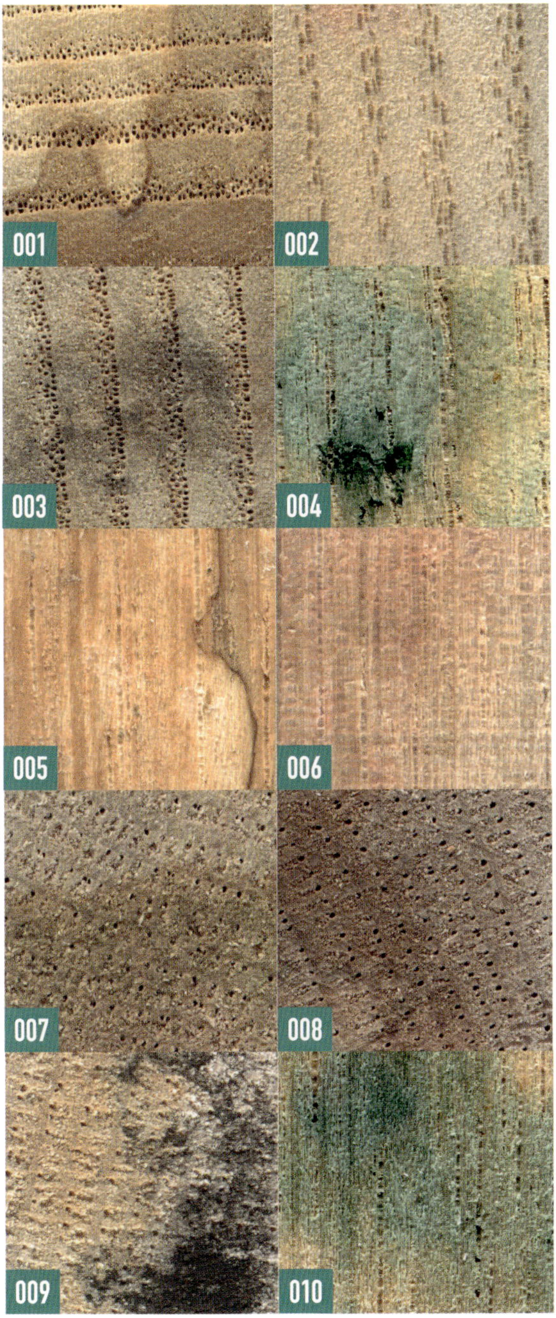

Holzarten des pazifischen Nordwestens von Nordamerika

Esche *(Fraxinus latifolia)*

001 Weißfäule und Grenzlinien aus der Kombination von *Trametes versicolor* und *Polyporus brumalis*

002 Rosafärbung durch *Scytalidium cuboideum*

003 Blaufärbung durch *Scytalidium lignicola*

004 Grünfärbung durch *Chlorociboria aeruginascens*

Riesenchinquapin *(Chrysolepis chrysophylla)*

005 Weißfäule und Grenzlinien aus der Kombination von *Trametes versicolor* und *Polyporus brumalis*

006 Rosafärbung durch *Scytalidium cuboideum*

007 Gelbfärbung durch *Scytalidium ganodermophthorum*

008 Blau- und Gelbfärbung durch *Scytalidium lignicola*

009 Grenzlinien durch *Xylaria polymorpha*

010 Grünfärbung durch eine *Chlorociboria*-Art

Westliche Balsampappel
(Populus trichocarpa)

011 Weißfäule und Grenzlinien aus der Kombination von *Trametes versicolor* und *Polyporus brumalis*

012 Rosafärbung durch *Scytalidium cuboideum*

013 Gelbfärbung durch *Scytalidium ganodermophthorum*

014 Blaufärbung durch *Scytalidium lignicola*

015 Grenzlinien durch *Xylaria polymorpha*

016 Grünfärbung durch *Chlorociboria aeruginascenss*

Nuttals Blüten-Hartriegel
(Cornus nuttallii)

017 Weißfäule und Grenzlinien aus der Kombination von *Trametes versicolor* und *Polyporus brumalis*

018 Rosafärbung durch *Scytalidium cuboideum*

019 Gelbfärbung durch *Scytalidium ganodermophthorum*

020 Gelbfärbung durch *Scytalidium lignicola*

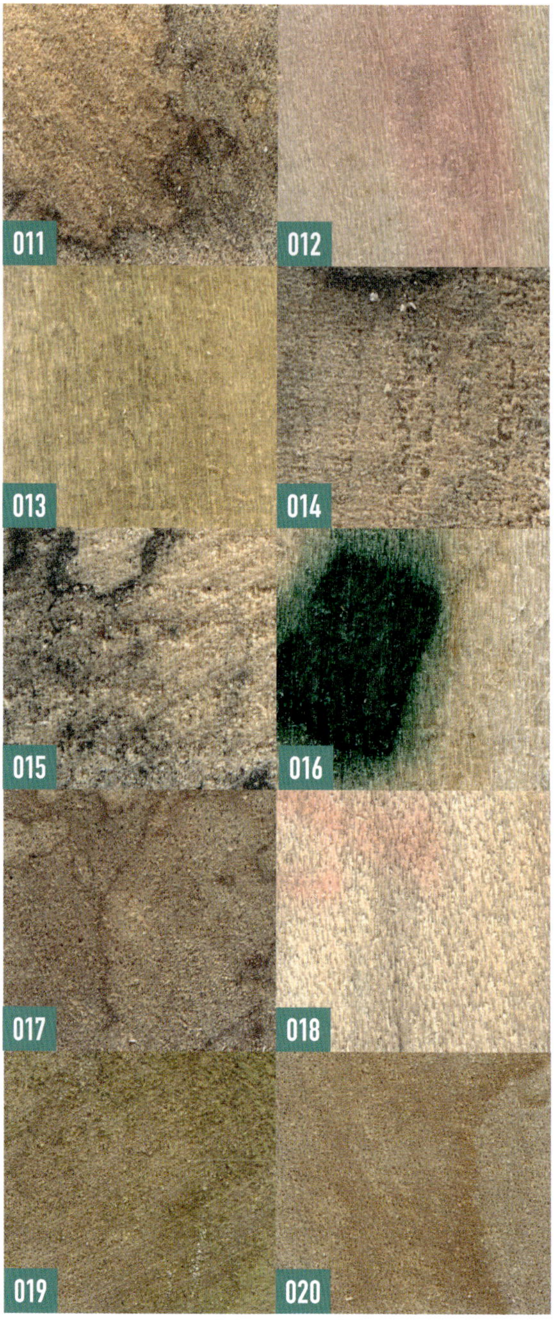

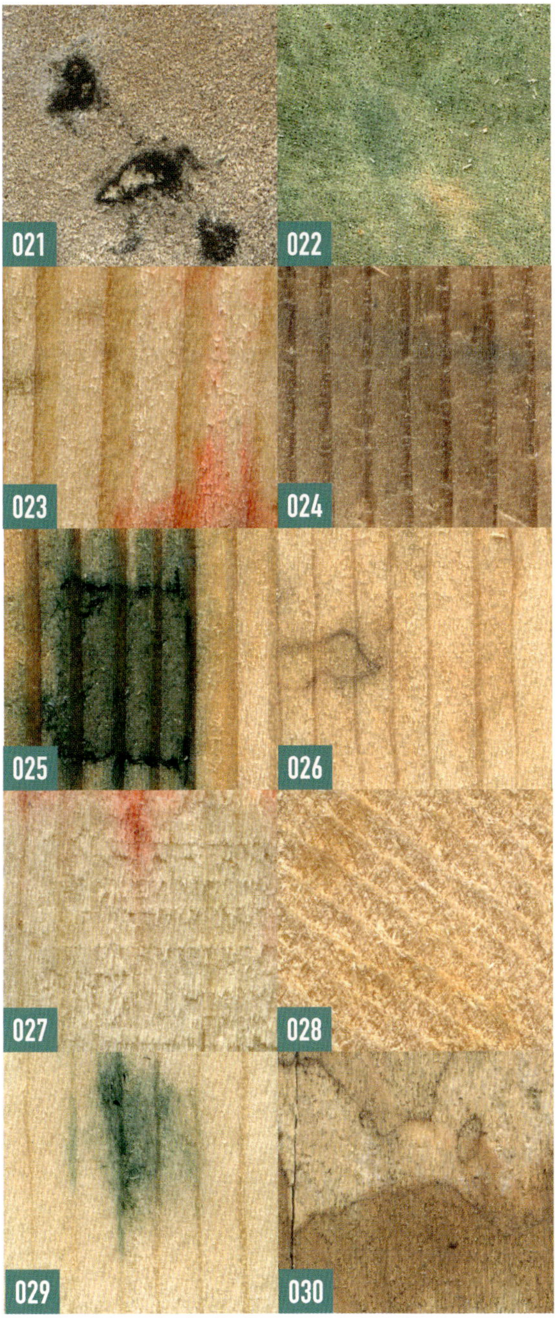

021 Grenzlinien durch *Xylaria polymorpha*

022 Grünfärbung durch *Chlorociboria aeruginascens*

Douglasie
(*Pseudotsuga menziesii*)

023 Rosafärbung durch *Scytalidium cuboideum*

024 Blaufärbung durch *Scytalidium lignicola*

025 Grünfärbung durch *Chlorociboria aeruginascens*

Küstenkiefer
(*Pinus contorta*)

026 Weißfäule und Grenzlinien aus der Kombination von *Trametes versicolor* und *Polyporus brumalis*

027 Rosafärbung durch *Scytalidium cuboideum*

028 Gelbfärbung durch *Scytalidium ganodermophthorum*

029 Grünfärbung durch *Chlorociboria aeruginascens*

Amerikanischer Erdbeerbaum
(*Arbutus menziesii*)

030 Weißfäule und Grenzlinien aus der Kombination von *Trametes versicolor* und *Polyporus brumalis*

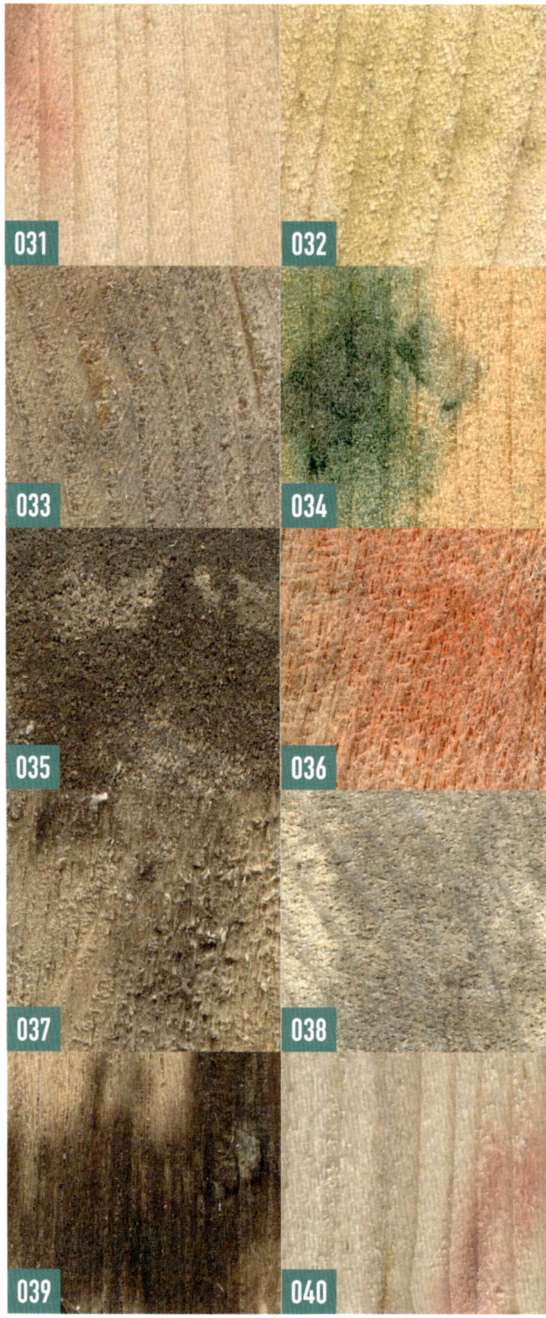

Berg-Hemlocktanne (*Tsuga mertensiana*)

031 Rosafärbung durch *Scytalidium cuboideum*

032 Gelbfärbung durch *Scytalidium ganodermophthorum*

033 Blaufärbung durch *Scytalidium lignicola*

034 Grünfärbung durch *Chlorociboria aeruginascens*

Myrte (*Myrtus* sp.)

035 Weißfäule und Grenzlinien aus der Kombination von *Trametes versicolor* and *Polyporus brumalis*

036 Rosafärbung durch *Scytalidium cuboideum*

037 Blaufärbung durch *Scytalidium lignicola*

038 Grenzlinien durch *Xylaria polymorpha*

039 Grünfärbung (wirkt braun) durch *Chlorociboria aeruginascens*

Edeltanne (*Abies procera*)

040 Rosafärbung durch *Scytalidium cuboideum*

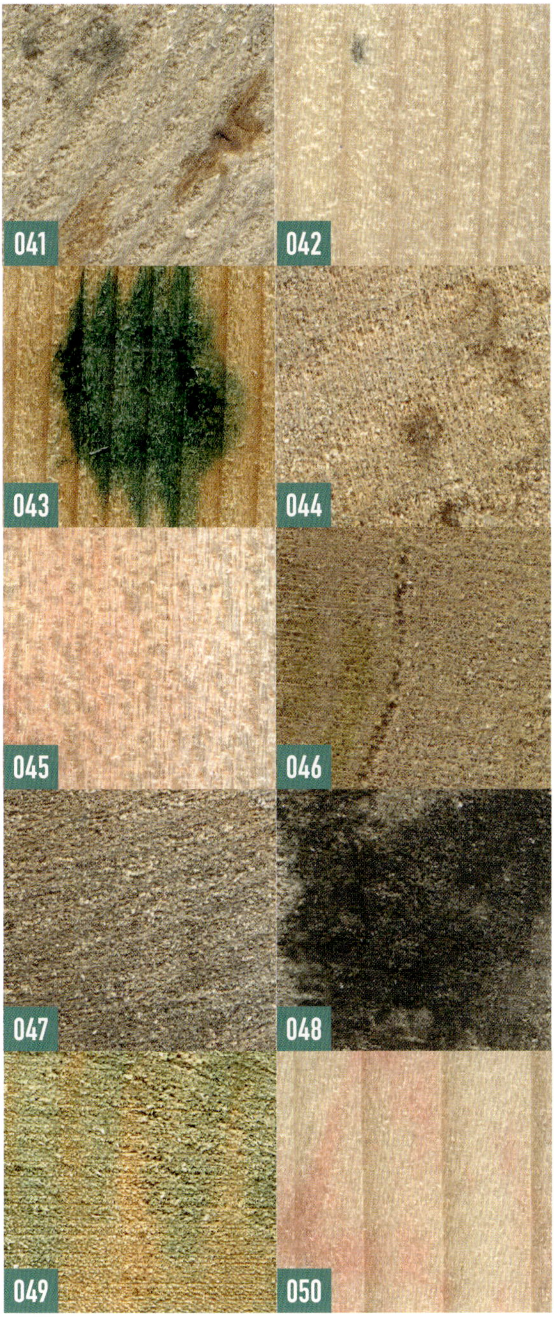

041 Gelb- und Blaufärbung durch *Scytalidium lignicola*

042 Grenzlinien durch *Xylaria polymorpha*

043 Grünfärbung durch *Chlorociboria aeruginascens*

Oregon-Ahorn (*Acer macrophyllum*)

044 Weißfäule und Grenzlinien aus der Kombination von *Trametes versicolor* und *Polyporus brumalis*

045 Rosafärbung durch *Scytalidium cuboideum*

046 Gelbfärbung durch *Scytalidium ganodermophthorum*

047 Blaufärbung durch *Scytalidium lignicola*

048 Grenzlinien durch *Xylaria polymorpha*

049 Grünfärbung durch *Chlorociboria aeruginascens*

Purpur-Tanne (*Abies amabilis*)

050 Rosafärbung durch *Scytalidium cuboideum*

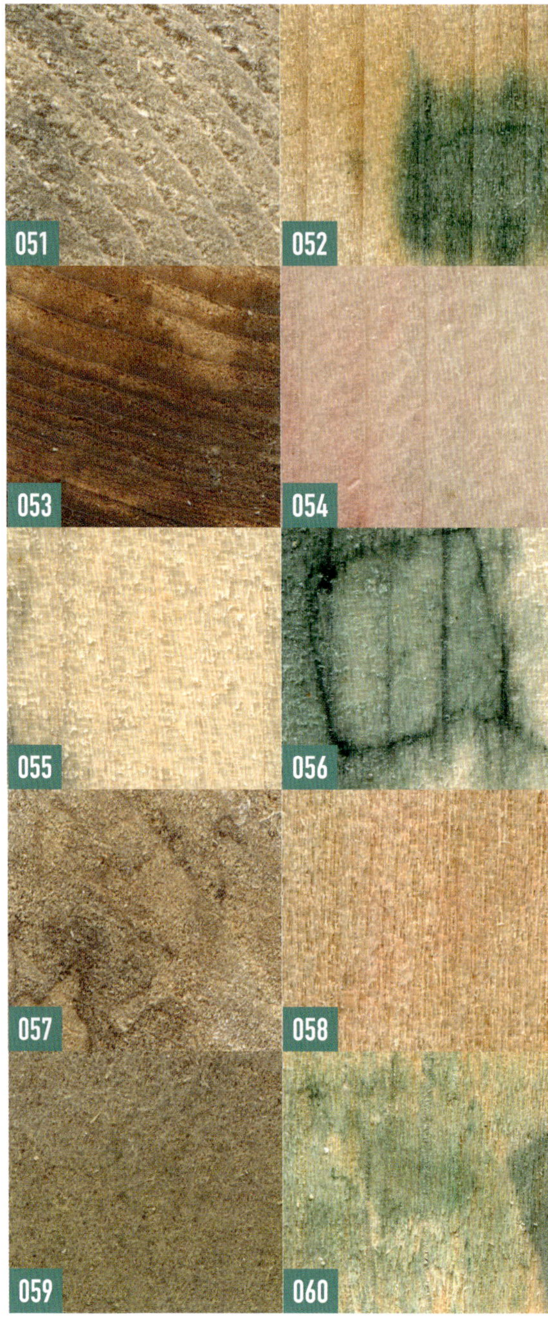

051 Blaufärbung durch *Scytalidium lignicola*

052 Grünfärbung durch *Chlorociboria aeruginascens*

Pazifische Eibe (*Taxus brevifolia*)

053 Weißfäule durch die Kombination von *Trametes versicolor* und *Polyporus brumalis*

Lawsons Scheinzypresse (*Chamaecyparis lawsoniana*)

054 Rosafärbung durch *Scytalidium cuboideum*

055 Blaufärbung durch *Scytalidium lignicola*

056 Grünfärbung durch *Chlorociboria aeruginascens*

Rot-Erle (*Alnus rubra*)

057 Weißfäule und Grenzlinien aus der Kombination von *Trametes versicolor* und *Polyporus brumalis*

058 Rosafärbung durch *Scytalidium cuboideum*

059 Gelbfärbung durch *Scytalidium ganodermophthorum*

060 Grünfärbung durch *Chlorociboria aeruginascens*

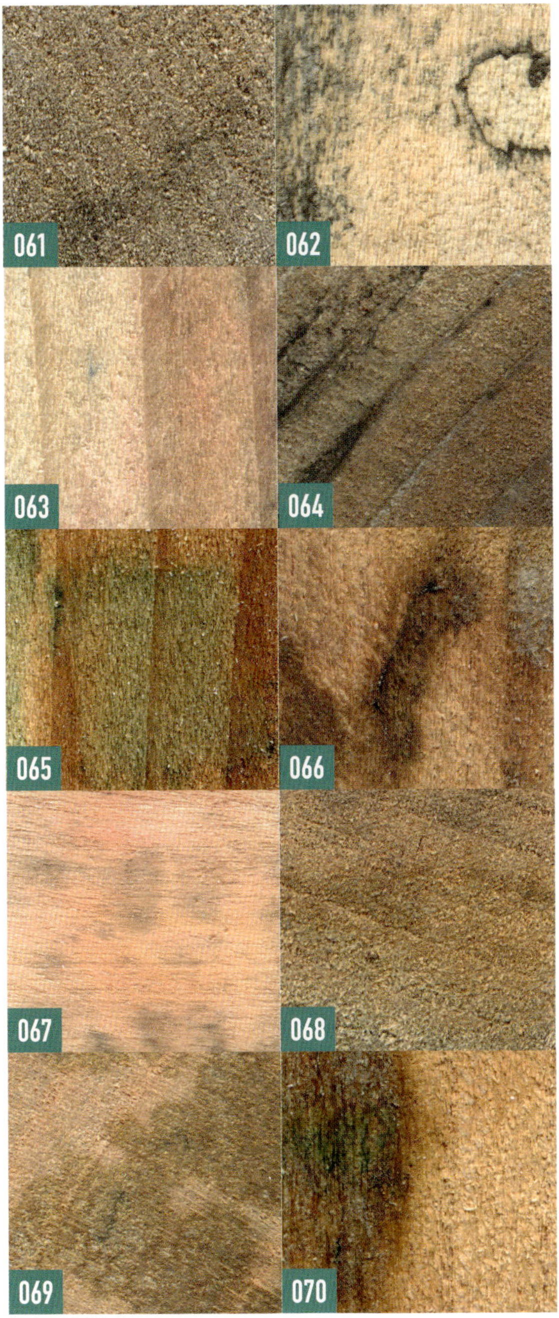

061 Blaufärbung durch *Scytalidium lignicola*

062 Grenzlinien durch *Xylaria polymorpha*

Küstenmammutbaum (*Sequoia sempervirens*)

063 Pink- und Blaufärbung durch *Scytalidium cuboideum*

064 Grenzlinien durch *Xylaria polymorpha*

065 Grünfärbung durch *Chlorociboria aeruginascens*

Süßkirsche/Vogelkirsche (*Prunus avium*)

066 Weißfäule und Grenzlinien aus der Kombination von *Trametes versicolor* und *Polyporus brumalis*

067 Pink- und Blaufärbung durch *Scytalidium cuboideum*

068 Gelbfärbung durch *Scytalidium ganodermophthorum*

069 Grenzlinien durch *Xylaria polymorpha*

070 Grünfärbung durch *Chlorociboria aeruginascens*

Walnuss (*Juglans hindsii*)

071 Weißfäule und Grenzlinien aus der Kombination von *Trametes versicolor* und *Polyporus brumalis*

072 Pink- und Blaufärbung durch *Scytalidium cuboideum*

073 Gelbfärbung durch *Scytalidium ganodermophthorum*

074 Grünfärbung durch *Chlorociboria aeruginascens*

Westamerikanische Lerche (*Larix occidentalis*)

075 Weißfäule und Grenzlinien aus der Kombination von *Trametes versicolor* und *Polyporus brumalis*

076 Rosafärbung durch *Scytalidium cuboideum*

077 Grünfärbung durch *Chlorociboria aeruginascens*

Riesen-Lebensbaum (*Thuja plicata*)

078 Rosafärbung durch *Scytalidium cuboideum*

079 Weißfäule und Grenzlinien aus der Kombination von *Trametes versicolor* und *Polyporus brumalis*

080 Grünfärbung durch *Chlorociboria aeruginascens*

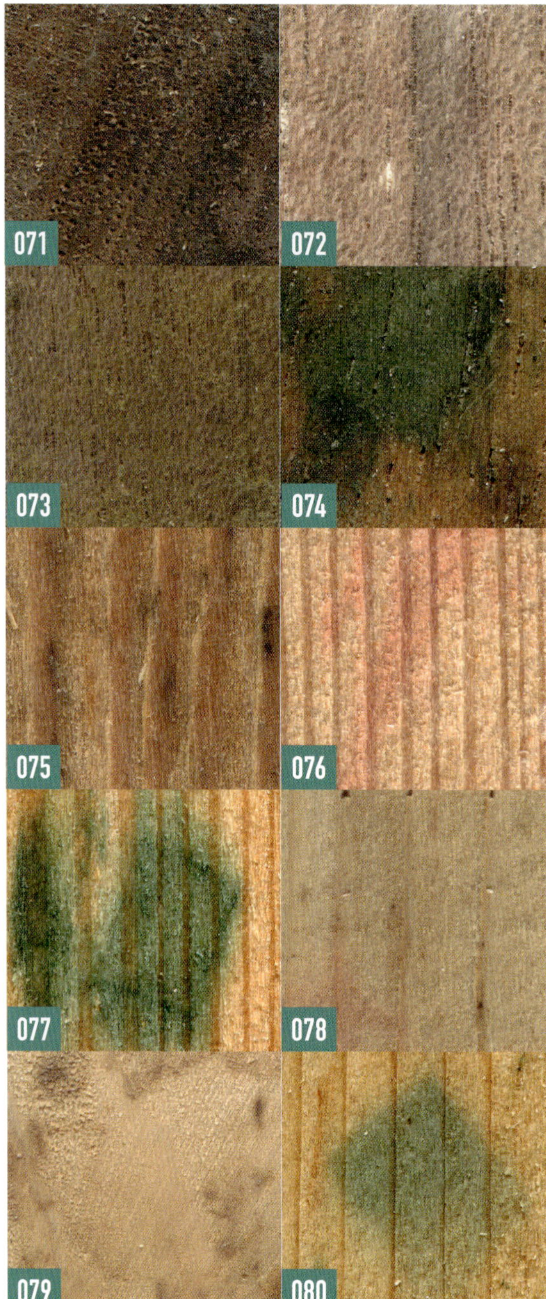

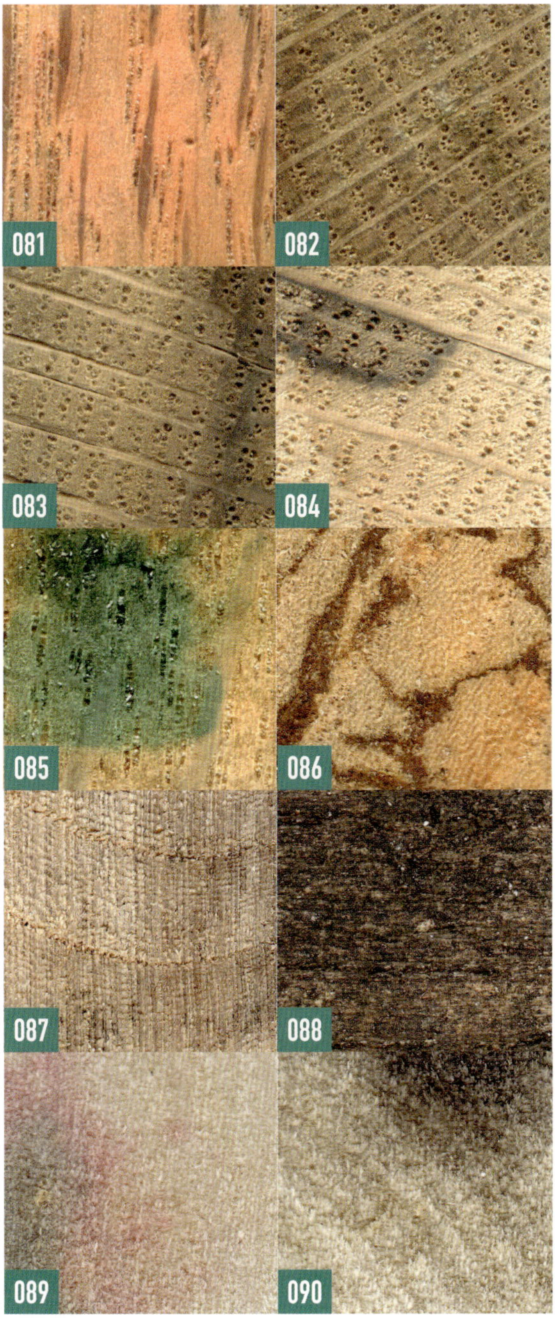

Oregon-Eiche
(*Quercus garryana*)

081 Rosafärbung durch *Scytalidium cuboideum*

082 Gelbfärbung durch *Scytalidium ganodermophthorum*

083 Blaufärbung durch *Scytalidium lignicola*

084 Grenzlinien durch *Xylaria polymorpha*

085 Grünfärbung durch *Chlorociboria aeruginascens*

Holzarten des Nordostens von Nordamerika, einschließlich häufiger Zierpflanzen

Amerikanische Ulme
(*Ulmus americana*)

086 Gelbfärbung und Grenzlinien durch *Inonotus hispidus*

087 Blaufärbung durch *Ophiostoma piceae*

088 Grenzlinien durch *Xylaria polymorpha*

Amerikanische Espe
(*Populus tremuloides*)

089 Pink- und Blaufärbung durch *Scytalidium cuboideum*

090 Blaufärbung durch *Scytalidium lignicola*

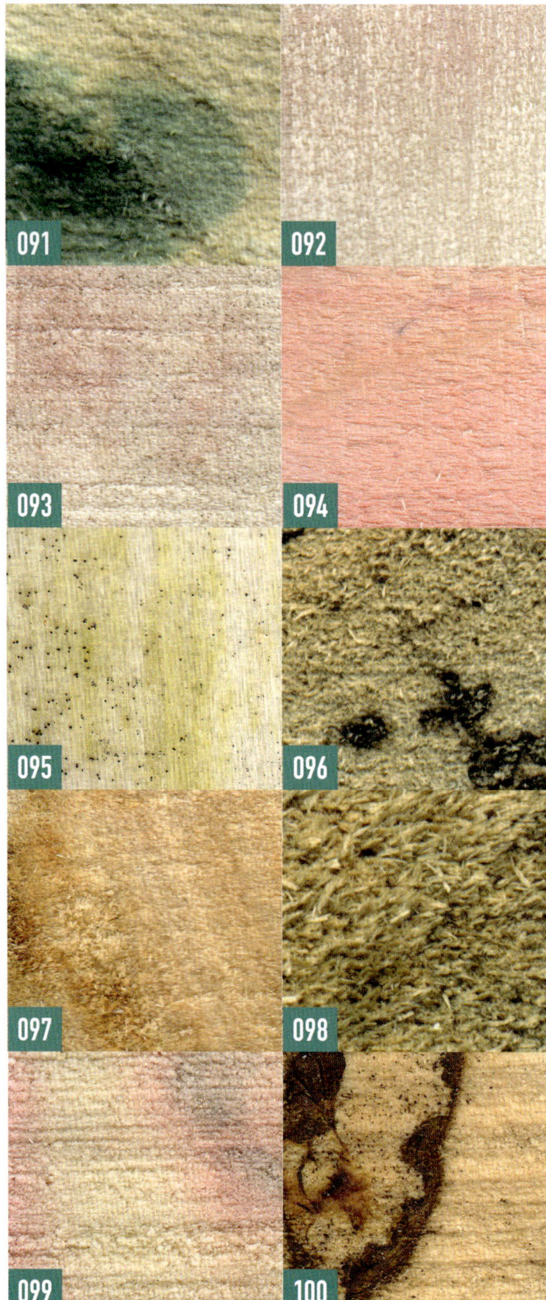

091 Grünfärbung durch *Chlorociboria aeruginascens*

092 Rosafärbung durch *Monascus pilosus*

093 Rosafärbung durch *Monascus ruber*

094 Rosafärbung durch *Scytalidium cuboideum*

095 Gelbfärbung durch *Scytalidium ganodermophthorum*

096 Grenzlinien durch *Xylaria polymorpha*

097 Gelbfärbung durch *Inonotus hispidus*

Amerikanische Linde (*Tilia americana*)

098 Grünfärbung durch *Chlorociboria aeruginascens*

Rosskastanie (*Aesculus hippocastanum*)

099 Pink- und Blaufärbung durch *Scytalidium cuboideum*

100 Gelbfärbung und Grenzlinien durch *Inonotus hispidus*

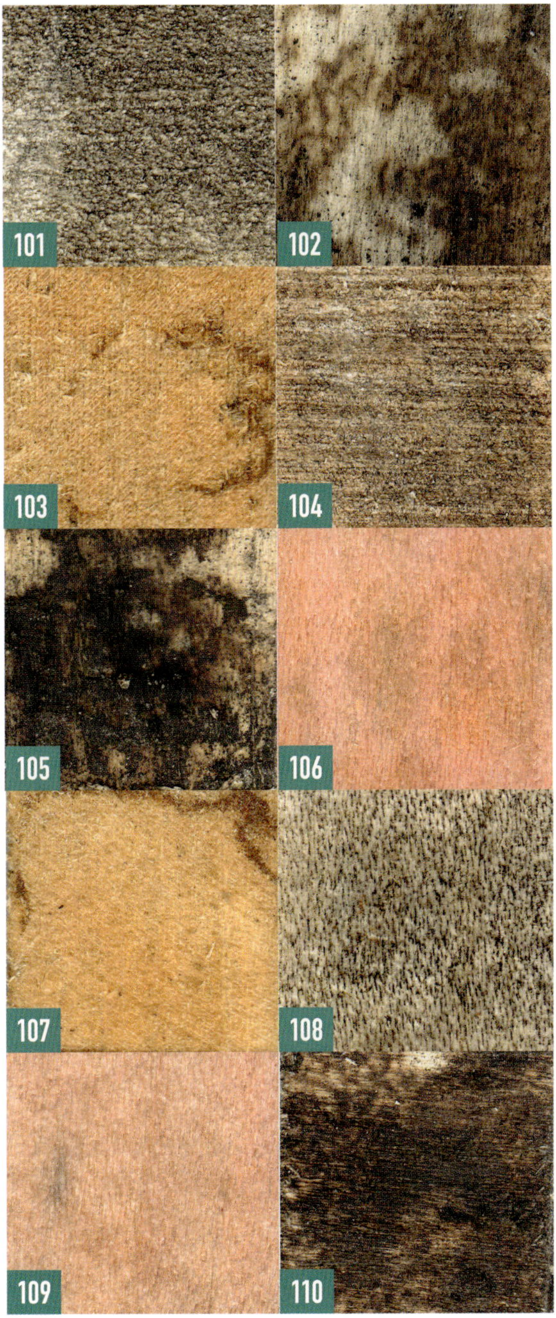

101 Blaufärbung durch *Ophiostoma picea*

102 Grenzlinien durch *Xylaria polymorpha*

Spitzahorn
(*Acer platanoides*)

103 Gelbfärbung und Grenzlinien durch *Inonotus hispidus*

104 Blaufärbung durch *Ophiostoma picea*

105 Grenzlinien durch *Xylaria polymorpha*

106 Rosafärbung durch *Scytalidium cuboideum*

Silberahorn
(*Acer saccharinum*)

107 Gelbfärbung und Grenzlinien durch *Inonotus hispidus*

108 Blaufärbung durch *Ophiostoma piceae*

109 Rosa- und Blaufärbung durch *Scytalidium cuboideum*

110 Grenzlinien durch *Xylaria polymorpha*

Zuckerahorn
(*Acer saccharum*)

111 Grenzlinien und Blaufärbung durch die Interaktion von *Xylaria polymorpha* und *Ceratocystis virescens* auf mit Kupfersulfat behandeltem Holz

112 Blau- und Gelbfärbung durch *Scytalidium lignicola*

113 Rosafärbung durch *Monascus pilosus*

114 Rosafärbung durch *Monascus ruber*

115 Gelbfärbung durch *Scytalidium ganodermophthorum*

116 Grenzlinien durch *Xylaria polymorpha*

117 Rosafärbung, Blaufärbung und Grenzlinien durch die Interaktion von *Xylaria polymorpha* und *Scytalidium cuboideum* auf mit Kupfersulfat behandeltem Holz

118 Grenzlinien und Blaufärbung durch die Interaktion von *Xylaria polymorpha* und *Ceratocystis virescens* auf mit Kupfersulfat behandeltem Holz

119 Rosafarbene Grenzlinien und Rosafärbung durch die Interaktion von *Scytalidium cuboideum* und *Xylaria polymorpha* auf mit Kupfersulfat behandeltem Holz

120 Gelbfärbung durch *Scytalidium lignicola*

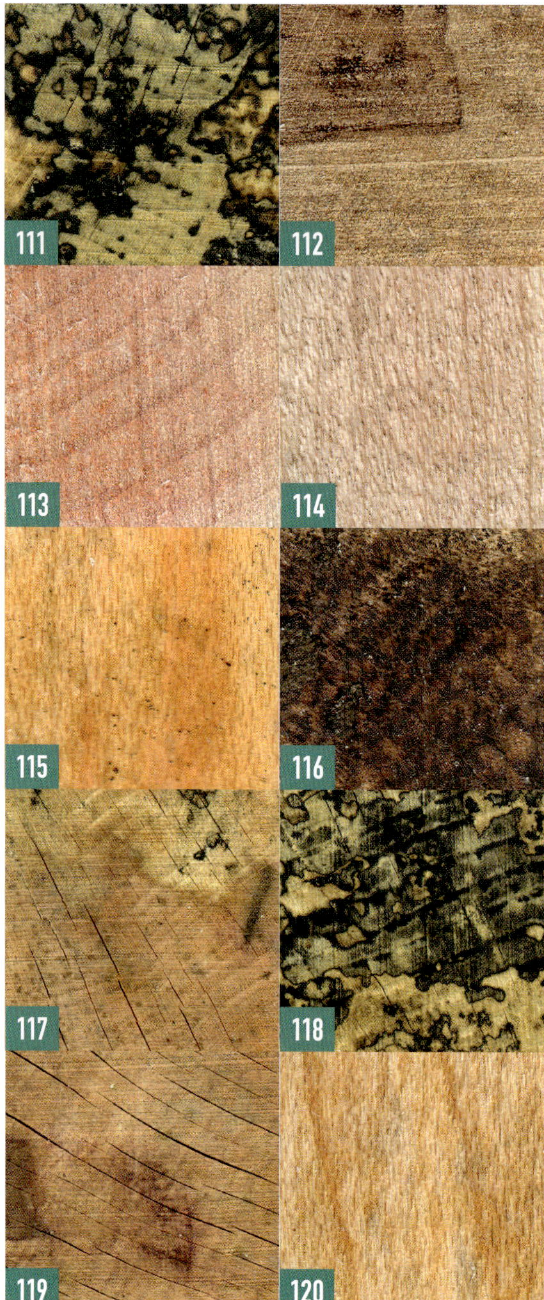

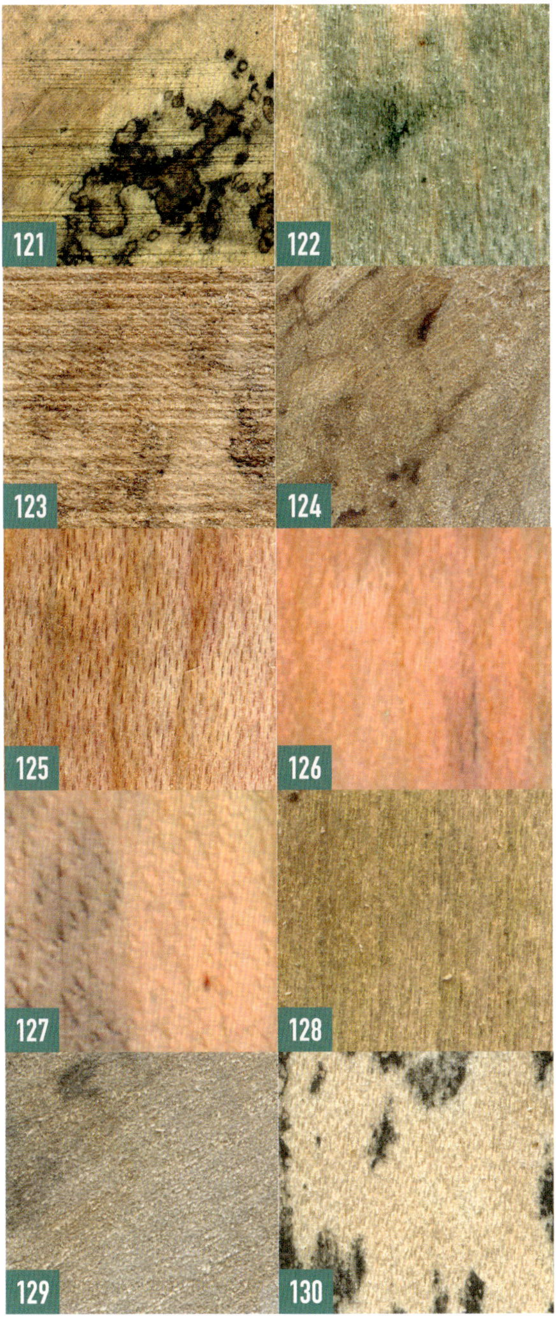

121 Grenzlinien, Blaufärbung und Rosafärbung durch die Interaktion *Xylaria polymorpha* und *Scytalidium cuboideum* auf mit Kupfersulfat behandeltem Holz

122 Grünfärbung durch *Chlorociboria aeruginascens*

123 Blaufärbung durch *Ophiostoma piceae*

124 Weißfäule und Grenzlinien aus der Kombination von *Trametes versicolor* und *Polyporus brumalis*

125 Rosa- und Orangefärbung durch *Fusarium reticulatum*

126 Rosa- und Blaufärbung durch *Scytalidium cuboideum*

127 Blau- und Rosafärbung durch *Scytalidium cuboideum*

128 Gelbfärbung durch *Scytalidium ganodermophthorum*

129 Blaufärbung durch *Scytalidium lignicola*

130 Grenzlinien durch *Xylaria polymorpha*

131 Gelbfärbung und Grenzlinien durch *Inonotus hispidus*

Götterbaum (*Ailanthus altissima*)

132 Grenzlinien durch *Xylaria polymorpha*

133 Blaufärbung durch *Ophiostoma piceae*

134 Rosa- und Blaufärbung durch *Scytalidium cuboideum*

Chilenische Hölzer

Monterey-Kiefer (*Pinus radiata*)

135 Rotfärbung durch eine *Eurotium*-Art *(Foto von Felipe Galleguillos)*

136 Blaufärbung durch eine *Ophiostoma*-Art *(Foto von Felipe Galleguillos)*

137 Blaufärbung durch eine *Phialocephala*-Art *(Foto von Felipe Galleguillos)*

Peruanische Hölzer

Simarouba amara

138 Blaufärbung durch *Cladosporium herbarum* *(Foto von Sarath M. Vega Guiterrez)*

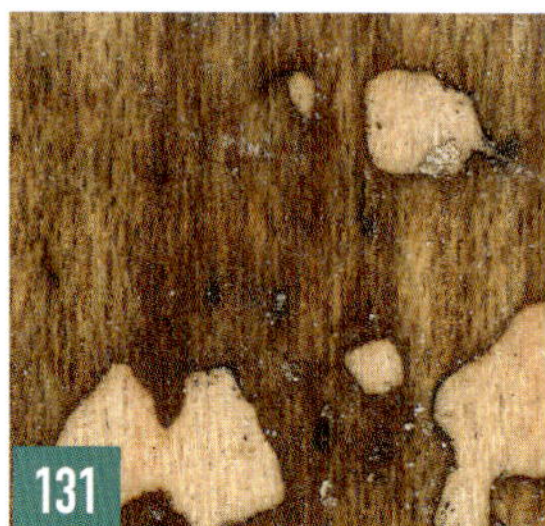

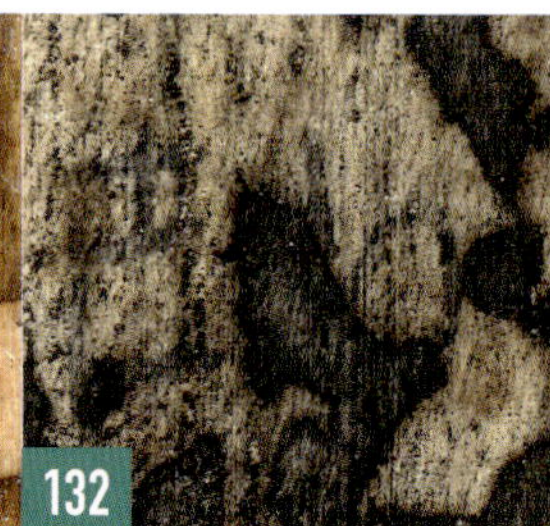

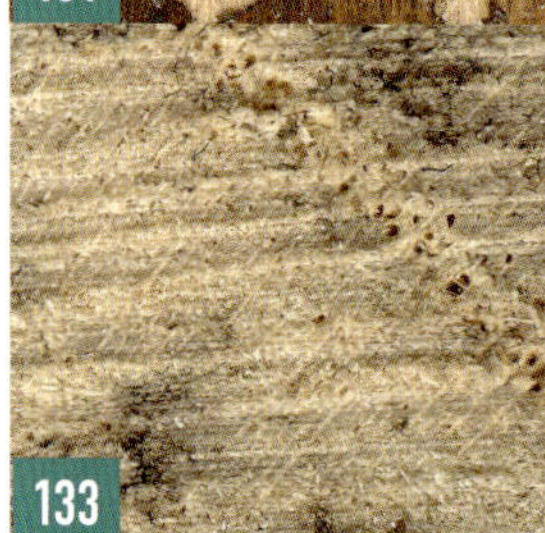

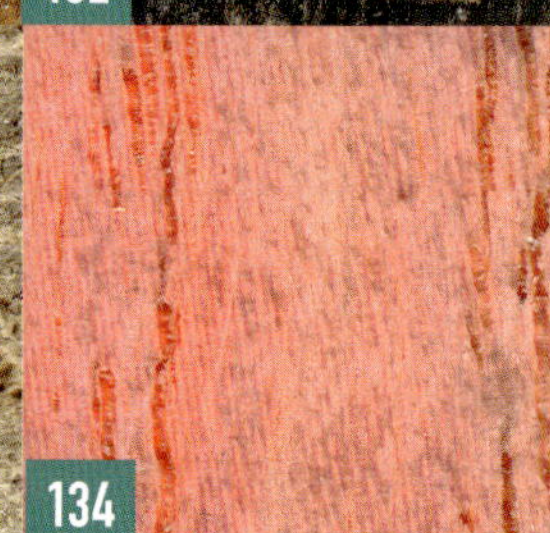

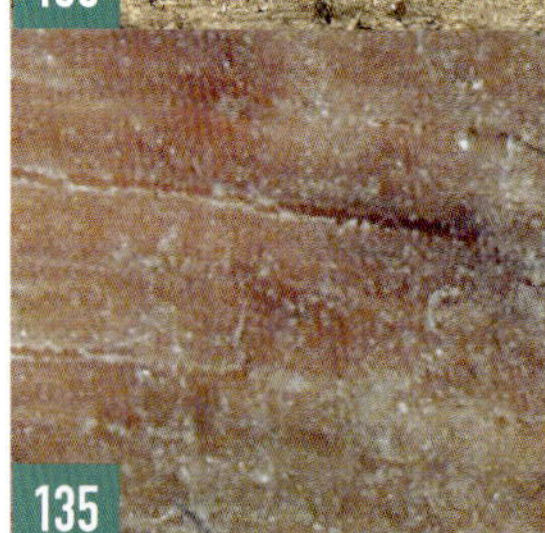

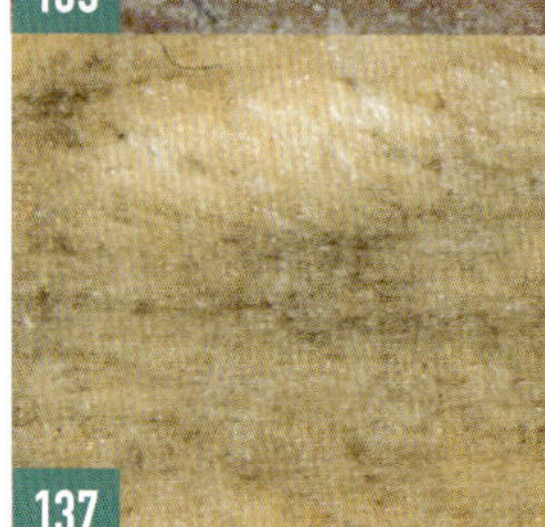

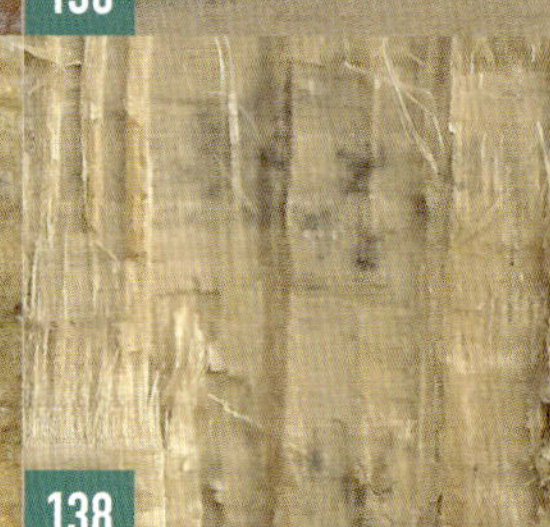

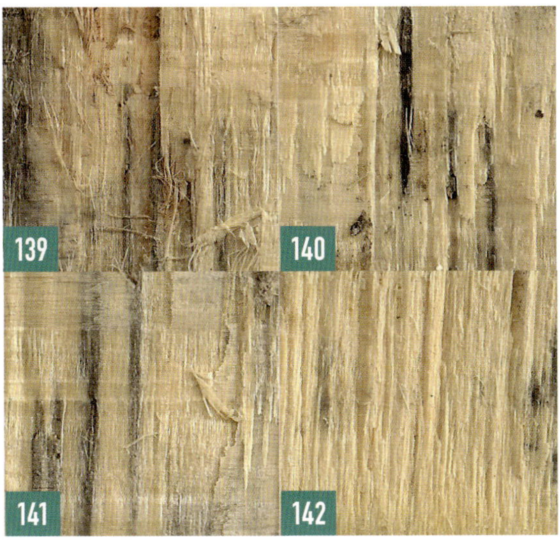

139 Blaufärbung durch *Nigrospora sphaerica (Foto von Sarath M. Vega Guiterrez)*

Matisia cordata

140 Blaufärbung durch *Cladosporium herbarum (Foto von Sarath M. Vega Guiterrez)*

141 Blaugefärbte Linien durch *Lasiodiplodia theobromae (Foto von Sarath M. Vega Guiterrez)*

142 Blaufärbung durch *Nigrospora sphaerica (Foto von Sarath M. Vega Guiterrez)*

Anhang VII

Pilzverfärbte Hölzer in der Vergangenheit

Pilzmodifizierte Hölzer werden heute im deutschsprachigen Raum meist als „Gestocktes Holz“ und im Englischen als „Spalted Wood“ bezeichnet, worunter farbliche Veränderungen, Bleicheffekte und markante Grenzlinien fallen, die durch Baumpilze hervorgerufen werden. Dieser spezielle Pilzbefall beeinträchtigt im ersten Stadium nur unwesentlich die Festigkeit des Holzes und kann bei niedrigen Holzfeuchtewerten nicht mehr weiterwirken. Das Holz ist somit für eine Weiterverarbeitung geeignet.

Neben den natürlichen Holzfarben und Texturen sowie den künstlichen Färbungen und Beizungen nutzten die Intarsienschneider und Holzhandwerker der Vergangenheit schon frühzeitig die durch unterschiedliche holzverfärbende Pilze in toten oder auch lebenden Laubhölzern verursachten vielfältigen Farbausbildungen zur Gestaltung ihrer Arbeiten. Der noch nach Jahrhunderten ausgezeichnete Erhaltungszustand dieser verarbeiteten Pilzverfärbungen und Musterungen ist ein Beweis für ihre Resistenz gegenüber Umwelteinflüssen. Das folgende Kapitel will mit einigen Beispielen aus fünf Jahrhunderten auf die anhaltende Wertschätzung und die kunstvolle Verarbeitung dieser Pilzhölzer im Kunsthandwerk aufmerksam machen.

URSPRÜNGE IM 15. JAHRHUNDERT

Grünes Pappelholz in italienischen Intarsienarbeiten

Die spektakulärste Pilzverfärbung im Holz ist ein leuchtendes Blaugrün, das in der Vergangenheit bei der Beschreibung von Kunstwerken nicht immer als natürliche Holzverfärbung erkannt und auf künstliche Holzbeizungen zurückgeführt wurde.

Die Auslöser dieser ungleichmäßig das Holz durchziehenden grünen Verfärbungen sind Schlauchpilze (Ascomyceten) der Gattung *Chlorociboria*, die wegen ihrer giftgrünen becherartigen Fruchtkörperform auch als Grünspanbecherlinge bezeichnet werden. Der Pilz wächst auf am Boden liegendem modrigem Laubholz, besonders oft auf Pappel-, Eichen- und Buchenholz, aber auch auf Weiden-, Erlen- und Eschenholz. Der Fruchtkörper erhält seine Farbe durch den Farbstoff Xylindein, der sich auch im Myzel findet, sich im Umgebungssubstrat verbreitet und dieses sowohl außen als auch innen kräftig bläulichgrün verfärbt (**Abb. 1**).

Erst vor drei Jahrzehnten wurde durch systematische Untersuchungen an Intarsienarbeiten erkannt, dass besonders gut erhaltene bläulichgrüne Verfärbungen in Furnierhölzern durch einen Pilzbefall ausgelöst wurden. Frühe Beispiele dieser ungewöhnlichen Grünfärbungen finden sich bereits in den malerischen Bildintarsien der italienischen Meister in der zweiten Hälfte des 15. Jahrhunderts. So nutzte Giuliano da Maiano (1432–1490) erstmals das streifig-grün gefärbte Pilzholz in den Intarsienvertäfelungen der 1470 fertiggestellten Sakristei in der Kathedrale zu Florenz für kleine Details an den Gewändern der Heiligen oder den Flügeln des Engels in der Verkündigungsszene. Auch in den Paneelen des von ihm für den Herzog von Urbino zwischen 1478 und 1482 gefertigten Gubbio Studiolos ist das charakteristische Grün des *Chlorociboria*-Pappelholzes in den perspektivischen Ansichten verarbeitet worden (**Abb. 2**).

Der Intarsienmeister Antonio di Barili (1453–1516) beendete 1502 neunzehn Intarsientafeln für die Taufkapelle im Dom zu Siena, aus denen noch heute das charakteristische Grün in besonders großen Flächen herausleuchtet. Er verwendete das grüne Pilzholz auch in der so genannten Spänemarmorierung, einem Gemengsel aus verpressten verschiedenfarbigen Holzspänen und Leim, zur Imitation von Stein- oder Marmorsorten (**Abb. 3**).

In außergewöhnlich großen Mengen und Ausmaßen verarbeitete der Mönch Fra Giovanni da Verona (1457–1525) grün verfärbtes Pappelholz in Landschaften, Blumenkörben, Musikinstrumenten, lithurgischem Gerät und Figuren. Beispiele hierfür sind ein 1502 entstandener Bibliotheksschrank und das 1505 fertiggestellte Chorgestühl im Kloster Monte Oliveto Maggiore (**Abb. 4**).

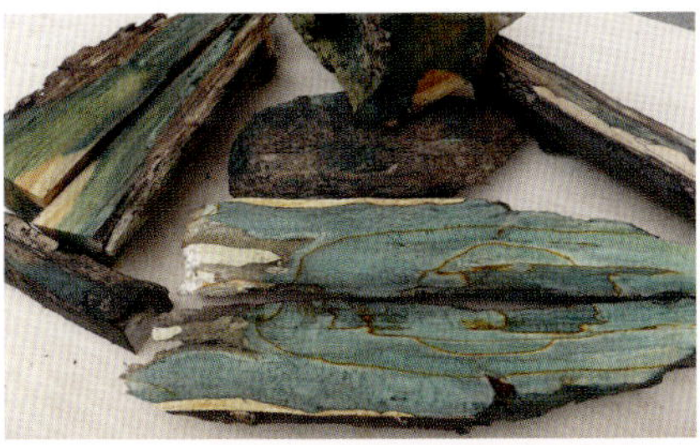

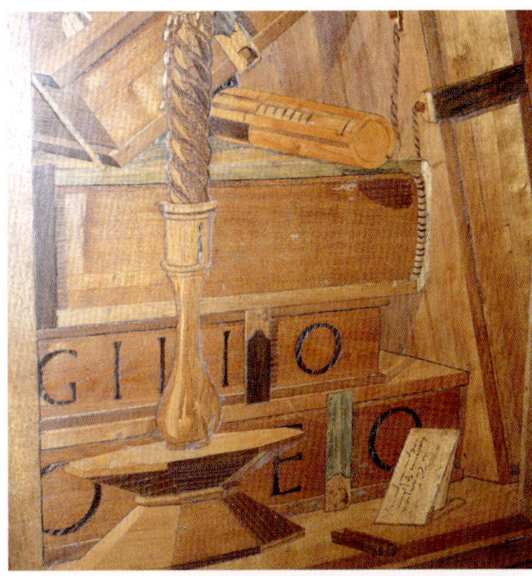

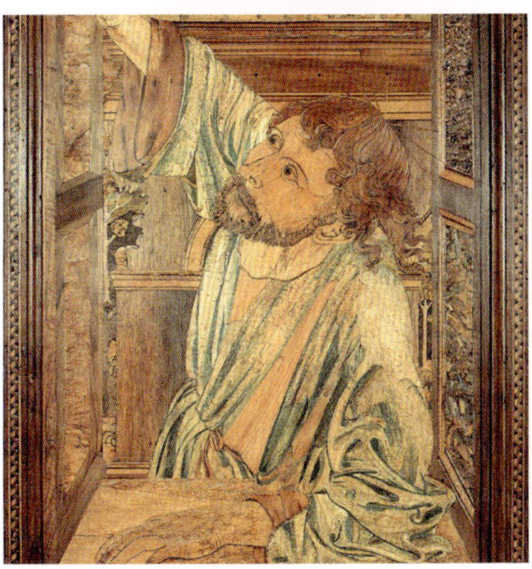

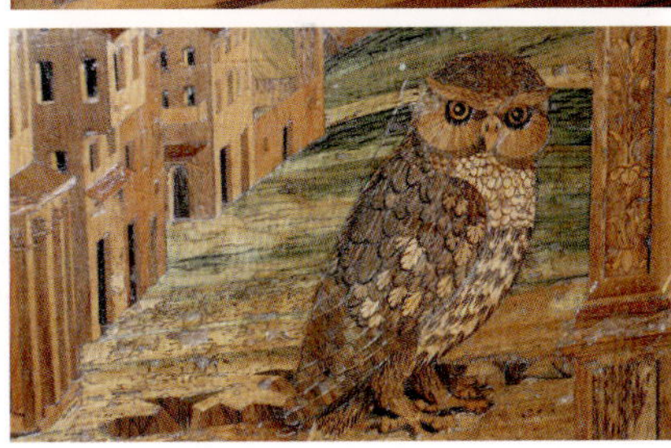

oben links: Abb. 1 Waldfunde von Baumästen mit gelblichen Pilzgrenzlinien und unterschiedlichen Grünfärbungen durch *Chlorociboria*-Befall *(Foto: Frieder Eifler)*

oben rechts: Abb. 2 Studiolo, Werkstatt von Baccio und Piero Pontelli, Palazzo ducale, Urbino, 1474–1483. Intarsientafel mit Kerzenleuchter und Büchern. Die Buchschließen und ein Bucheinband bestehen aus grün verfärbtem Pilzholz. *(Foto: Hans Michaelsen)*

unten links: Abb. 3 Chorgestühl, Antonio Barili, Collegiata San Quirico d´Orcia, 1502. Das Gewand des Heiligen wird durch besonders große Furniere aus Chlorociboria-Holz mit unterschiedlicher Grünfarbigkeit gebildet. *(Foto: Hans Michaelsen)*

unten rechts: Abb. 4 Bibliotheksschrank, Fra Giovanni da Verona, Collegiata Monte Oliveto Maggiore, 1502. Intarsiendetail mit einer Eule vor einer Landschaft, die aus verschiedenfarbigen Furnieren des grünen Pilzholzes gestaltet wurde. *(Foto: Hans Michaelsen)*

Der große Posten des hochgeschätzten Holzes schlägt sich auch in den erhaltenen Rechnungsbüchern des Klosters nieder, aus denen für die Holzbestellungen hervorgeht, dass der Einlegemeister im Juni 1505 für 14 Soldi „legname verde" (grüne Hölzer) angekauft hat. Diese erhaltene Abrechnung ist ein seltener Beleg für den Handelswert des grünen Pilzholzes.

Die vielfache Verwendung dieser blaugrün verfärbten Furniere in den italienischen Intarsien des späten 15. und frühen 16. Jahrhunderts lässt darauf schließen, dass die großen Wälder um Siena und Florenz gute Umweltbedingungen für die Entwicklung der Gattung *Chlorociboria* boten und das Pilzholz, meist Pappel (*Populus* spp.) oder Weide (*Salix* spp.), gezielt gesucht und verkauft wurde. Da die Farbe Grün weder in den natürlichen Holzfarben zur Verfügung stand noch zu der Zeit durch künstliche Einfärbungen erreicht werden konnte, wurde das *Chlorociboria*-Holz zu einem begehrten Besitz der Intarsienschneider und zu einem beliebten Gestaltungsmittel in der italienischen Intarsienkunst.

Brauneiche als Intarsienfurnier für Lichteffekte

Eine weniger bekannte, fast veredelnde Verfärbung von hauptsächlich Eichenholz bewirkt ein parasitärer Pilz aus der Gattung der Braunfäuleerreger, der Leberpilz (*Fistulina hepatica*), auch Ochsenzunge oder Leberreischling genannt. Der Pilz hat Ähnlichkeit mit Fleisch und ist essbar, was zu Bezeichnungen wie „beefsteak fungus" oder „poor man´s beefsteak" führte. Er ist Erreger der so genannten „Hartröte", die vorwiegend im Kernholz älterer Eichen auftritt, von dessen Gerbstoffen er sich ernährt. Das Befallsbild zeichnet sich anfangs durch unregelmäßig auftretende Holzverfärbungen aus, die bänder- oder zungenartig größere Bereiche des Kernholzes im unteren Stammteil dunkelbraun durchziehen, später kann der ganze Stamm mit einem hellen rötlichen Braun gleichmäßig gefärbt sein (**Abb. 5**).

Das Brauneichenholz ist durch den Befall in seiner Festigkeit etwas geschwächt, kann nach ausreichender Trocknung aber noch für die Furnierherstellung verarbeitet werden. Der langsam fortschreitende Vorgang kann in eine Moderfäule und später in eine Braunfäule übergehen. Eine frühe Verwendung von Brauneichenfurnier fand sich bereits an den Intarsienarbeiten

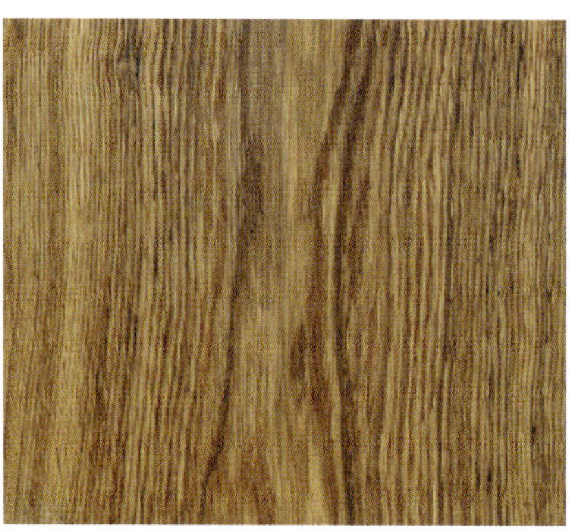

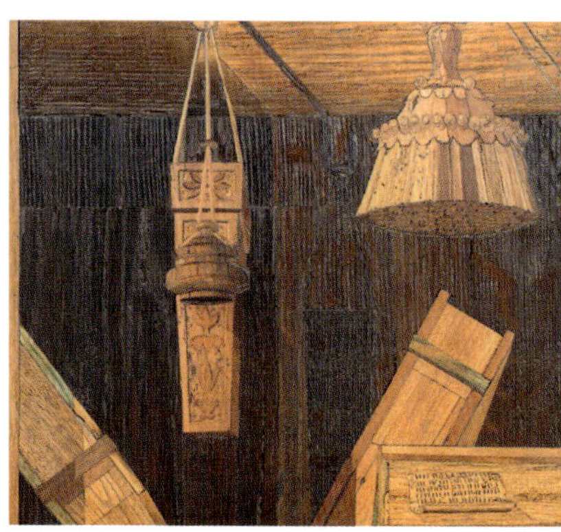

links: Abb. 5 Brauneiche (Brownoak), braune Verfärbungen durch den Befall von Ochsenzunge oder Leberreischling *(Fistulina hepatica)* *(Foto: Jochen Bartsch)*

rechts: Abb. 6 Studiolo aus dem Palazzo ducale in Gubbio, Werkstatt von Giuliano und Benedetto da Maiano, 1478–1482. Detail mit der perspektivischen Ansicht eines geöffneten Schrankes. Der Oberboden im Inneren ist in Brauneiche gefertigt, die Buchschließen in grünem *Chlorociboria*-Holz. The Metropolitan Museum of Art, Rogers Fund, 1939 *(Foto: Mechthild Baumeister)*

in der italienischen Renaissance. Die Intarsienmeister des *Quattrocento* (15. Jahrhundert) nutzten die unterschiedlich braunen Farbtöne und Maserungen dieses Holzes zur Hintergrundgestaltung von perspektivischen Ansichten. So sind auf den Wandvertäfelungen des bereits erwähnten Gubbio studiolos von Giuliano da Maiano täuschend echte Abbildungen von Schränken dargestellt, deren geöffnete Türen den Blick auf den Inhalt freigeben. Für eine möglichst räumliche Darstellung des Schrankinneren wurde das pilzverfärbte rotbraune Eichenholz zur Wiedergabe der von Licht beschienenen Decken und Böden verwendet, während schwarzgrau verfärbte Mooreiche mit ihrem flimmernden Farbbild die dunkle Tiefe der Rückwände suggerierte (**Abb. 6**).

Diese geschickte gestalterische Nutzung der pilzverfärbten Eiche lässt sich ebenfalls in ähnlicher Weise an den Bildtafeln des 1505 von Fra Giovanni da Verona fertiggestellten Chorgestühls im Kloster Monte Oliveto Maggiore beobachten, an denen radial aufgeschnittene Brauneichenfurniere mit der charakteristischen rotbraunen Verfärbung und den breiten Holzstrahlen zur Hintergrundgestaltung für verschattete Unterseiten von Schrankböden verwendet wurden. Auch diese Beispiele der Holzauswahl zeigen, wie gezielt die italienischen Intarsienmeister die durch Pilze geschädigten Hölzer und die dadurch entstandenen Farbveränderungen für ihre Arbeiten nutzten.

GRÜNES PILZHOLZ UND MARMORFÄULE IM 16. JAHRHUNDERT

Naturwunder *Chlorociboria*-Holz

Von Italien ausgehend, verbreitete sich die Technik der Intarsie über Tirol und die Schweiz nach Süddeutschland. Der Gebrauch des grün verfärbten Pilzholzes erlebte im 16. Jahrhundert seinen Höhepunkt und wurde zu einem Kennzeichen der Intarsienarbeiten in den alpenländischen Regionen und dem gesamten deutschsprachigen Raum bis in die nordischen Länder.

Ein frühes Beispiel für das typische Blaugrün findet sich in hervorragendem Erhaltungszustand an den intarsierten Architekturansichten der vom Meister HS 1548 angefertigten Zimmervertäfelung für das Schloss Haldenstein in der Schweiz. Für eine perspektivische Gesamtansicht des Schlosses Haldenstein hat der Meister zur Wiedergabe des Wassers im Burggraben blaugrün verfärbte Rotbuche *(Fagus sylvatica L.)* eingesetzt (**Abb. 7**).

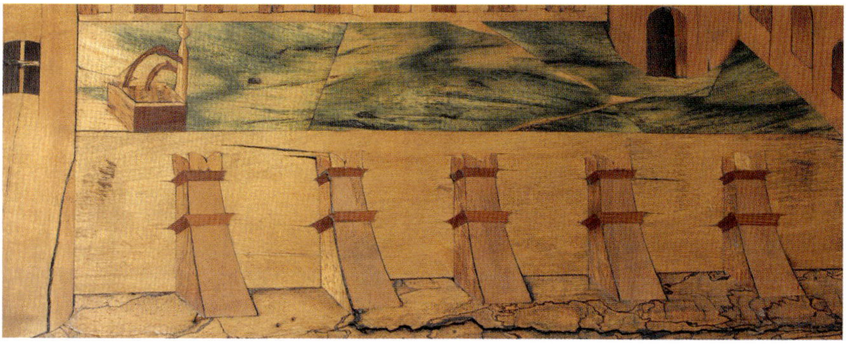

Abb. 7 Zimmervertäfelung aus dem Schloss Haldenstein, Schweiz, Meister HS, 1548. Detail einer Architekturintarsie mit blaugrünem *Chlorociboria*-Holz zur Darstellung des Wassers im Burggraben, im Vordergrund gestockte Buche mit Pilzgrenzlinien. Kunstgewerbemuseum Berlin *(Foto: Klaus Pelz)*

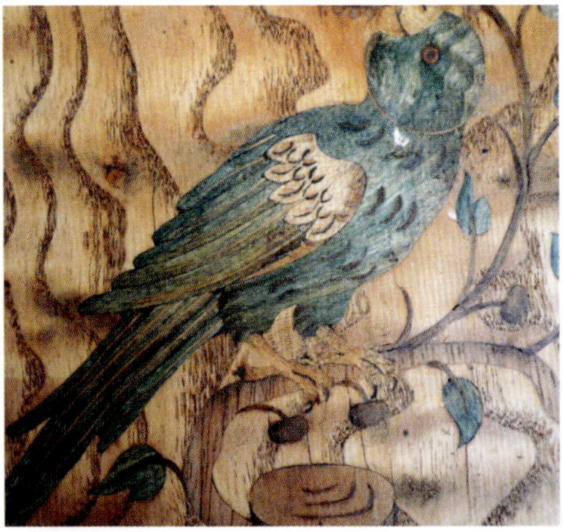

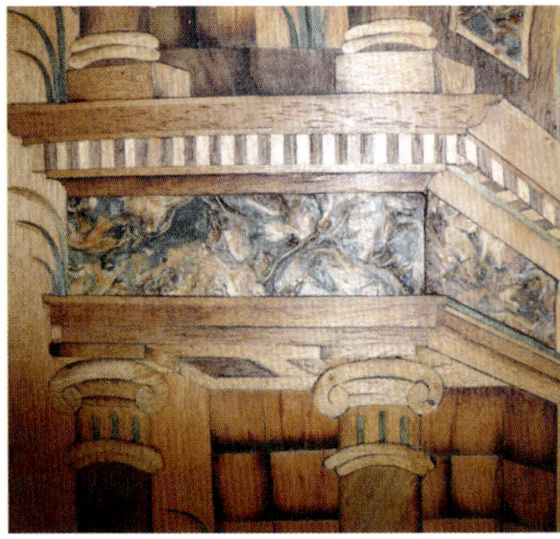

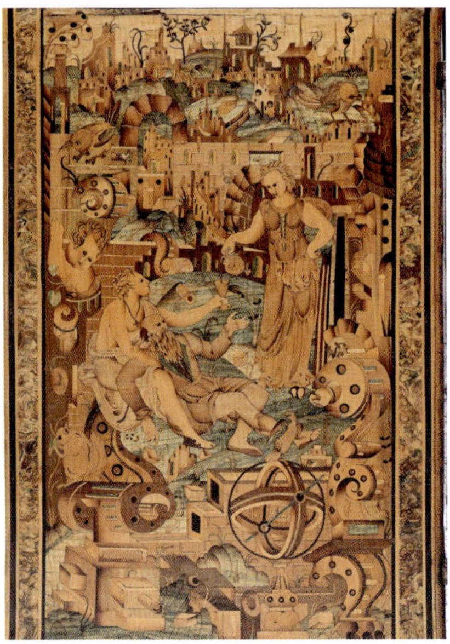

oben links: Abb. 8 Fürstenzimmer, Hans Spineider und Hans Rumpfer, Schloss Velthurn, Bozen, 1579–1587. Intarsiendetail von der Wandvertäfelung mit einem Papagei in blaugrünem *Chlorociboria*-Holz *(Foto: Hans Michaelsen)*

oben rechts: Abb. 9 Fürstenzimmer, Hans Spineider und Hans Rumpfer, Schloss Velthurn, Bozen, 1579–1587. Das grüne Pilzholz in der Spänemarmorierung führt zusammen mit anderen verschiedenfarbigen Holzspänen zu einer marmorartigen Wirkung. *(Foto: Hans Michaelsen)*

links: Abb. 10 Madrider Kabinettschrank, Bartholomeus Weißhaupt, Augsburg, um 1565–1567. Rechte Tür mit Darstellung von Lot und seinen Töchtern, grünes Pilzholz in den Intarsien und Spänemarmorierungen der rahmenden Bänder. Kunstkammer Georg Laue, München *(Foto: Kunstkammer Laue)*

Ebenso geschickt nutzte er zur naturgetreuen Darstellung von den Kupferdächern und Turmhauben sowie Fenster- und Türöffnungen der Gebäude die Farbigkeit des an Grünspan erinnernden Pilzholzes (siehe Abb. 13, S. 132).

Die ganz in der italienischen Tradition stehenden Tiroler Intarsienkünstler fügten in ihre feinteiligen Einlegearbeiten aus perspektivischen Rollvoluten und Ruinenarchitekturen grünes Blattwerk und Grasbüschel aus dem Pilzholz ein. Aus Italien wurde auch die Technik der Spänemarmorierung übernommen und das grün verfärbte Holz hierfür verwendet. Viele Kabinettschränke aus der zweiten Hälfte des 16. Jahrhunderts zeigen auf den Schubkästen und Türen diese für Tiroler Arbeiten typische Dekoration, aus der das grüne *Chlorociboria*-Holz herausleuchtet. Das 1587 vollendete Fürstenzimmer auf Schloss Velthurns in Südtirol demonstriert eindrücklich die reiche Verwendung des grünen Pilzholzes in all seinen Farbnuancierungen. Im Zusammenspiel mit den lebhaften Maserungen des Riegelahorns und der Blumenesche setzt das grüne Holz in den Jagdszenen, Fruchtgehängen, Blattranken, Gräsern und Spänemarmorierungen der Ruinenarchitekturen farbige Akzente **(Abb. 8 und 9)**.

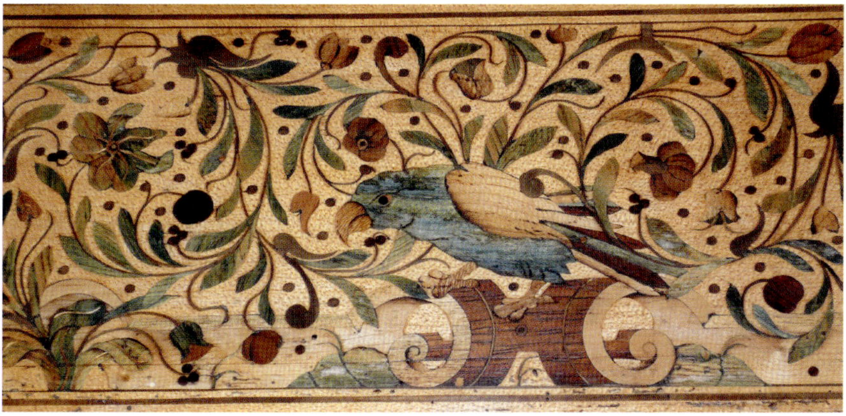

Abb. 11 Kanzel, Joachim Mekelenborg, St. Marienkirche, Greifswald, 1587. Über der Kanzeltür eingelegter Papagei in Blumenranken aus blaugrünem Pilzholz auf hellem Ahorngrund *(Foto: Hans Michaelsen)*

Für die Augsburger Intarsienarbeiten der zweiten Hälfte des 16. Jahrhunderts ist die reiche Verwendung des *Chlorociboria*-Holzes besonders charakteristisch. Die Intarsienkünstler wussten um die Dauerhaftigkeit und Leuchtkraft des grünen Pilzholzes und nutzten seine verschiedenen Farbabstufungen und Farbausbildungen für naturalistische Darstellungen und gestalterische Effekte. Berühmte Beispiele hierfür sind der „Wrangelschrank" im Landesmuseum Münster oder der „Mailänder Kabinettschrank" im Liechtensteinmuseum in Wien. Die um 1570 entstandenen Kunstkammerschränke sind mit überaus feinteiligen Einlegearbeiten überzogen, aus denen das Blaugrün des Pilzholzes in einem besonders schönen Erhaltungszustand aus der heute monochromen Farbstimmung herausleuchtet (**Abb. 10**).

Auch im norddeutschen Raum ist das charakteristische Grün in den Intarsienarbeiten anzutreffen, wie es exemplarisch besonders an der 1587 vom Rostocker Kunsttischler Joachim Mekelenborg geschaffenen, reich intarsierten Kanzel der St. Marienkirche in Greifswald erhalten ist (**Abb. 11**).

Selbst in den skandinavischen Ländern taucht das Pilzholz auf, etwa im getäfelten Saal des Renaissanceschlosses Kalmar in Schweden oder auch im Schloss Gripsholm leuchten in den Blatt- und Blumenranken der intarsierten Vertäfelungen aus dem Ende des 16. Jahrhunderts die grünen Verfärbungen der Pilzhölzer heraus. Oft waren es deutsche Handwerker, die diese Werke schufen und das Wissen um die Verarbeitung und vielleicht auch das Material bis in den Norden selbst mitbrachten.

Für die Wertschätzung und den intensiven Gebrauch des grün verfärbten Pilzholzes gibt es einige Gründe. Zum einen war der Entwicklungsstand der Holzfärbetechniken zu der Zeit noch nicht so ausgereift, dass man zufriedenstellende grüne Färbungen erzielte und daher auf die von der Natur geschaffene Färbung zurückgriff. Zum anderen sah man das in die Intarsien komponierte grüne Holz als ein *Miraculum naturae* – eine wundersame Hervorbringung der Natur – an und zählte es zu den *Mirabilia* – den unerklärlichen, erstaunlichen Dingen –, da man die Ursachen dieses Naturphänomens anscheinend noch nicht erkannt hatte. Zudem zog das leuchtende, an die Edelsteine Malachit, Türkis, Smaragd oder auch an Grünspan erinnernde Grün in der fast monochromen Farbstimmung der Naturhölzer das Auge des Betrachters als etwas Geheimnisvolles, Artfremdes auf sich, was der Faszination dieser Zeit für Kuriositäten und Raritäten entsprach.

Weißfäule und Pilzgrenzlinie für Materialimitationen

Die durch bestimmte Weißfäulepilze, wie der Schmetterlingsporling (*Trametes versicolor*), der Zunderschwamm (*Fomes fomentarius*), der Eichenporling (*Donkioporia expansa*) oder die Vielgestaltige Holzkeule (*Xylaria polymorpha*), ausgelösten Bleichzonen und Pilzgrenzlinien sind das verbreitetste Phänomen. Das Holz wird bei der Weißfäule durch die Zerstörung des braunen Lignins vielfach aufgehellt, zeigt aber längere Zeit noch keine Veränderung des inneren Zusammenhangs und wird nur leichter, faseriger und stockig. Eingefasst werden diese Bleichzonen in der Regel von den sich herausbildenden braunen bis schwarzen Demarkationslinien der verschiedenen Pilzarten, die das Holz befallen haben und sich untereinander abgrenzen. Die melaninhaltigen Linien mit ihrem unregelmäßigen, oft parallelen Verlauf verleihen dem Holz zusammen mit den hellen pilzbefallenen und dunklen nicht angegriffenen Partien ein geädertes und geflecktes Erscheinungsbild, das nach der Oberflächenbehandlung ein marmorartiges Aussehen erhält, was auch zu der Bezeichnung „Marmorfäule" führte (**Abb. 12**).

In den Bildintarsien der vom Meister HS 1548 geschaffenen Zimmervertäfelung für das Schloss Haldenstein wurden, neben dem bereits erwähnten *Chlorociboria*-Holz, im Hintergrund der Architekturveduten Furniere aus Rotbuchenholz (*Fagus silvatica* L.) verarbeitet, das von feinen dunkelbraunen bis schwarzen Pilzgrenzlinien unregelmäßig durchzogen ist. Geschickt hat der Meister die Zeichnung des schwarzgeäderten Holzes für die illusionistische Darstellung von Gebirgen mit schroffen Felshängen oder steilen Bergspitzen sowie von felsigen Landschaften als Hintergrundszenerie für seine perspektivischen Ansichten von Gebäuden und Plätzen genutzt. Auch zur naturalistischen Imitation von Steinen an Häuserfassaden oder Pflasterungen auf Straßen und Märkten wurde das schwarze Adernmuster eingesetzt (**Abb. 13 und 14**).

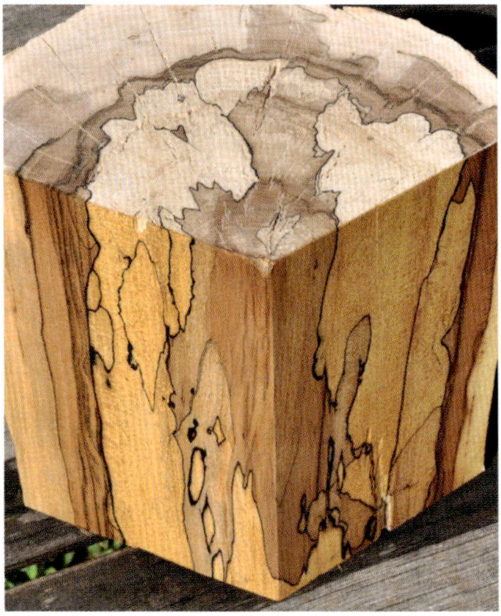

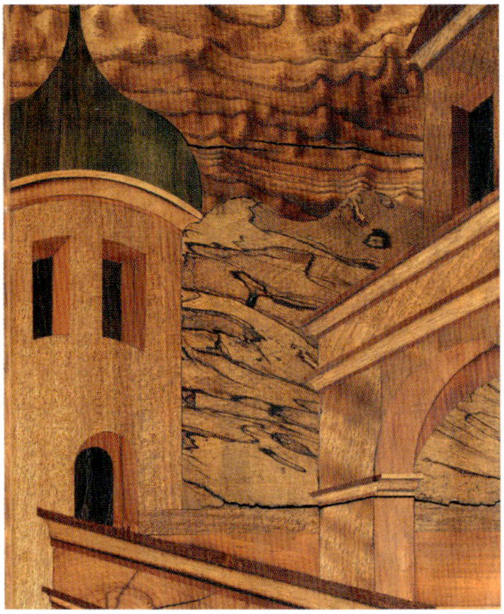

links: Abb. 12 Weißfäule mit Bleichzonen und dunklen Verfärbungen sowie charakteristischen Pilzgrenzlinien an einem aufgeschnittenen Buchenstamm *(Foto: Zdenek Holy)*

rechts: Abb. 13 Zimmervertäfelung aus dem Schloss Haldenstein, Meister HS, Schweiz, 1548. Detail einer Architekturintarsie, Verwendung von pilzbefallenem Rotbuchenholz mit schwarzen Demarkationslinien für die Berge im Hintergrund, grünes *Chlorociboria*-Holz auf der Turmhaube. Kunstgewerbemuseum Berlin *(Foto: Klaus Pelz)*

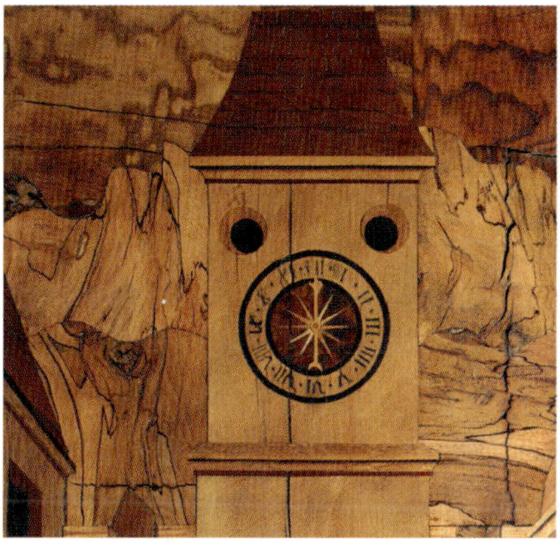

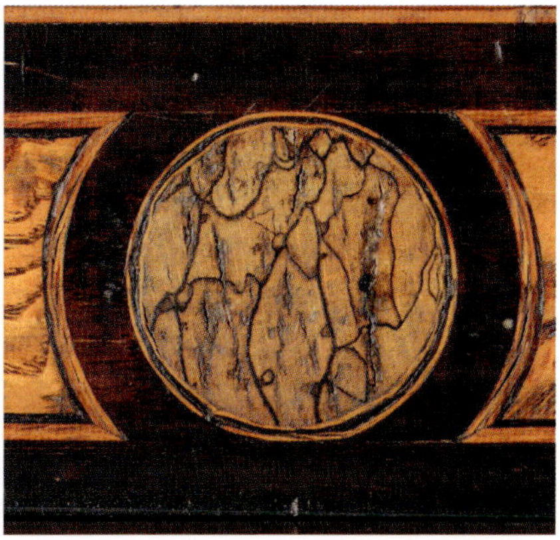

links: Abb. 14 Zimmervertäfelung aus dem Schloss Haldenstein, Meister HS, Schweiz, 1548. Detail einer Architekturintarsie, Verwendung von pilzbefallenem Rotbuchenholz mit schwarzen Demarkationslinien zur illusionistischen Darstellung der Felsformationen im Bildhintergrund. Kunstgewerbemuseum Berlin *(Foto: Hans Michaelsen)*

rechts: Abb. 15 Fassadenschrank, Ulm, um 1580. Medailloneinlage in gestockter Buche mit dekorativen schwarzen Pilzgrenzlinien als Schmuck an der Schrankfront. Kunstgewerbemuseum Berlin *(Foto: Hans Michaelsen)*

Ein weiteres Beispiel für die dekorative Verwendung von Marmorfäule fand sich an einem um 1580 entstandenen Ulmer Fassadenschrank im Berliner Kunstgewerbemuseum. Hier hatte man Buchenholzfurnier mit der charakteristischen Zeichnung der schwarzen Pilzgrenzlinien in kleine kreisrunde Medaillons eingelassen. Eingefasst von dunklen Bändern und Adern schmückt das pilzgeschädigte Holz als steinimitierende Einlage die Architekturfront des Schrankes (**Abb. 15**).

GRÜNE UND BLAUGRAUE PILZVERFÄRBUNGEN IM 17. JAHRHUNDERT

Grünes Pilzholz im Zusammenspiel mit kostbaren Materialien

Während zu Beginn des 17. Jahrhundert die Tradition der ornamentalen und figürlichen Intarsie des vergangenen Jahrhunderts fortgesetzt wurde und mit ihr auch der Gebrauch des beliebten grün verfärbten Pilzholzes als Gestaltungsmittel, ersetzten ab der Jahrhundertmitte kostbare Materialien und exotische Farbhölzer die einheimischen Holzarten und damit auch das Pilzholz, das vereinzelt nur noch an bürgerlichem Mobiliar auftauchte.

In Augsburg entwickelte der Kunsthändler Philipp Hainhofer (1578–1647) im ersten Drittel des 17. Jahrhunderts zusammen mit anderen beteiligten Künstlern Konzepte für aufwändige Kunstschränke, finanzierte die Projekte und bot die fertiggestellten Kunstwerke potentiell interessierten Käufern in ganz Europa an. In der Beschreibung eines Kabinettschrankes hebt er achtzehn verschiedene Holzarten hervor, aus denen die Schubkästen gefertigt wurden, unter ihnen auch ein „Grüen holtz“ (grünes Holz), mit dem sicherlich das grüne *Chlorociboria*-Holz gemeint war. Bestätigt wird diese Quelle durch

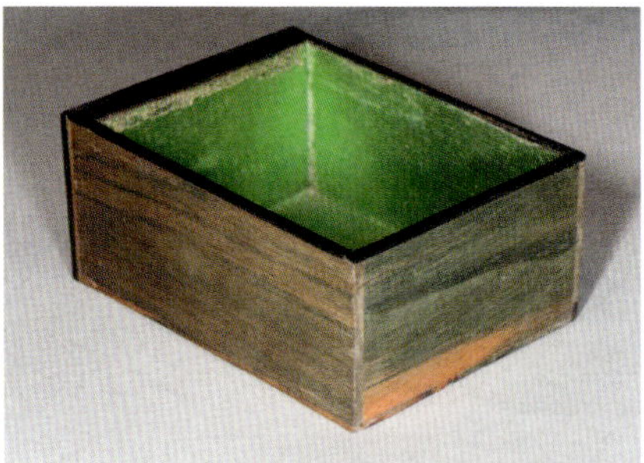

Abb. 16 Kabinettschrank, Augsburg, um 1630. Schubkästchen, das komplett aus massivem, unterschiedlich grün verfärbtem *Chlorociboria*-Holz gefertigt ist. The J. Paul Getty Museum, Los Angeles *(Foto: Arlen Heginbotham)*

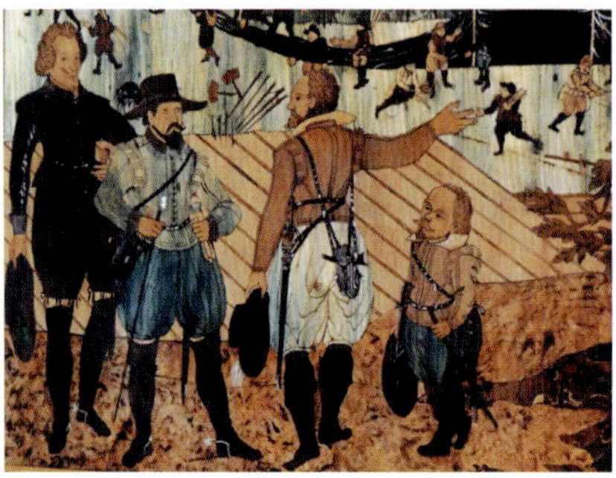

Abb. 17 Intarsienvertäfelung, so genannte „Hornstube", Veste Coburg, 1632. Detail einer Jagdintarsie mit Herzog Johann Casimir, Hofmarschall, Jägermeister und Hofzwerg. Die Gewänder der Figuren wurden mit den unterschiedlichen Farbausbildungen des *Chlorociboria*-Holzes gestaltet. Kunstsammlungen der Veste Coburg *(Foto: Helmut Apmann)*

einen um 1630 entstandenen Augsburger Kabinettschrank aus dem Getty Museum in Los Angeles. Die kleinen Kästchen sind komplett aus ca. 5 mm starkem *Chlorociboria*-Holz gefertigt worden (**Abb. 16**).

Die unterschiedliche Grünfarbigkeit des Holzes hat sich trotz späterer Überklebungen mit Textilien hervorragend erhalten und zeigt, in welchen Ausmaßen und Mengen dieses pilzmodifizierte Holz damals zur Verfügung gestanden haben muss. Die besondere Wertschätzung dieses seltenen Holzes beweist sich dadurch, dass es an so exponierter Stelle und in Kombination mit den kostbarsten Materialien an einem Kunstschrank von den besten Augsburger Meistern verarbeitet wurde.

Ein Meisterwerk der Einlegekunst in der deutschen Spätrenaissance ist die 1632 vollendete „Hornstube" auf der Veste Coburg in Oberfranken. Auf sechzig Bildtafeln werden Szenen der Hofjagd zu den verschiedensten Jahreszeiten und in Landschaften mit vielen Figuren und Jagdtieren veranschaulicht (**Abb. 17**).

Die Jagdintarsien bestehen aus einheimischen Laubhölzern, unter denen das durch *Chlorociboria* spp. blaugrün verfärbte Pappelholz besonders herausfällt. Es ist in teilweise großen Flächen in den Landschaftshintergründen zur naturalistischen Darstellung von Wiesen und Wäldern oder für Kleidungsdetails der dargestellten Personen in der Zeittracht verarbeitet worden. Oftmals sind die Bildhintergründe aus vielen aneinandergefügten Furnierstreifen zu einer Fläche mit unterschiedlichen Grüntönen zusammengesetzt. Ihre Breite liegt zwischen 30 und 40 mm, die maximale Länge beträgt 230 mm, was darauf hinweist, dass kurze Aststücke des pilzbefallenen Holzes von relativ kleinem Durchmesser tangential und radial zu Furnieren aufgeschnitten wurden.

In der verhältnismäßig kleinen Reichsstadt Eger in Böhmen entwickelte sich nach dem Dreißigjährigen Krieg die Technik der Reliefeinlegearbeit, eine Kombination von Flächenintarsie und Reliefschnitzerei, zu höchster Blüte und Verbreitung in ganz Europa. Die Egerer Meister schmückten vorrangig die Türen und Schubkästen der Kabinettschränke mit ihren bildhaften Werken, aber auch Brettspielkassetten und Spielsteine, Schatullen

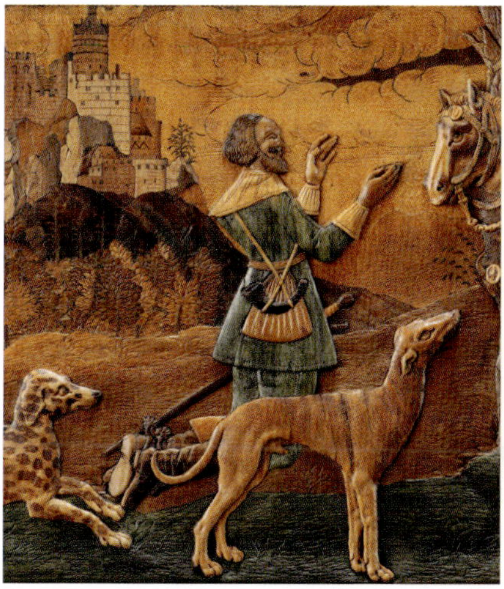

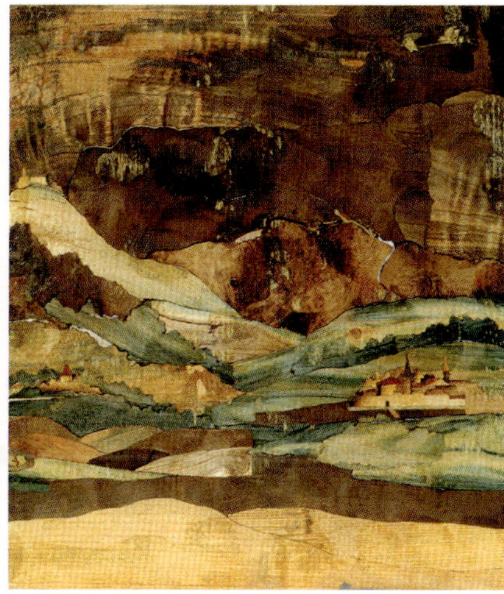

links: Abb. 18 Schatulle, Adam Eck, Eger, um 1635–1640. Detail vom Deckelbild, auf dem das Gewand des heiligen Eustachius und die Wiese aus besonders gleichmäßig, dunkelgrün verfärbtem Pilzholz gefertigt sind. Privatbesitz *(Foto: Jochen Voigt)*

rechts: Abb. 19 Kleiner Kaiserschrank, Johann Carl und Johann Nicolaus Haberstumpf, Eger, um 1710. Detail von der Rückseite einer Reliefintarsie (Europa) mit den zusammengesetzten Intarsienfurnieren des Bildhintergrundes aus *Chlorociboria*-Holz in leuchtend grünen Farbtönen sowie grauen Streifen- und Fleckenbildungen im Erlenholz des Himmels, die von einem Befall durch Bläuepilze herrühren. Österreichisches Museum für Angewandte Kunst Wien *(Foto: Hans Michaelsen)*

und Kästchen oder separate Bilddarstellungen in aufwändigen Rahmen erhielten diese besonderen plastischen Intarsienarbeiten. Als Werkstoffe fanden hauptsächlich einheimische Laubhölzer von ausgesuchter Qualität, Textur und Färbung Verwendung sowie ausgewählte tropische Hölzer und vereinzelt andere Materialien, wie Elfenbein, Zinn, Perlmutter und Perlen.

Die populären Bilderschneider Adam Eck (1604–1664) sowie Johann Karl Haberstumpf (1654–1724) und sein Sohn Johann Nicolaus (1691–1728) setzten zusätzlich die grünen Färbungen des *Chlorociboria*-Holzes zur farbigen Gestaltung ihrer Arbeiten ein **(Abb. 18)**.

Die monochrome Holzfarbigkeit der meisterhaft in die Technik der Schnitz- und Intarsienarbeit umgesetzten Kupferstichvorlagen erhielt durch den Einsatz des grünen Pilzholzes unter Ausnutzung all seiner Farbausbildungen eine fast malerische Wirkung. Es fand Verwendung im Blattwerk der Bäume und Büsche, wurde immer wieder zur Darstellung der Landschaftshintergründe verwendet und gab den Gewändern der Figuren eine kräftige blaugrüne Farbigkeit. An der Rückseite einer abgelösten Reliefintarsie ließen sich die unterschiedlichen Farbausbildungen des grünen Pilzholzes für die naturgetreue Gestaltung des Bildhintergrunds besonders eindrücklich ablesen: Schlicht gewachsene, meist radial aufgeschnittene Furniere von kräftig grüner Färbung wurden für die Wiedergabe von Büschen und dem Laub der Bäume verwendet. Die realistische Wirkung von Hügeln, Wiesen und Feldern unterstreichen tangential aufgeschnittene Furniere mit ihrer starken Ausprägung der Jahrringe, lebhafteren Struktur und dem Wechsel der Farben. Dunkle blaugrüne Färbungen kombiniert mit schwach gelblich grünen, setzte man zur Veranschaulichung von Wäldern und Bergen in der Ferne ein **(Abb. 19)**.

Pilzbläue für malerische Effekte

Ein besonders häufig auftretendes Schadensbild durch Pilze ist die so genannte Bläue, bei der es sich um eine zonenweise Verfärbung des Holzes handelt, die sich nicht auf die Stabilität auswirkt. Ursache für die Verfärbung ist eine Vielzahl von Bläuepilzen, deren bräunliches Myzel hauptsächlich die lebenden Bereiche der Holzstrahlen besiedelt, was durch Lichtbrechung zu einer blaugrauen Tönung des Holzes führt. Die Farbe des verblauten Holzes ist abhängig von der Konzentration des Farbstoffes und somit von der Menge der Hyphen im Holz. Das bedeutet, je mehr Hyphen im Holz sind, desto dunkler ist die Verfärbung, die bis ins Schwarzgraue gehen kann. Durch die blaue Verfärbung wird das Holz einerseits optisch entwertet, andererseits können Bläuepilze als Wegbereiter für eine nachfolgende Holzfäule wirken (**Abb. 20**). Bis heute sind etwa 100 bis 250 verschiedene Arten von Bläuepilzen bekannt. Zu den wichtigsten Gattungen gehören *Ceratocystis* spp. und *Ophiostoma* spp. sowie *Aureobasidium, Alternaria* und *Cladosporium* spp.

An vielen Egerer Reliefarbeiten fällt neben dem bereits erwähnten grün herausleuchtenden *Chlorociboria*-Holz bei bestimmten Furnieren der bildhaften Darstellungen eine graue bis grauschwarze Verfärbung auf. Sie durchzieht das Holz mitten in der Fläche in unregelmäßig auftretenden Streifen oder geflammten Flecken, die durchgehend bis auf die Furnierrückseite verlaufen und der Holzstruktur folgen. Sie sind nicht künstlich eingebrannt, eingefärbt oder aufgemalt, stellen auch keine arteigene Maserung oder Färbung des Holzes dar (**Abb. 21**).

Dieses graustreifige Farbbild haben die alten Meister geschickt für ihre Bildintarsien eingesetzt und mit Vorliebe für die Darstellung von Wolken und Himmel, aber auch für Gewässer, Gewänder oder Tierfelle verwendet. Das typische Farbbild dieser Verfärbungen weist eindeutig auf Bläuepilze als Verursacher hin. Offensichtlich haben die Egerer Künstler auch diese Pilzverfärbungen bewusst ausgewählt und gezielt als Gestaltungsmittel für malerische Effekte eingesetzt.

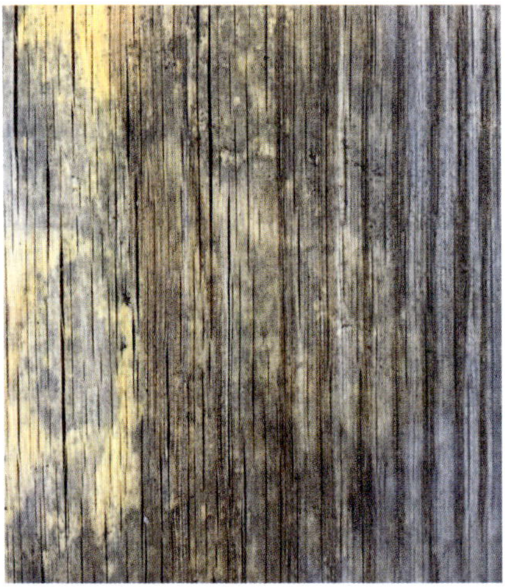

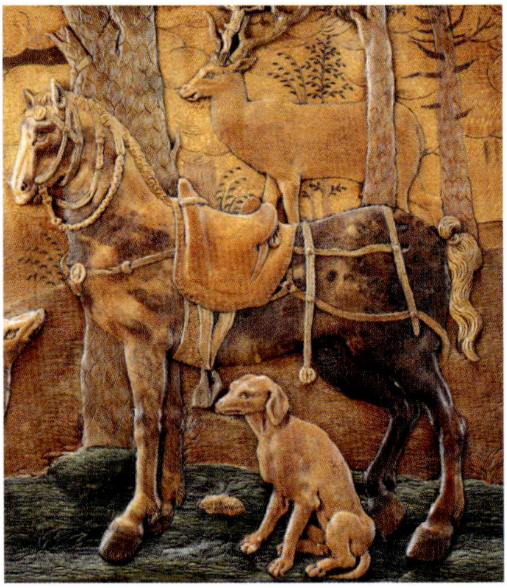

links: Abb. 20 Blaufäule in frisch gefälltem und unsachgemäß gelagertem Kiefernholz *(Foto: Hans Michaelsen)*

rechts: Abb. 21 Schatulle, Adam Eck, Eger, um 1635–1640. Das Detail vom Deckelbild zeigt streifenförmige braune Verfärbungen im Fell des Pferdes, die auf einen Pilzbefall durch Bläuepilze zurückzuführen sind. Privatbesitz *(Foto: Jochen Voigt)*

RÜCKGANG DER VERWENDUNG GESTOCKTER HÖLZER IM 18. JAHRHUNDERT

Nachlassende Verarbeitung des grünen Pilzholzes

In der ersten Hälfte des 18. Jahrhunderts ist das charakteristische Grün des *Chlorociboria*-Holzes an Möbeln aus dem deutschsprachigen Raum nur noch in vereinzelten Beispielen und meist am schlichten, bürgerlichen Mobiliar zu beobachten. Einige noch in der Tradition des vorigen Jahrhunderts stehende Zunftmeister nutzten weiterhin für ihre einfachen Marketerien in kleinen Details die grüne Farbigkeit des Pilzholzes, während der größere Teil ihrer Zunftgenossen die neuen Möglichkeiten der Farbstoffbeizen zur Erzielung grüner Farbtöne erprobte. Im Laufe des Jahrhunderts geriet das grün verfärbte Pilzholz durch die Weiterentwicklung der Färbeverfahren im Holzhandwerk anscheinend in Vergessenheit.

Durch *Chlorociboria*-Befall grün verfärbtes Holz wird vor allem in den zeittypischen Bandelwerkeinlagen als dekoratives Gestaltungsmittel genutzt. So hat 1725 der Hoftischler Johann Georg Neßtfell (1694–1762) in die hell und dunkel gemaserten Nussbaumfurniere der Vertäfelung eines Spiegelkabinetts für das Schloss Wiesentheid in Unterfranken geradlinige Friese und verschlungene Bandeinlagen eingelegt, die aus dem pilzverfärbten Holz der Zitterpappel *(Populus tremula)* bestehen. Die unregelmäßig grüngestreiften Bänder sind das wesentliche gestalterische Element der Dekoration und verleihen den Täfelungen zusammen mit anderen Hölzern, wie Mooreiche, Padouk und Ahorn, sowie Zinneinlagen, gravierten Perlmuttmedaillons und Spiegeln eine lebhafte Farbstimmung **(Abb. 22)**.

Abraham Roentgen (1711–1793), einer der größten deutschen Ebenisten, setzte an seinem wohl berühmtesten Möbel, dem zwischen 1760 und 1765 entstandenen Pultschreibtisch für den Erzbischof Philipp von Walderdorff, heute im Rijksmuseum Amsterdam, ebenfalls die resistente Farbigkeit des Pilzholzes ein. Er nutzte auf den Seitenfeldern des Schreibtisches die natürliche gestreifte Grünfärbung von *Chlorociboria spp.* für die Gewänder der figürlichen Darstellungen **(Abb. 23)**.

Anscheinend war in der Werkstatt noch keine zufriedenstellende Färbetechnik für grüne Farbtöne entwickelt worden, sodass man auf die dauerhafte Grünfärbung des Pilzholzes zurückgriff.

Einen überraschenden Übergang zwischen neu entwickelter Färbekunst und traditioneller Verwendung des Pilzholzes demonstriert eine Kommode aus dem Stadtmuseum Berlin, die um 1740 wahrscheinlich in der Werkstatt des französischen Ebenisten Jean Pierre Latz (1691–1754) geschaffen wurde **(Abb. 24)**.

Die geschweiften Kommodenflächen überziehen verschlungene Blumenmarketerien mit Vögeln aus einheimischen und exotischen Hölzern. Die Blumenblätter sind in unterschiedlichen Grüntönen eingefärbt und weisen die charakteristischen Alterungsveränderungen einer künstlichen Färbung mit Naturfarbstoffen auf. Je nach Zusammensetzung der Färbemittel ist es zu unterschiedlichen Verbräunungs-, Vergilbungs- und Verblassungserscheinungen der Farbtöne gekommen. Aus diesem gealterten Erscheinungsbild leuchtet eine auffällig gut erhaltene Grünfärbung an einem Vogelpaar besonders heraus. Bei genauerer Betrachtung weist sie die charakteristischen Merkmale des *Chlorociboria*-Holzes auf. Offensichtlich hat man hier die nuancenreiche Farbigkeit des Pilzholzes neben den künstlichen Einfärbungen für einen besonderen Effekt im Bildmittelpunkt genutzt. Vielleicht hat auch ein wandernder Geselle aus Deutschland dieses Holz mit nach Paris gebracht und an der Kommode verwendet.

Naturphänomen grünfaules Holz

Während die Verwendung des grünen Pilzholzes im Laufe des 18. Jahrhunderts durch die neuen Entwicklungen in der Holzfärberei im Handwerk zurückging, kam es im Zeitalter der Aufklärung zu einer ersten wissenschaftlichen Beschäftigung mit den unterschiedlichen grün verfärbten Holzarten und den die Verfärbungen hervorrufenden Pilzarten **(Abb. 25)**.

In den entstehenden Holzbibliotheken, in denen auch die heimischen Hölzer neben den Exoten einen Platz in den Naturalienkabinetten erhielten, war es das Ziel, die Beschaffenheit der verschiedenen Hölzer und ihre Eignung als Werkstoff zu vermitteln.

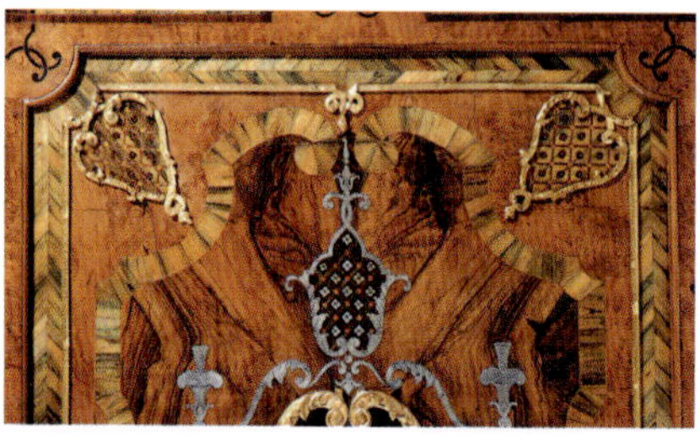

Abb. 22 Spiegelkabinett, Johann Georg Neßtfell, Wiesentheid, 1724–1725. Ausschnitt der Wandvertäfelung mit verschiedenfarbigen Nussbaumfurnieren, Einlagen von graviertem Zinn und Perlmutter, vergoldeten Schnitzereien. Für die umlaufenden Bänder wurde unregelmäßig grün verfärbtes *Chlorociboria*-Pappelholz verwendet. Kunstgewerbemuseum Berlin *(Foto: Werner Pape)*

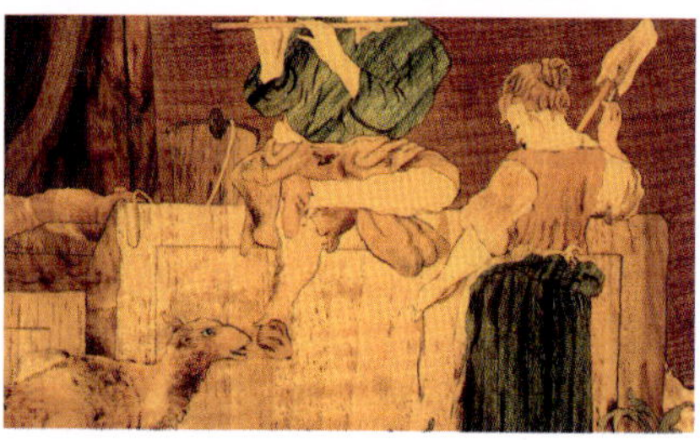

Abb. 23 Pultschreibtisch, Abraham Roentgen, Neuwied, um 1760/1765. Marketerie mit Hirtenszene auf der linken Seite, die grün leuchtenden Partien in der Kleidung der Figuren sind in *Chlorociboria*-Holz eingelegt. Rijksmuseum Amsterdam *(Foto: Rijksmuseum Amsterdam)*

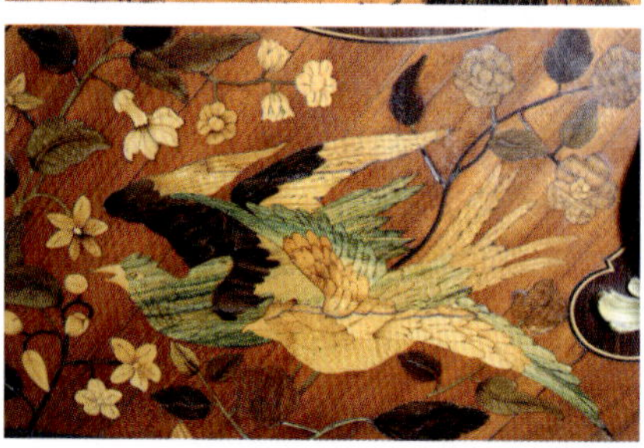

Abb. 24 Kommode, Jean Pierre Latz, Paris, um 1740. Blumenmarketerie mit Vögeln auf den Schubkästen. Die künstlichen Grünfärbungen der Blätter sind stark verbräunt, während das *Chlorociboria*-Holz in den Vogelflügeln seine leuchtend grüne Farbigkeit erhalten hat. Stiftung Stadtmuseum Berlin, Depositum Reichsbank *(Foto: Marina Fümel)*

unten: Abb. 25 Bemoostes Totholz mit Weißfäulebefall und Fraßgängen mit verpuppten Larven, blaugrüne Verfärbungen durch *Chlorociboria* sp. *(Foto: Frieder Eifler)*

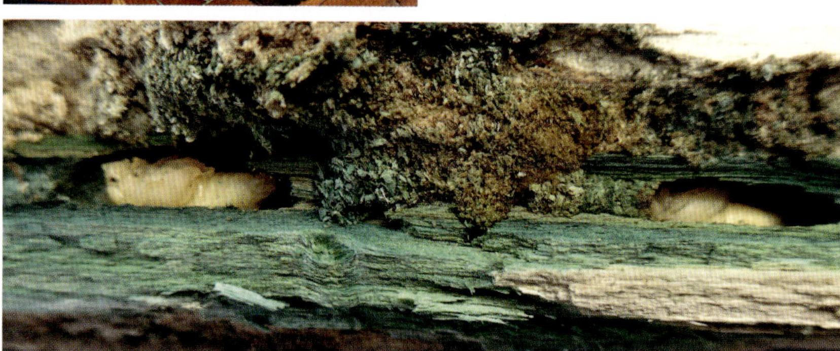

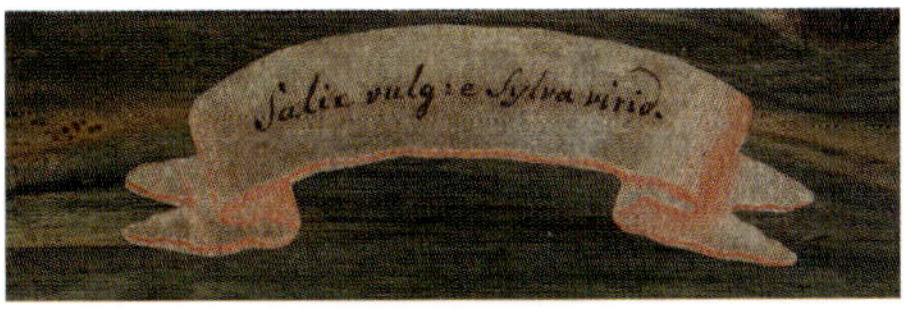

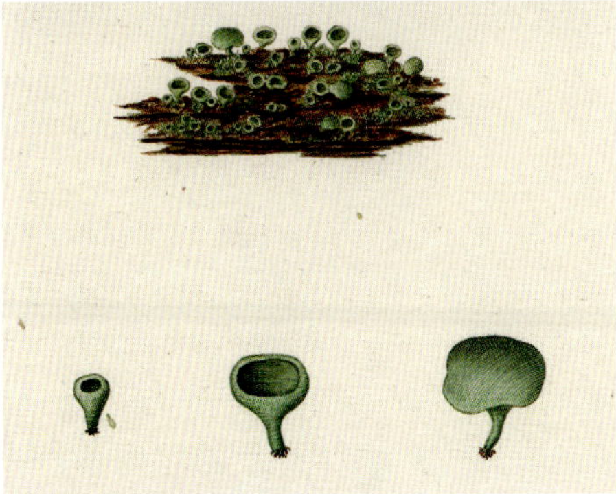

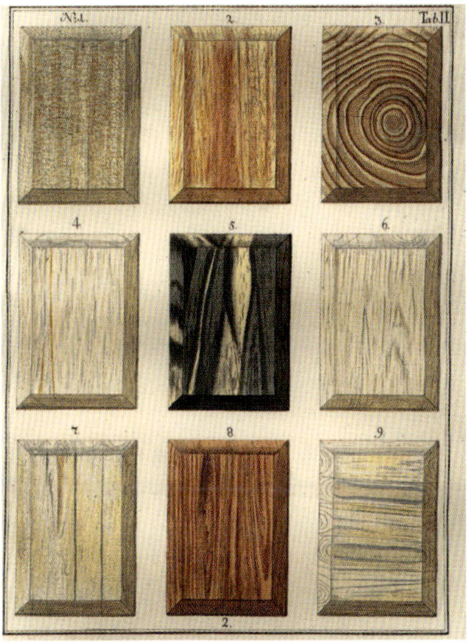

oben links: Abb. 26 Holzmustersammlung (Xylothek), Johann Heinrich Link, 1. Drittel 18. Jh., Holztäfelchen (115 x 60 x 9 mm), Weide (*Salix* sp.) „vom Walde grün" mit unterschiedlichen Farbausbildungen durch Chlorociboria sp. Naturalienkabinett Waldenburg *(Foto: Sabrina Zoppke)*

rechts: Abb. 27 Tafel II aus den „Icones Lignorum", Jan Christian Sepp, Amsterdam 1773. Unter Nr. 5 wird blaugrün verfärbtes Pappelholz (*Populus* sp.) abgebildet. *(Foto: Hans Michaelsen)*

unten links: Abb. 28 *Flora Danica*, Georg Christian Oeder, Copenhagen, 1770, Tafel MCC. Frühe Abbildung der Grünspanbecherlinge auf Eichenholz *(Foto: Hans Michaelsen)*

Während die meisten Holzsammlungen in Form von Büchern gestaltet wurden, besteht die in der ersten Hälfte des 18. Jahrhunderts von Johann Heinrich Linck angelegte Xylothek im Naturalienkabinett des Museums Waldenburg (Thüringen) aus 810 Holzartentäfelchen (115 mm x 60 mm x 9 mm), die in 27 Sammlungsfächern in einem Schrank alphabetisch nach ihren botanischen Namen geordnet sind. Unter ihnen befinden sich drei gut erhaltene Beispiele grün verfärbten Holzes, die zeigen, dass man dieses Naturphänomen erkannt hatte und als eine Besonderheit in die Sammlung aufnahm, aber anscheinend noch keine Erklärung für die Ursache der Verfärbung geben konnte **(Abb. 26)**.

Zum Ende des 18. Jahrhunderts versuchte Johann Adolph Hildt in seiner „Beschreibung in- und ausländischer Holzarten" eine Vermutung für die grüne Verfärbung zu geben: „Endlich geben noch die Stockungen der Säfte in manchen Bäumen sehr auffallende Abweichungen, wie bey der grünen Pappel, Weide und Hollunder." Er beschreibt das grün verfärbte Holz der Schwarzpappel *(Populus nigra)* und formuliert: „[…] wenn es lange in der Erde gelegen, bekömmt es eine grüne Farbe" **(Abb. 27)**.

Zur Verarbeitung des mürben Holzes von pilzbefallener Weide *(Salix alba)* merkt Hildt an: „Das verstockte grüne Weidenholz nimmt sich durch seine grüne Farbe sehr gut aus; da es aber zum Drehen zu schwammicht ist, so hat man es vorher in Leimwasser getränkt, ehe man es auf die Drechselbank gebracht hat."

Der die Färbung verursachende Pilz erweckte in der zweiten Jahrhunderthälfte auch das Interesse der Mykologie, der Wissenschaft von den Pilzen. Der deutsche Botaniker und Herausgeber der *Flora Danica* Georg Christian von Oeder (1728–1791) brachte 1770 als Erster in seinem monumentalen botanischen Atlas zur Pflanzenwelt Dänemarks, Norwegens und Islands eine kolorierte Abbildung der kleinen blaugrünen Pilze auf Eichenholz von einem Fund in Island **(Abb. 28)**.

Dekorative Pilzgrenzlinien als Gestaltungsmittel

Vereinzelt wurden von den Kunstschreinern des Barock und des Rokoko Nussbaumfurniere verarbeitet, die die schwarzen Pilzdemarkationslinien der Weißfäule aufweisen. Sie schnitten das Holz mit den kurvenreichen schwarzen Aderungen zu Furnieren und schmückten damit die Ansichtsflächen der Möbel. Oft erkennt man diese dekorativen Effekte erst bei näherem Hinsehen. Zu vermuten ist, dass diese durch den Befall von Weißfäulepilzen hervorgerufenen Farb- und Strukturveränderungen bewusst als Dekor eingesetzt wurden **(Abb. 29)**.

Die Hölzer mit den bizarren schwarzen Linien wurden auch in die Sammlungen der Naturalienkabinette aufgenommen. In einer Holzxylothek aus dem ersten Drittel des 18. Jahrhunderts weist ein Holztäfelchen aus Rotbuche *(Fagus sylvatica)* auf die Besonderheit dieser sepiabraunen Linien im Holz hin.

WISSENSCHAFTLICHE UNTERSUCHUNGEN IM 19. JAHRHUNDERT

Forschungsobjekt Grünspanbecherling

Das schon im 18. Jahrhundert, dem Zeitalter der Aufklärung, entstandene Interesse der Naturwissenschaftler an den holzverfärbenden Pilzen und ihren Farbstoffen nahm in dem anbrechenden Jahrhundert der wissenschaftlich-methodischen Forschung bedeutend zu. In wissenschaftlichen Abhandlungen befassten sich die Botaniker, Mykologen und Chemiker mit der Klassifizierung der Pilze, der chemischen Analyse ihrer Farbstoffe und den Veränderungen, die sie im Holz hervorrufen. Die Erforschung und Einordnung der verschiedenen Arten des Grünspanbecherlings wurde fortgesetzt und sein blaugrüner Farbstoff sowie die Frage nach seiner Herkunft, die Ergründung seiner Eigenschaften und seiner Zusammensetzung waren Gegenstand der Forschung.

In einem Beitrag aus dem Jahre 1813 beschreibt der in Jena als Professor der Chemie, Pharmazie und Technologie tätige Johann Wolfgang Döbereiner (1780–1849) seine *Untersuchungen zu einer grünen Materie im faulenden Holze*. Er befasste sich mit Lösungsversuchen und verglich das „Holzgrün“ mit dem Farbstoff Indigo **(Abb. 30)**.

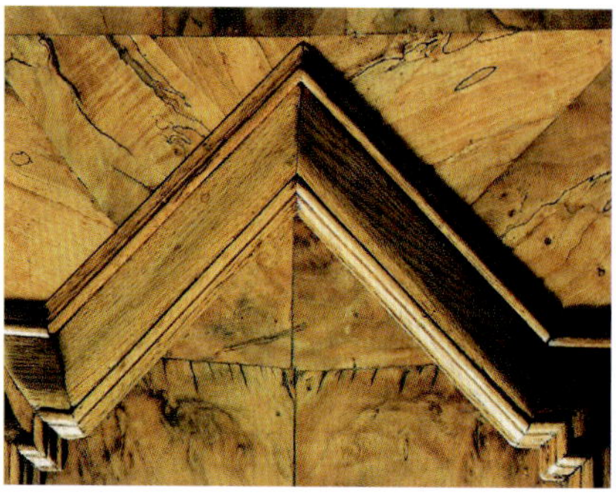

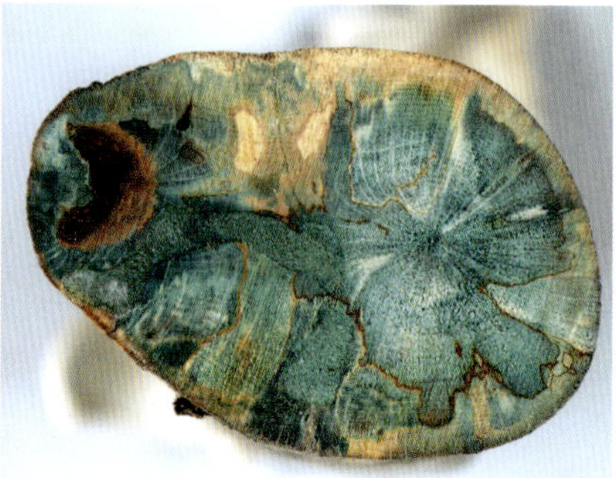

links: Abb. 29 Kleiderschrank, Norddeutschland, 2. Hälfte 17. Jahrhundert. Schwarze Pilzgrenzlinien im Nussbaumfurnier dienen zur dekorativen Gestaltung der Schranktüren. Privatbesitz *(Foto:Ralph Broschke)*

rechts: Abb. 30 Hirnholz eines Astes, der von Weißfäulepilzen und *Chlorociboria* sp. befallen wurde, mit braunen Pilzgrenzlinien und blaugrünen Verfärbungen *(Foto: Bernhard Kügler)*

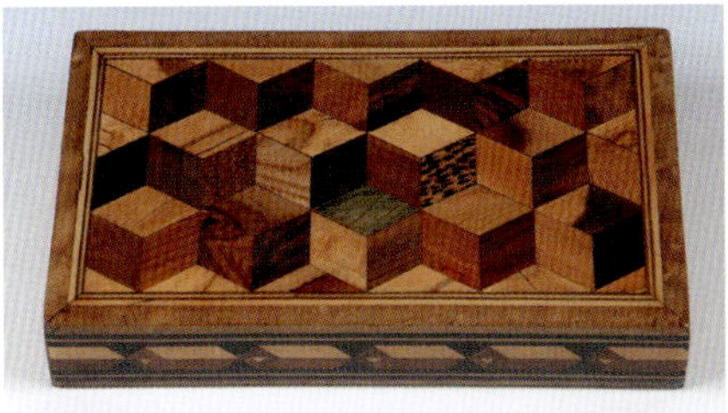

Abb. 31 Briefbeschwerer, Edmund Nye zugeschrieben, Tunbridge Wells (UK), um 1855. Würfelmarketerie mit grün verfärbter Eiche durch *Chlorociboria* sp. im mittleren Rhombenfeld. Amherst Antiques, Kent *(Foto: Dianne Brick)*

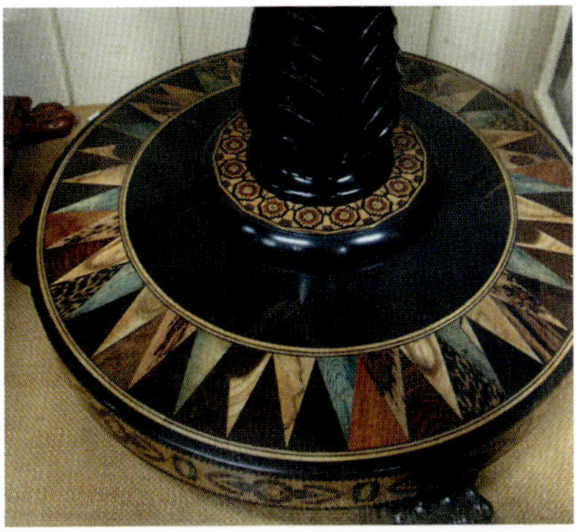

rechts: Abb. 32 Fuß eines Kerzenständers, Entwurf Thomas Barton, Ausführung Edmund Nye zugeschrieben, Tunbridge Wells (UK), um 1850. Geometrische Marketerie mit Feldern in Grüneiche. Tunbridge Wells Museum and Art Gallery *(Foto: Frank Bartelt)*

1868 verschaffte sich der französische Chemiker Alphonse Rommier aus dem Wald von Fontainebleau etwa 20 Pfund abgestorbenes Holz, das ihm durch seine leuchtende grünlich blaue Färbung auffiel. Bei seinen Untersuchungen fand er eine blaugrüne Materie, der er den Namen „Xylindein" gab, was so viel wie „Holzindigo" bedeutet und auf die große Ähnlichkeit zu dem Farbstoff Indigo verweist. Er vermutete Pilzsporen im Holz und schlussfolgerte, dass es sich um den Farbstoff eines Pilzes handeln könnte. Rommier stellte Überlegungen und Versuche zur Nutzung des Farbstoffs als Färbemittel für Wolle und Seide an.

Im Jahre 1874 veröffentlichte der deutsche Chemiker Carl Liebermann (1842–1914) eine kurze Notiz über das Xylindein. Einleitend teilt er mit, dass sich der Pilz in absterbendem Holz von Buche, Eiche und Birke oft mit solcher Intensität entwickelt, dass man zuweilen größere Holzblöcke von durchweg dunkelblaugrünem Ansehen erhält.

In seinem 1890 erschienenen Buch *Die Pilze in morphologischer, biologischer und systematischer Beziehung* fasst Wilhelm Zopf das bisherige Wissen um den Farbstoff Xylindein zusammen. Er beschreibt das Vorhandensein des Farbstoffs in den Hyphen des Grünspanbecherlings und das Abscheiden des Farbstoffs in das vom Pilz bewohnte Holz.

Grüne Eiche in Tunbridge ware

Generell war die Verarbeitung von pilzverfärbten Hölzern an Holzobjekten im 19. Jahrhundert kaum noch gebräuchlich. Eine Ausnahme bildeten spezielle Marketeriearbeiten, die in dem kleinen englischen Badeort Tunbridge Wells, Kent, hergestellt wurden und zu einem Wiederaufleben der Verarbeitung des grün verfärbten *Chlorociboria*-Holzes führten. Hier wurden schon seit dem 18. Jahrhundert in vielen Werkstätten mit namhaften Künstlern kleine furnierte Holzarbeiten (Kästchen, Dosen, Kerzenständer, Nadelbüchsen, Drechselarbeiten, Kleinmöbel) hergestellt, die besonders als Reiseandenken beliebt waren.

Charakteristisch für die frühen Tunbridgearbeiten waren Arrangements von perspektivischen Würfelmustern und ein Parkettmuster aus langgestreckten Dreiecken, das auch als „Vandyke parquetry" bezeichnet wurde. Die aus kontrastierenden Hölzern zusammengesetzten Muster vermittelten eine dreidimensionale Wirkung. Obwohl den Tunbridgearbeitern eine große Farbpalette an Holzfarbtönen zur Verfügung stand, fehlte ihnen ein kräftiges Grün, das mit der so genannten „english green oak" gefunden wurde **(Abb. 31)**.

Ob der Gebrauch dieses grün verfärbten Pilzholzes durch wandernde Gesellen vom Kontinent nach England eingeführt wurde oder ob es eher bei der gezielten Suche nach besonderen Hölzern zufällig wiederentdeckt wurde, kann nur vermutet werden. Ab dem zweiten Drittel des 19. Jahrhunderts leuchtet das smaragdgrüne Pilzholz aus den geometrischen Marketerien als eine Besonderheit heraus **(Abb. 32 und 33).**

Durch das gesamte 19. Jahrhundert spielte das grüne Pilzholz eine wichtige gestalterische Rolle in der Tunbridge ware. Nach den Beschreibungen von J. M. Berkeley aus dem Jahre 1860 sammelten die Handwerker nicht nur abgefallene Äste von Eichen, Buchen oder anderen Laubbäumen, die in einem frühen Stadium des Pilzbefalls waren, sondern versuchten anscheinend auch, das Holz mit dem Myzel des *Chlorociboria*-Pilzes zu infizieren.

Pilzverfärbte Brauneiche als geschätztes Nutzholz

Die durch den Pilz *Fistulina hepatica* ausgelösten rotbraunen Verfärbungen im Eichenholz werden in den englischen Holzbüchern thematisiert. Thomas Laslett beschreibt in seinem 1875 erschienenen Buch *Timber and timber trees* dieses spezielle Eichenholz, geht aber nicht auf die Ursache der Verfärbung ein. Das in England von den Möbeltischlern wegen seiner dunkelbraunen Farbe hochgeschätzte Holz wurde auch unter dem Namen „tortoise-shell oak“ gehandelt, wenn es durch den Pilzbefall ausgeprägte schwarze Flecken aufwies, oder es wurde bei streifiger Verfärbung als „tiger oak“ bezeichnet.

FAZIT

Die Holzhandwerker der Vergangenheit suchten und sammelten schon seit dem frühen Mittelalter Hölzer mit besonderen Verfärbungen und Strukturierungen, die durch unterschiedliche Baumpilze ausgelöst worden waren, um sie als Gestaltungsmittel zu nutzen. Die unregelmäßig das Holz durchziehenden grünen, grauen und braunen Farbausbildungen der holzverfärbenden Pilze waren aufgrund ihrer Dauerhaftigkeit hoch geschätzt und wurden hauptsächlich in den Intarsienarbeiten für möglichst naturgetreue Darstellungen und gestalterische Effekte eingesetzt. Die markanten Pilzgrenzlinien und fleckigen Verfärbungen der Weißfäule dienten zur Wiedergabe unterschiedlicher Gesteinssorten und als gestalterisches Dekor auf den Möbelfronten. Erst im 18. Jahrhundert wurde die Verwendung pilzverfärbter und gestockter Hölzer durch künstliche Einfärbungen mit Naturfarbstoffen und Beizungen mit Chemikalien verdrängt. In der Folgezeit erwecken die holzverfärbenden Pilze das Interesse der Naturwissenschaftler, die sich mit ihrer Klassifizierung und der Untersuchung ihrer Farbstoffe befassen.

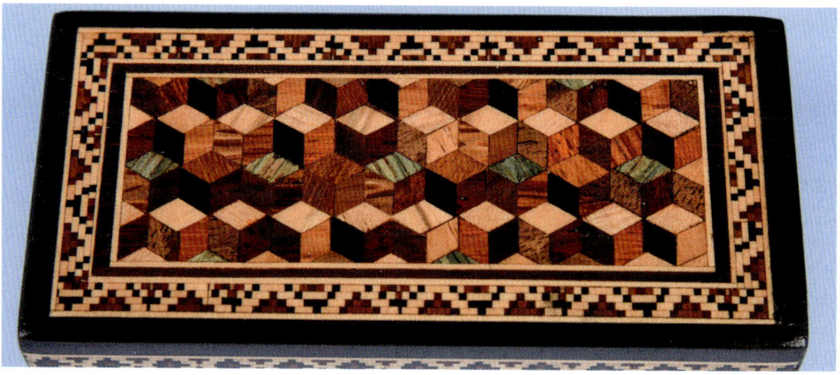

Abb. 33 Ringkästchen, Tunbridge Wells (UK), um 1870. Verwendung von *Chlorociboria*-Holz in der Würfelmarketerie. Amherst Antiques, Kent *(Foto: Dianne Brick)*

ANHANG VIII

Wiederentdeckung des gestockten Holzes

In der modernen Holzindustrie wurden gestockte Hölzer bisher als wertmindernd und für die Weiterverarbeitung nicht geeignet angesehen. In den letzten Jahrzehnten kam es im Kunsthandwerk und Möbeldesign zu einer Wiederbelebung der Verarbeitung von Hölzern, an denen durch Pilzbefall vielfältige Farbausbildungen und verschlungene Muster von Pilzgrenzlinien ausgelöst wurden. Sie sind heute zu einem begehrten Material der Holzgestalter geworden und werden als ein bewusstes Gestaltungsmittel für eine Vielzahl unikater Holzobjekte eingesetzt. Hiermit wird eine nachhaltigere Nutzung des Werkstoffs Holz gefördert. Die vielfältigen Verarbeitungsmöglichkeiten der Pilzhölzer können hier nur exemplarisch an einigen ausgewählten Beispielen vorgestellt werden.

BESTSELLER WEISSFÄULEHOLZ

Das typische „Gestockte Holz" mit seinen Strukturierungen, Bleicheffekten und Verfärbungen erfreut sich heute zunehmender Beliebtheit. Wenn kranke und gesunde Holzzonen einigermaßen gleichmäßig groß und verteilt sind und der Befallsgrad noch nicht den Holzzustand beeinträchtigt hat, ist derart geschädigtes Holz durch die dekorativen Muster der Pilzgrenzlinien und fleckigen Verfärbungen der Weißfäule besonders attraktiv. Bei niedrigen Holzfeuchtewerten kann der Pilzbefall nicht weiterwirken. Daher werden gestockte Laubhölzer heute für Drechsel-, Schmuck- und Schnitzarbeiten genutzt oder zu Furnieren aufgeschnitten und, zu effektvollen Bildern zusammengesetzt, an Möbelfronten verwendet.

Drechselarbeiten

Seit den letzten Jahrzehnten haben sich gestockte Ahorn-, Buchen- oder Birkenhölzer als beliebte Werkstoffe für Drechselarbeiten etabliert. Unter den vielen Drechslern, die die attraktiven Zeichnungen und Färbungen dieses Materials für ihre Arbeiten einsetzen, sollen hier drei Künstler beispielhaft vorgestellt werden.

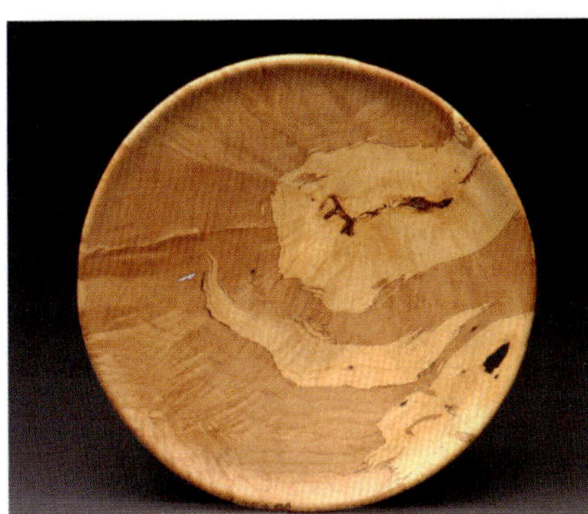

Abb. 34 Schale, Mel Lindquist, Adirondacks Mountains (New York), um 1960. Nordamerikanische Gelb-Birke *(Betula alleghaniensis)* mit Verfärbungen durch Weißfäulepilze *(Foto: Mark Lindquist)*

Die Ursprünge der bewussten Verarbeitung gestockter Hölzer für Drechselarbeiten liegen in den USA. Der in den Adirondacks Mountains (New York) lebende Holzdrechsler Melvin Lindquist (1911–2000) entdeckte bereits Ende der 1950er-Jahre gestocktes Holz als Material für seine gedrechselten Gefäße. Er war einer der ersten, der kontinuierlich die Verwendung von „Spalted Wood" für das Holzdrechseln erforschte. Vorbilder für seine Drechselarbeiten wurden antike Keramiken, die er in das Medium Holz umsetzte und die „Fehler" dieses Materials als dekorative Elemente gestalterisch nutzte **(Abb. 34)**.

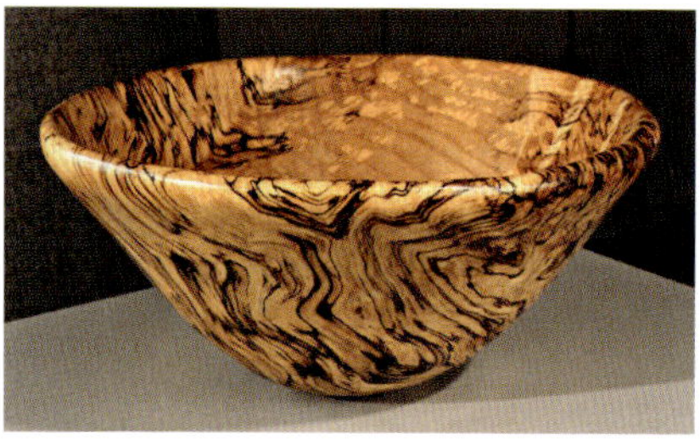

Abb. 35 Schale, Mark Lindquist, Quincy (Florida), 1987. Nordamerikanische Gelb-Birke mit Weißfäule und wellenartig verlaufendem Netz dunkelbrauner Pilzgrenzlinien *(Foto: Mark Lindquist)*

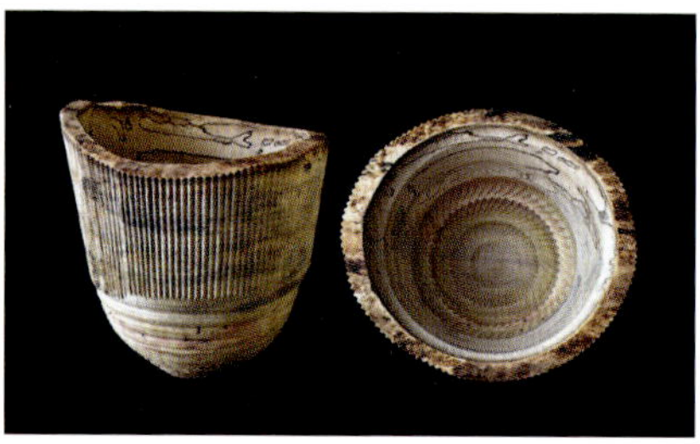

Abb. 36 „Monticello Bowl", Mark Lindquist, Quincy (Florida), 2009. Drechsel- und Kettensägearbeit aus Tulpenbaumholz *(Liviodendron tulipifera)* mit Weißfäule, blaugrauen Pilzverfärbungen und verschlungenen Pilzgrenzlinien *(Foto: Mark Lindquist)*

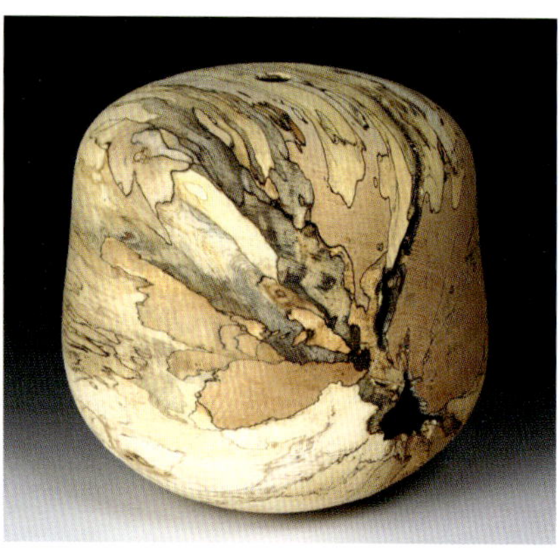

Abb. 37 Hohlgefäß, David Ellsworth, Buck´s County (Pennsylvania), 2005. Gestockter Ahorn mit Weißfäule und markanten Pilzgrenzlinien *(Foto: David Ellsworth)*

Sein Sohn, der Bildhauer, Drechsler, Designer und Fotograf Mark Lindquist (geb. 1949), setzte diese Tradition fort und machte 1977/78 in der Zeitschrift *Fine Woodworking* mit zwei bahnbrechenden Artikeln über „Spalted Wood" das Material unter den Holzgestaltern populär. Er beschrieb darin das Phänomen des Pilzbefalls und sein ästhetisches Potential und ging auf die Bewältigung der Unberechenbarkeit dieses Werkstoffs bei seiner Verarbeitung ein **(Abb. 35)**.

In den Folgejahren nutzte er immer wieder „Spalted Wood" für seine Drechselarbeiten und Skulpturenobjekte und stellte auch Versuche zum gezielten Pilzbefall von Hölzern an. In seine Arbeiten bezieht er die Unvollkommenheiten und Mängel von Holz mit ein, wie beispielsweise die Ästhetik von Rindeneinschlüssen und Rissen, die während der Arbeit entstehen können. Er brach mit der Regel von hochpolierten Oberflächen und ließ seine Objekte oftmals in rauen unbearbeiteten Außenseiten stehen, die Werkzeugspuren vom Drechseln oder den Gebrauch der Kettensäge zeigen **(Abb. 36)**.

Seit über vierzig Jahren gilt der heute in Buck´s County (Pennsylvania) lebende David Ellsworth (geb. 1944) in den USA als einer der führenden Designer gedrehter Holzgefäßformen. Ende der 1970er-Jahre traf er mit Mark Lindquist zusammen, der ihn für das Arbeiten in „Spalted Wood" überzeugen konnte. Er schuf sich seine eigene Methode, gestocktes Holz zu erzeugen, indem er einen Baum fällte, in einzelne Abschnitte auftrennte und sie in einer Grube im Wald mit Herbstlaub und Sägespänen aus seiner Werkstatt bedeckte, in der Absicht, dass Pilzsporen aus der Umgebung und dem Laub das Holz infizieren würden.

Bei seinen gedrechselten Hohlformen lässt sich Ellsworth von den keramischen Gefäßen der Ureinwohner Amerikas inspirieren. Die extrem dünnwandigen Töpfe, Vasen oder Schalen bestechen durch ihre klaren Formen und die sorgfältige Auswahl der pilzbefallenen Hölzer mit ihren natürlichen Texturen und Verfärbungen. Seine hohl gedrehten Gefäße aus gestockten

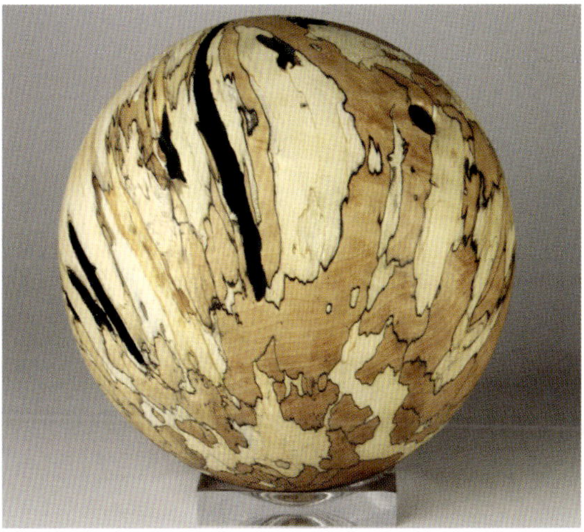

Abb. 38 Hohlwandige Kugel, David Ellsworth, Buck´s County (Pennsylvania), 2003. Ahorn mit Bleichzonen durch Weißfäule und mit bizarren Pilzgrenzlinien *(Foto: David Ellsworth)*

Ahorn- und Buchenhölzern zeigen auf den glatten unbehandelten Außenflächen das gefleckte Erscheinungsbild von hellen pilzbefallenen Bereichen und dunklen nicht angegriffenen Holzpartien, die durch die markanten melaninhaltigen Pilzgrenzlinien eingefasst werden. Mit ihrem irregulären Verlauf ergeben sie die fantasieanregenden grafischen Zeichnungen, die auf den runden Objekten von allen Seiten einen anderen Anblick bieten **(Abb. 37)**.

Eine Herausforderung für Ellsworth war das Drechseln von hohlwandigen Kugeln aus dem teilweise schon substanzgeschädigten Material. Für die Objekte mit einem Durchmesser zwischen 30 und 40 cm bezieht er in die Gestaltung effektvoll Holzausbrüche und Risse mit ein, die einen Einblick in das Innere gewähren und zusammen mit den natürlichen „Mängeln" des Pilzholzes auf die Morbidität des angegriffenen Werkstoffs Holz hinweisen, aber auch die überraschenden Farbausbildungen des „Spalted Wood" zeigen **(Abb. 38)**.

Seri C. Robinson (geb. 1981) hat das Drechslerhandwerk erlernt und ist als Professor für Holzanatomie an der Oregon State University in Corvallis tätig. Dr. Robinson betrachtet das Gestalten mit gestockten Hölzern als einen Schnittpunkt zwischen Wissenschaft und Kunst und strebt mit den entstandenen Kunstwerken ein Gleichgewicht zwischen beiden Disziplinen an, indem die Forschungen auf dem Gebiet der angewandten Mykologie mit der Kunst des Holzdrechselns verbunden werden. Neben der ästhetischen Einbeziehung natürlich ausgebildeter Pilzverfärbungen und Pilzgrenzlinien in Hölzern, wie Ahorn (*Acer* sp.), Pappel (*Populus* sp.), Esche (*Fraxinus excelsior*), Roterle (*Alnus rubra*) und amerikanischer Weißeiche (*Quercus alba*), werden auch gestockte Hölzer, die im Labor durch Besiedelung von Pilzkulturen im Holz unter kontrollierten Bedingungen geschaffen wurden, zu formschön gedrechselten Schalen, Vasen, Gefäßen und plastischen Formen verarbeitet. Zur farbigen Gestaltung der Arbeiten setzt Robinson eine Besonderheit ein: Mit Hilfe chemischer Lösungsmittel werden die Farbstoffe unterschiedlicher Pilzarten aus dem Holz extrahiert und die verschiedenfarbigen Lösungen anschließend am fertigen Objekt innerhalb der Pilzgrenzlinien mit Pipetten lasierend aufgetragen. Mit diesen Pilzfarbstofflasuren wird es möglich, in den Drechselarbeiten und plastischen Holzobjekten grün-, rot-, pink- oder gelbfarbene Akzente zu setzen, die den auf natürliche Weise im Holz entstandenen Pilzverfärbungen sehr nahe kommen. Hiermit kommt es zu einer Verbindung der Gestaltungskraft der Natur mit wissenschaftlicher Forschung und künstlerischer Kreativität **(Abb. 39–41)**.

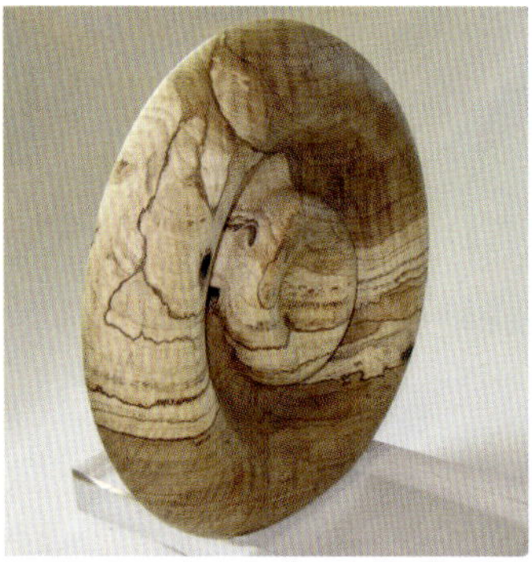

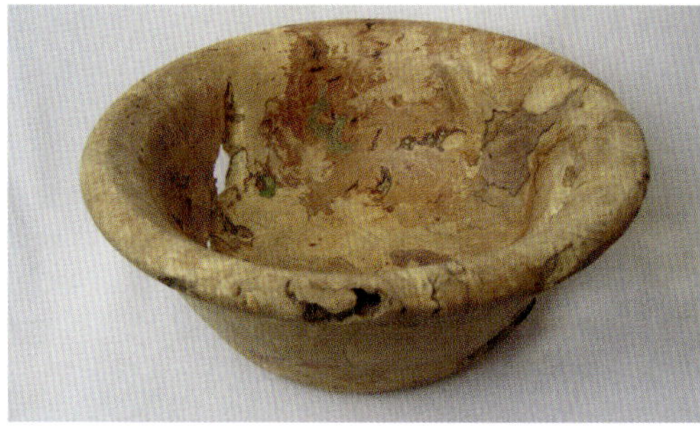

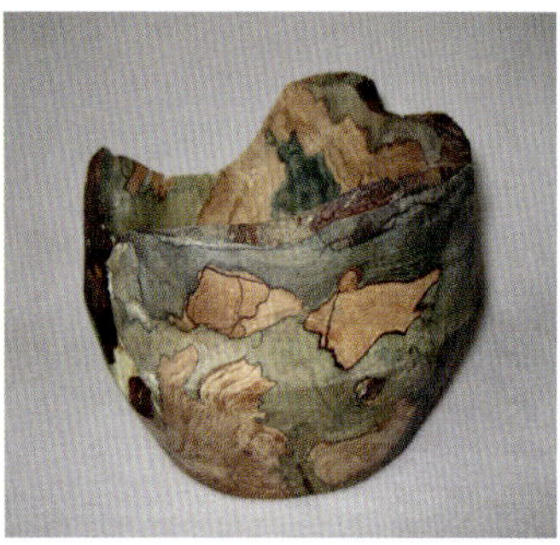

links: Abb. 39 „Inversions None Too Subtle", Seri C. Robinson, Corvallis (Oregon), 2018. Verarbeitung von fleckiger Brauneiche mit Weißfäule *(Foto: Seri Robinson)*

rechts: Abb. 40 Gebrochene Schale, Seri C. Robinson, Corvallis (Oregon), 2018. Oregon-Ahornmaserholz mit Weißfäule und Pilzgrenzlinien, partielle Einfärbungen durch grüne, rote und purpurfarbene Pilzfarbstoffe *(Foto: Seri Robinson)*

Abb. 41 Gebrochener Topf, Seri C. Robinson, Corvallis (Oregon), 2018. Oregon-Ahornmaserholz mit Weißfäule und Pilzgrenzlinien, partielle Einfärbungen mit extrahiertem, blaugrünem *Chlorociboria*-Farbstoff *(Foto: Seri Robinson)*

Holzobjekte

In Deutschland entdecken in jüngster Zeit immer mehr Holzgestalter den attraktiven Werkstoff „Gestocktes Holz" für ihre Arbeiten. Der in Ortwig, einem kleinen Dorf im Oderbruch, lebende Tischler, Drechsler und Designer von Holzobjekten Christian Masche (geb. 1971) verarbeitet seit über fünfzehn Jahren vorwiegend einheimische Laubhölzer, die teilweise durch Pilzbefall interessante Verfärbungen und Strukturen erhalten haben. Mit Vorliebe drechselt er aus saftfrischem Holz lichtdurchscheinende Objekte (Windlichter, Leuchten), die sich nach dem Trocknen bizarr verformen. Die durch den Pilzbefall im Holz hervorgerufenen Ausbleichzonen und bizarren Pilzgrenzlinien treten bei Beleuchtung des hauchdünnen Holzes von innen besonders schön hervor **(Abb. 42)**.

In jüngster Zeit fertigt Masche individuelle Urnengefäße aus massiven einheimischen Hölzern mit ausgesuchten Texturen und Farben an, deren Oberflächen teilweise sägerau, verwittert und mit Baumkanten belassen sein können, aber auch geschliffen und geölt werden. Für ein kleineres Erinnerungsgefäß zur Aufbewahrung von Asche ist die Hohlform aus einem alten Walnussbaum gedrechselt. Die Oberfläche ist unbehandelt belassen und harmoniert so mit dem weiß gesiedeten Silber und dem matt leuchtenden Aquamarin auf dem Deckel. In die Gestaltung mit einbezogen wurden neben der kontrastvollen Maserung und den Asteinschlüssen des Nussbaumholzes die durch Pilzbefall hervorgerufenen charakteristischen Grenzlinien mit ihren verschlungenen Zeichnungen **(Abb. 43)**.

Der in Berlin arbeitende Möbeltischler und Holzgestalter Werner Weiß stellt hochwertige Holzobjekte, wie Schatullen, Schalen, Vasen, Tabletts, Schneidebretter, Skulpturen und Kleinmöbel, her, an denen er besondere Holztexturen oder edle exotische Hölzer mit den durch Weißfäulepilze gestockten Hölzern kombiniert.

An seinen Schatullen kontrastiert die kaffeebraune Farbe des Wengé-Holzes *(Millettia laurentii)* mit dem helleren Holz von gestockter Buche und gestocktem Nussbaum, die besonders pittoreske Bilder und Linien der sich abgrenzenden Weißfäulepilze aufweisen **(Abb. 44)**.

Die aus einem Stück gestockter Buche herausgearbeiteten Skulpturenelemente erzielen auf den Oberflächen malerische Effekte durch die gefleckten Bleichzonen der Weißfäule und die filigranen schwarzen Pilzlinien **(Abb. 45)**.

Ebenfalls in Berlin arbeitet der freischaffende Künstler und Holzgestalter David Köbele. Er nutzt für seine Holzmosaike und Holzobjekte die natürlichen Farben und den Kontrast von mehr als vierzig verschiedenen Holzarten, die er zu geometrischen Formen und miteinander harmonisierenden Mustern in verschiedenster Weise miteinander kombiniert. In einem Schneidebrett stellt er die zu einem grafischen Bild zusammengesetzten Furniere mit Pilzgrenzlinien von gestockter Buche in das Mittelfeld, das von einem buntfarbigen Mosaik ausländischer Holzarten eingefasst wird **(Abb. 46)**.

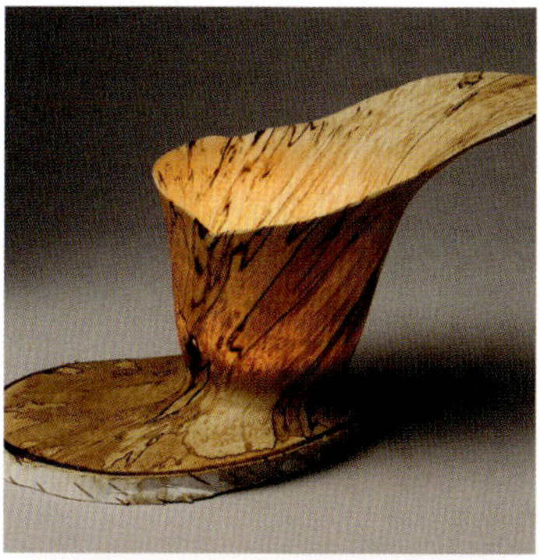

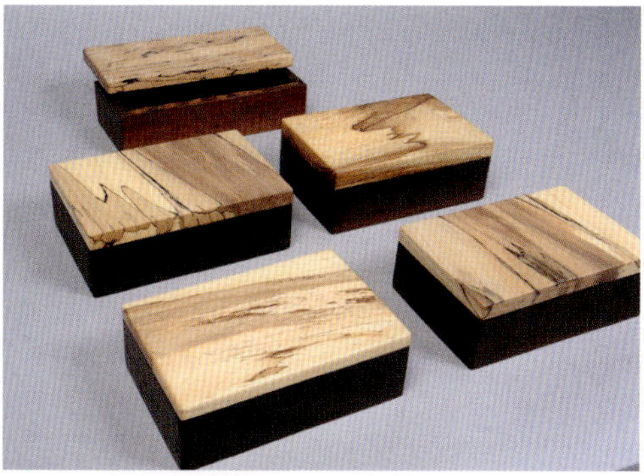

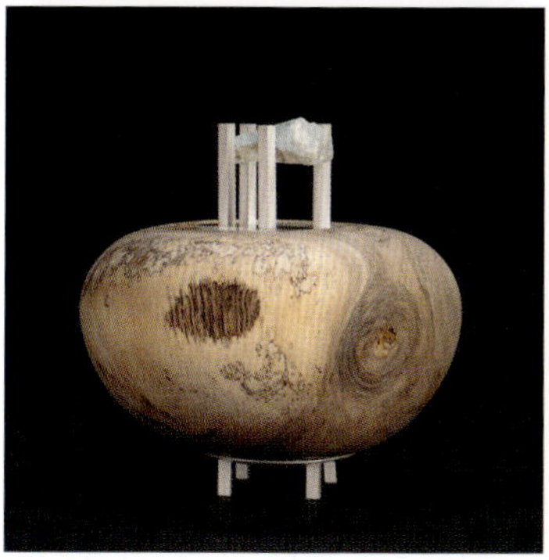

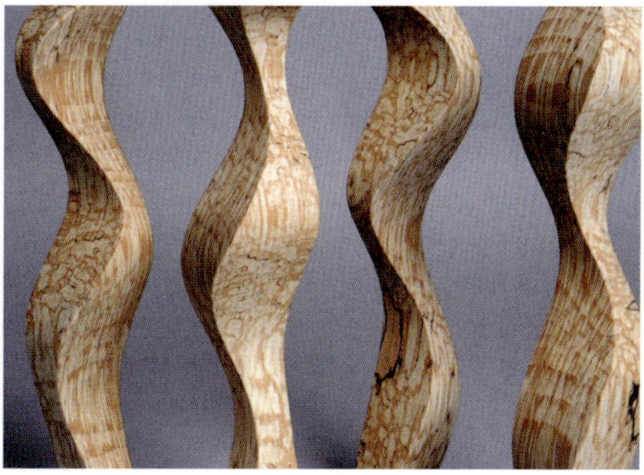

oben links: Abb. 42 Windlicht, Christian Masche, Ortwig, 2013. Durchscheinend gedrechselt aus saftfrischer Birke mit Weißfäulebefall und schwarzen Pilzdemarkationslinie *(Foto: Christian Masche)*

unten links: Abb. 43 Kleines Urnengefäß, Christian Masche, Ortwig, 2019. Gestocktes Nussbaumholz mit Verfärbungen und dekorativem Muster von Pilzgrenzlinien, Deckel in Silber und gefasstem Aquamarin *(Foto: Christian Masche)*

oben rechts: Abb. 44 Schatullen, Werner Weiß, Berlin, 2016. Gestockte Buche und gestockter Nussbaum kombiniert mit Wengé-Holz *(Millettia laurentii)* *(Foto: Werner Weiß)*

unten rechts: Abb. 45 Skulptur, Werner Weiß, Berlin, 2017. Gestockte Buche mit Weißfäule und Pilzdemarkationslinien *(Foto: Werner Weiß)*

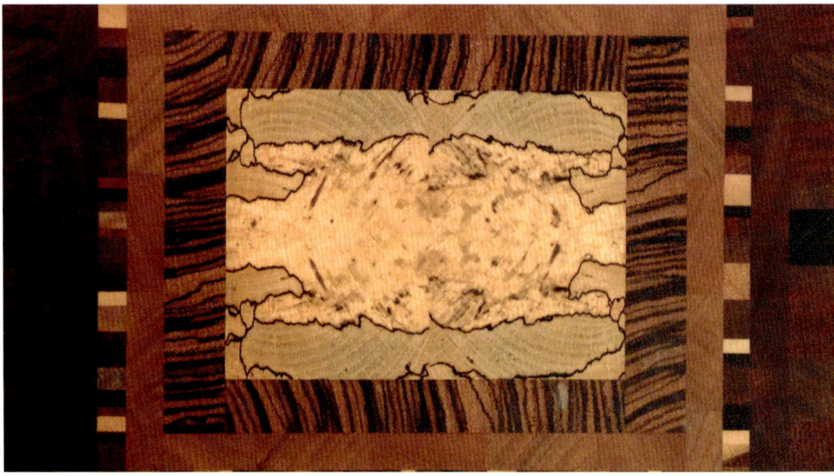

Abb. 46 Schneidebrett, David Köbele, Berlin 2017. Gestockte Buche mit markanten Pilzgrenzlinien, Hirnholz gespiegelt, zusammengesetzt und gerahmt von tropischen Edelhölzern *(Foto: David Köbele)*

Möbel

Seit den letzten 20 Jahren werden auch an Möbeln die attraktiven Zeichnungen und Verfärbungen der Pilzdemarkationslinien und der fleckigen Verfärbungen durch Weißfäule in Form von zusammengesetzten Furnieren als gestalterisches Mittel verstärkt genutzt.

Einer, der schon frühzeitig bewusst Hölzer mit Pilzbefall in seine Möbelentwürfe mit einbezog, war der in Kalifornien lebende Tischler und Möbeldesigner James Krenov (1920–2009). Bekannt geworden ist Krenov für seine auf hochbeinigen Tischgestellen stehenden zweitürigen Kabinettschränke, die durch ihre klaren Linien und eine ausgezeichnete handwerkliche Verarbeitung bestechen. Zur Gestaltung der geraden Flächen der Kabinettaufsätze wählte er Hölzer mit besonderen Texturen und Farben aus. Besonders gerne arbeitete er mit ausgesuchten Furnieren von „Spalted Wood“. Mit den abstrakten Mustern der schwarzen Pilzgrenzlinien und Pilzverfärbungen schuf er auf den glatten Oberflächen der Kabinette grafische Effekte und nutzte sie gewissermaßen als Leinwand für seine Kompositionen in Holz **(Abb. 47 und 48).**

Das von James Krenov jahrelang geleitete „Fine Furniture College“ in Fort Bragg, Kalifornien, setzt heute noch in den zweisemestrigen Kursen und Sommerworkshops der Ausbildung die Tradition seines Gründers fort. Auf der Webseite der Schule zeigt die „Furniture Gallery“ die Arbeiten der Studenten, in denen immer wieder der Einsatz von „Spalted Wood“ in Form von Furnieren und Massivhölzern für gestalterische Zwecke zu beobachten ist. Viele Absolventen der Schule und weitere neu gegründete Einrichtungen haben die Vorliebe für die Verarbeitung pilzmodifizierter Hölzer für sich entdeckt.

Furniere

Die steigende Beliebtheit und Nachfrage des exotischen Werkstoffs „Gestocktes Holz“ führten in Deutschland dazu, dass etliche Holzhändler dieses gefragte Material bereits im Angebot haben. Gegenwärtig macht sich das seit Generationen familiengeführte Furnier- und Sägewerk Mehling & Wiesmann in Lohr am Main weltweit einen Namen mit einheimischen Hölzern, die durch gezielten Befall von Baumpilzen und unter kontrollierten Bedingungen strukturstarke, marmorähnliche Verfärbungen erhalten haben. Die pilzmodifizierten Hölzer werden unter dem geschützten Markennamen „Trüffelbuche" angeboten und bilden einen gefragten, lebendigen und authentischen Kontrast zu anderen Materialien. Die aus den Baumstämmen aufgeschnittenen Furniere sind einzigartig in ihren Färbungen und Zeichnungen und ergeben nach dem Zusammenfügen phantasievolle Furnierbilder mit markanter Linienstruktur und fleckigen Verfärbungen **(Abb. 49)**.

Für ihre besonders hohe Qualität und Individualität gewannen die Produkte 2015 auf der internationalen Messe für Zulieferer der Möbelindustrie und des Innenausbaus in Köln den

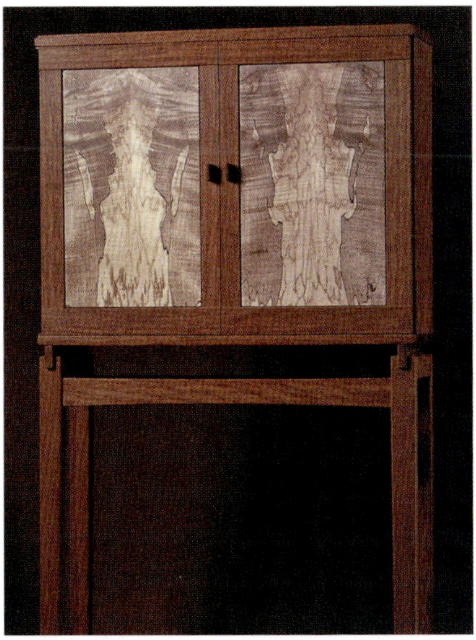

Abb. 47 Kabinettschrank, James Krenov, Fort Bragg (Kalifornien), 1977. Gestell und Korpus in pilzverfärbter Brown Oak (*Quercus* spp.), Türen in Esche *(Fraxinus excelsior)* mit Pilzgrenzlinien und Weißfäule *(Foto: Bengt Carlén)*

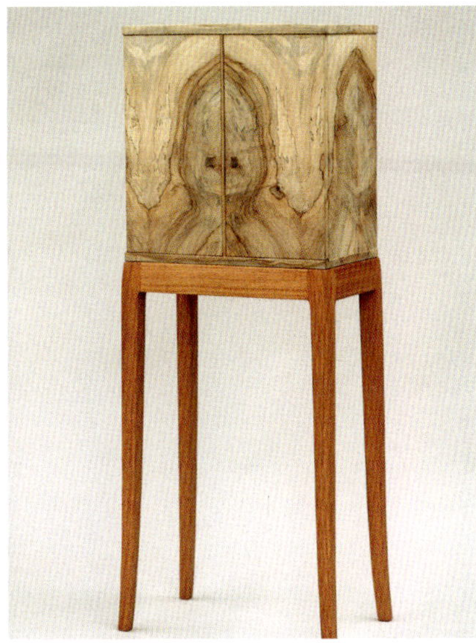

Abb. 48 Kabinettschrank, James Krenov, Fort Bragg (Kalifornien), 2000. Untergestell in Doussiè-Holz (*Afzelia* spp.), Korpus in Lorbeerholz (*Laurus* spp.) mit Pilzverfärbungen und Pilzgrenzlinien *(Foto: David Welter)*

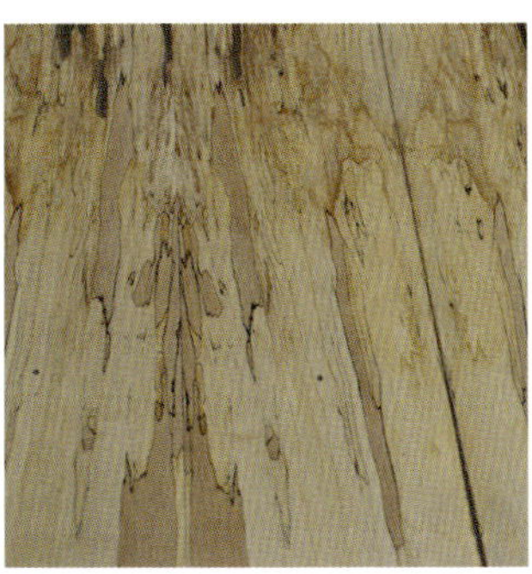

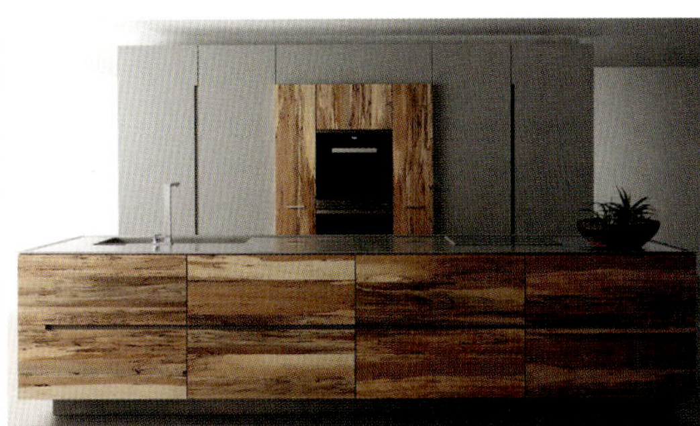

links: Abb. 49 Furnier aus „Trüffelbuche" in unterschiedlichen Texturen, Mehling & Wiesmann, Lohr am Main *(Foto: Mehling & Wiesmann)*

rechts: Abb. 50 Küchenmöbel, Firma Mehling & Wiesmann, Lohr am Main, TJM Design Corporation, Tokio, 2015. Auf den Fronten wurden Furniere mit den attraktiven Mustern und Verfärbungen der pilzmodifizierten „Trüffelbuche" eingesetzt *(Foto: Mehling & Wiesmann)*

„Interzum Award" und wurden 2016 mit dem „German Design Award" prämiert **(Abb. 50)**. Die Holzhandelsfirma Bernhard Gross in Oberwolfach/Schwarzwald produziert die so genannte „Eisbuche" durch ein eigens entwickeltes Vereisungsverfahren, mit dem unikate Farbgebungen und Texturen durch längere Lagerung von pilzbefallenem Holz erzielt werden. Sie erhielt für ihr Produkt den „materialPreis 2018".

In ähnlicher Weise versucht die amerikanische Firma Vermont Wildwoods in Marshfield (Vermont) das Naturphänomen des Pilzbefalls unter kontrollierten Bedingungen künstlich in Ahornstämmen auszulösen, um sich damit von Zufallsfunden im Wald unabhängig zu machen. Jedes Blatt der gewonnenen Qualitätsfurniere ist ein Unikat mit einer eigenen einzigartigen Textur und Färbung. Die schwarzen Pilzgrenzlinien mit ihrer grafischen Zeichnung und den reichen Farbmustern, die im Ahornholz von Weißfäulepilzen geschaffen wurden, werden auf Wandvertäfelungen, Fronten von Schrankwänden und Küchenmöbeln sowie Sperrhölzern eingesetzt, deren Flächen vielfältig dekorativ gestaltet werden können **(Abb. 51)**.

Im Nordwesten der USA bietet die Firma Unique Woods in Elmira (Oregon) für elektronische und akustische Gitarrenkörper ausgewählte Hölzer aus „Spalted Maple" an. Die aus einem Stamm geschnittenen Ahornfurniere und Holzdickten werden auf Mittelfuge gegeneinander gestürzt (gespiegelt) zusammengefügt, sodass symmetrische Holzbilder mit besonders phantasievollen Zeichnungen der verschlungenen Pilzgrenzlinien und mit attraktiven Verfärbungen in allen Tönungen entstehen, die jedes Musikinstrument zu einem Einzelkunstwerk machen. Auf der Instagramseite der Firma kann die Vielfalt der von Pilzen geschaffenen Farben und Zeichnungen bewundert werden **(Abb. 52)**.

Auf naturwissenschaftlichen Grundlagen im Labor arbeiten die Biologen und Pilzforscher Francis Schwarze und Hugh Morris an der Empa (Forschungsinstitut für Materialwissenschaften und Technologieentwicklungen) in St. Gallen, Schweiz, an der Entwicklung eines industriellen Verfahrens zur Herstellung von „Marmorholz". Gemeinsam mit dem Industriepartner Koster Holzwelten AG in Arnegg suchen sie nach einem effizienten und ökologisch nachhaltigen Produktionsweg zur Veredelung regionaler Harthölzer durch kontrolliert gesteuerte Infektion mit Pilzkulturen. Verwendet

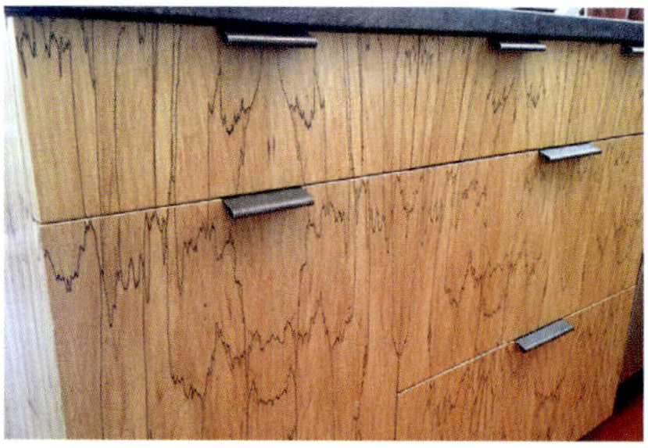

oben: Abb. 51 Küchenmöbeltüren, Furniere von Vermont Wildwoods, Marshfield (Vermont). Gestaltung der Fronten mit den kurvenförmig verlaufenden, grafischen Pilzgrenzlinien von gestocktem Ahorn *(Foto: Vermont Wildwoods)*

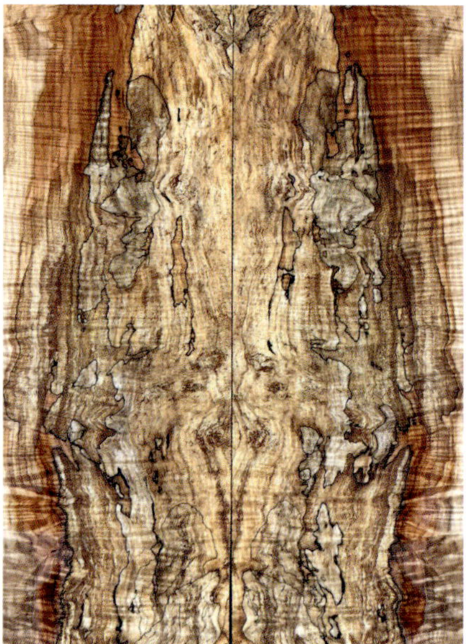

rechts: Abb. 52 „Spalted Maple" (Acer sp.), Unique Woods of the Northwest, Elmira (Oregon). Gespiegeltes Ahornfurnier mit besonders attraktiven Zeichnungen und Farben durch Weißfäule *(Foto: Internetseite Unique woods)*

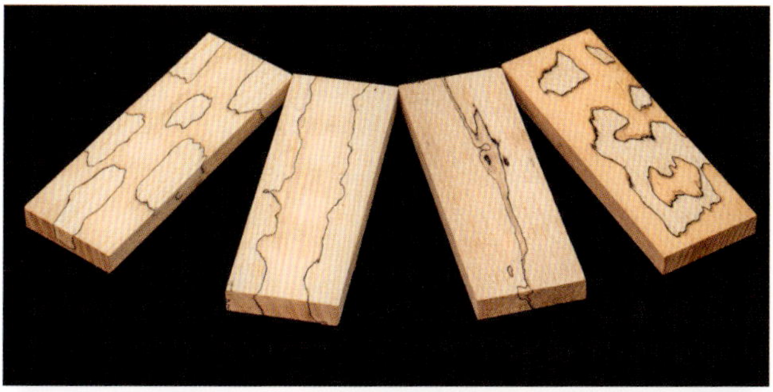

Abb. 53 „Marmorholz" aus dem Empa-Labor. Durch die Verwendung verschiedener Pilzarten wurde der Verlauf der Pilzgrenzlinien gesteuert. *(Foto: Francis Schwarze, Hugh Morris)*

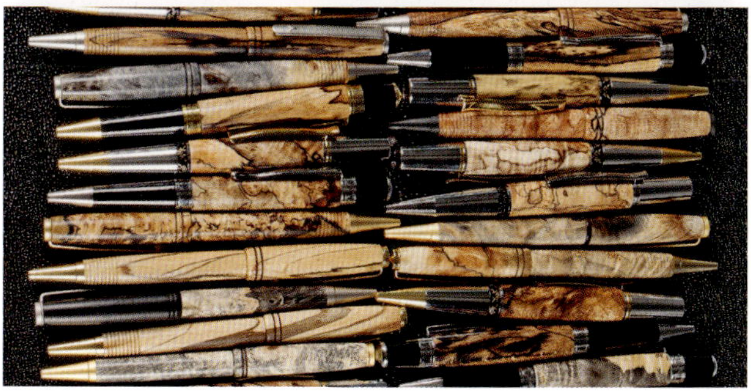

Abb. 54 Schreibgeräte, Kip Christensen, Provo (Utah). Unterschiedliche gestockte Hölzer, mit Acrylharz stabilisiert *(Foto: Berry Thornburg)*

werden der Schmetterlingsporling (*Trametes versicolor*), die Samtige Tramete (*Trametes pubescens*) und verschiedene Typen des Brandkrustenpilzes (*Kretzschmaria deusta*), die mit dem Farbstoff Melanin pigmentierte schwarze Linien hinterlassen und gleichzeitig das umliegende Holz durch ihr Enzym Laccase ausbleichen. Je nach Kombination der eingesetzten Pilzspezies entstehen dank gesteuertem Pilzwachstum faszinierende Muster und Schattierungen mit besonders starkem Kontrast im Holz **(Abb. 53)**.

Da die ausgewählten Pilzarten die mechanischen Eigenschaften des Holzes nicht angreifen und bei deutlich geringerer Feuchtigkeit im Holz wirken, muss der Rohstoff nach seiner Veredlung und vor der Verarbeitung zum Möbel nicht erst langwierig kosten- und energieintensiv getrocknet werden.

Stabilisiertes gestocktes Holz

Seit den 1980er-Jahren wurden in den USA Versuche unternommen, die von der Weißfäule in bestimmten Bereichen bereits leicht angegriffene Struktur des gestockten Holzes durch Imprägnierung mit Kunstharzen zu festigen, um somit das Holz besser bearbeiten zu können. Die besten Resultate erzielte man mit dem Acrylharz Methylmethacrylat unter Vakuum und Druck und anschließender Aushärtung durch Polymerisation bei Wärmeeinwirkung.

Konjunktur hat das stabilisierte Pilzholz gegenwärtig unter den Drechslern für die Herstellung diverser Schreibgeräte und unter den Messerherstellern für die Anfertigung unikater Griffe. Das 2000 erschienene Buch von Kip Christensen und Rex Burningham *Turning pens and pencils* (deutsche Ausgabe: Stifte drechseln, Verlag HolzWerken) sowie die Messerforen im Internet machten diese Arbeiten auch unter Hobbydrechslern zu einem populären Trend **(Abb. 54)**.

Im Edelholzhandel werden mit Acrylharzen, Epoxidharzen oder Polyurethanharzen getränkte Rohlinge aus Hölzern mit attraktiven Pilzverfärbungen und Pilzgrenzlinien

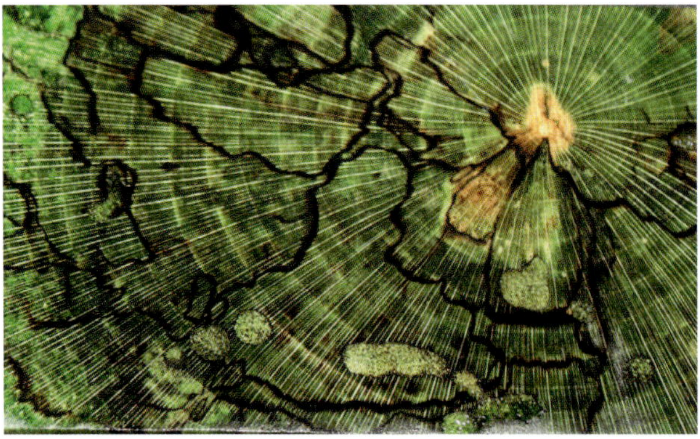

Abb. 55 Modifiziertes gestocktes Holz, Appalachian Artisan Wood Co. Holzstück, getränkt mit grün eingefärbtem Kunstharz *(Foto: Internetseite Appalachian Artisan Wood Co.)*

sowie aus besonderen Wurzelhölzern in allen Varianten angeboten. Als Höhepunkt kommen inzwischen Kanthölzer aus gestocktem Holz auf den Markt, die, mit eingefärbten Kunstharzen getränkt, in allen Farbtönen brillieren. Diese attraktiven Hybridwerkstoffe werden vor allem für beanspruchte Griffe aller Art angeboten **(Abb. 55).**

EXOTISCHES MATERIAL – GRÜNES PILZHOLZ

Da das *Chlorociboria*-Holz im Handel noch nicht erhältlich ist, sind die heutigen Holzgestalter wie in früheren Zeiten auf eigene Waldfunde angewiesen, die sich meist auf kleine pilzverfärbte Äste beschränken und die durch Holzvermoderung nur begrenzt verarbeitbare Abschnitte aufweisen. Demzufolge taucht die dekorative und dauerhafte bläulich grüne Pilzverfärbung noch selten in den modernen kunsthandwerklichen Arbeiten auf und wird bisher nur vereinzelt als attraktives Gestaltungsmittel entdeckt.

Schmuck

Vor allem in der Schmuckgestaltung werden heute kleine Teile des *Chlorociboria*-Holzes verarbeitet, indem man sein wechselvolles Farbspiel und die natürliche Holzmaserung mit Edelmetallen kombiniert. Der bereits erwähnte Holzgestalter Christian Masche entwirft und gestaltet seit 2010 Schmuck, bei dem er unter anderem den Kontrast von Silber zu dem leuchtenden Blaugrün der vom Grünspanbecherling verfärbten Hölzer nutzt. Die smaragdgrüne Farbigkeit des Pilzholzes mit seiner natürlichen Holzmaserung und dem wechselvollen Farbspiel wird durch die Einfassung mit dem weißglänzenden Metall besonders hervorgehoben und lenkt den Blick auf das geheimnisvolle Material, das an Edelsteine, wie Smaragd oder Türkis, erinnert **(Abb. 56).**

Bei Kombination des grünen Pilzholzes mit dem Werkstoff Knochen kommt es zu besonderen Effekten, wenn die weiße, fast strukturlose Farbigkeit des Materials das smaragdgrüne Holz umrahmend hervorhebt. Wird hierbei *Chlorociboria*-Holz verwendet, bei dem die grünen unregelmäßigen Pilzverfärbungen des Grünspanbecherlings noch zusätzlich mit den Pilzgrenzlinien von der Weißfäule aufeinandertreffen, entstehen besonders fantasievolle Bilder **(Abb. 57).**

Einlegearbeiten

Für die modernen Intarsien- oder Marketeriearbeiten ist die alte Tradition der Verarbeitung von *Chlorociboria*-Holz bisher nur selten aufgegriffen worden. Das liegt zum einen an der Unbekanntheit und erschwerten Zugänglichkeit des Materials und zum anderen an den heute im Handel erhältlichen durchgefärbten Furnieren in den verschiedensten Grünfarbtönen. Letztere erreichen allerdings nicht das natürliche Farbspiel und die Farbintensität sowie Lichtechtheit der grün verfärbten Pilzhölzer.

Werden die durch *Chlorociboria* sp. verfärbten Rohhölzer zu Furnieren aufgeschnitten, können je nach Lage des Furnierschnitts unterschiedliche Farbeffekte und Erscheinungsbilder erzielt werden, die man in den Marketeriearbeiten gezielt einsetzen kann. Die tangential angeschnittenen Jahrringe ergeben pyramidenförmige Maserungen, die radial aufgeschnittenen Furniere sind von gleichmäßigerer Struktur und Färbung, die im Hirnholzschnitt gefertigten Furniere zeigen gewölkte und streifige Farbbilder **(Abb. 58)**.

Die für *Chlorociboria*-Holz charakteristischen unregelmäßigen Grünfärbungen werden auch durch die befallene Holzart beeinflusst: Weide (*Salix* sp.) und Pappel (*Populus* sp.) haben einen höheren Gelbanteil, sodass es hier zu leuchtend gelblich grünen bis bläulich grünen Farbtönen kommt, während die braunen Hölzer Eiche (*Quercus* sp.) und Rotbuche (*Fagus sylvatica*) dunkle blaugrüne Verfärbungen entwickeln. Mit diesen unterschiedlichen Strukturen und Farbausbildungen können durch spiegelbildliches Zusammensetzen von Furnieren attraktive Texturen zusammengestellt oder farbige Effekte in Kombination mit Naturholzfarben erreicht und fast malerische Wirkungen in Marketeriearbeiten erzielt werden **(Abb. 59–61)**.

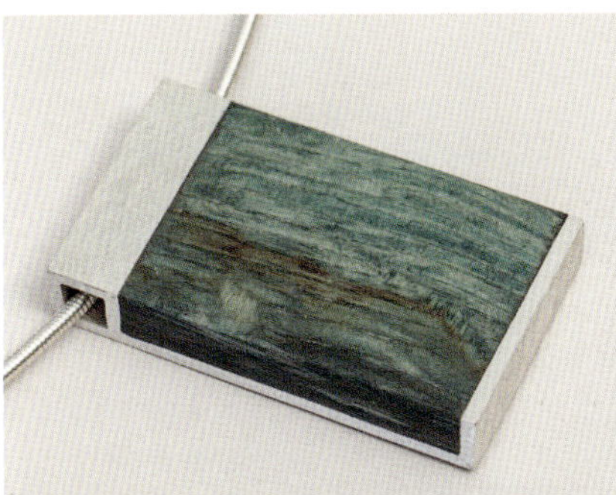
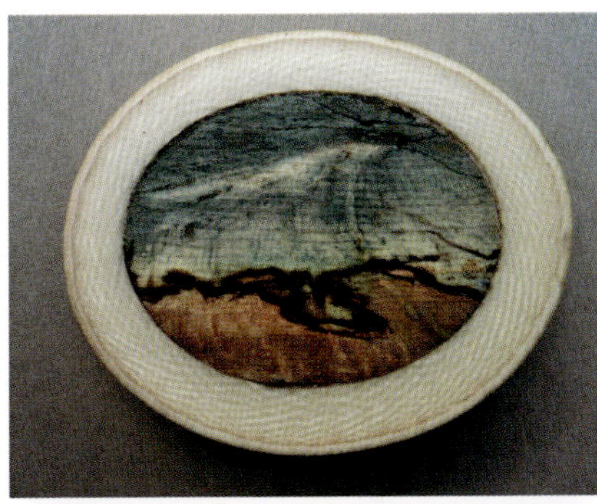
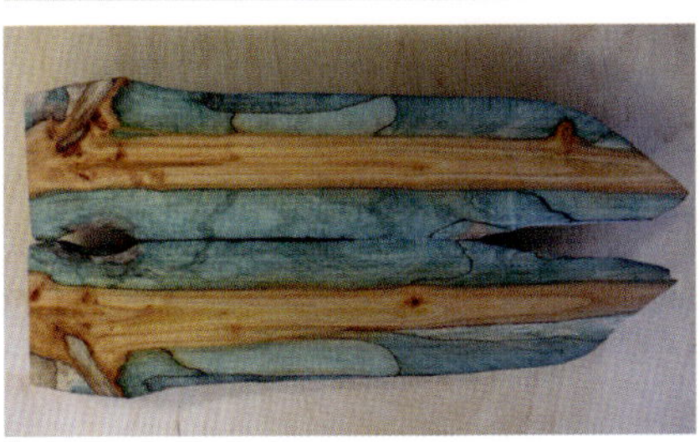
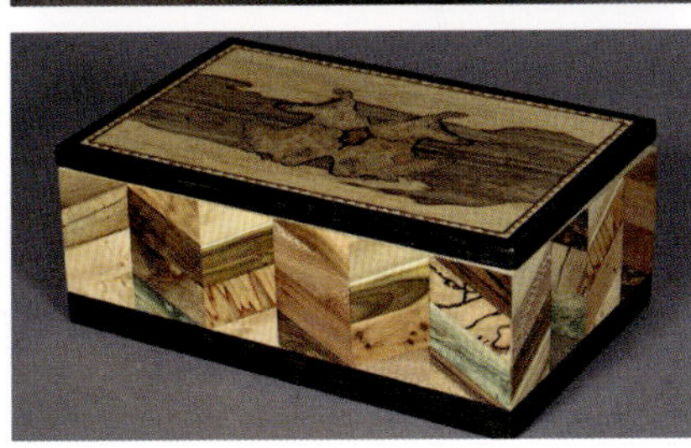

links oben: Abb. 56 Halskette, Christian Masche, Ortwig, 2014. Silber und Eiche, die durch *Chlorociboria* sp. blaugrün verfärbt ist *(Foto: Christian Masche)*

rechts oben: Abb. 57 Brosche, Hans Michaelsen, Berlin, 2014. Grün verfärbte *Chlorociboria*-Eiche mit Pilzgrenzlinien, eingefasst in Knochen *(Foto: Hans Michaelsen)*

links unten: Abb. 58 Blaugrüne Verfärbungen durch *Chlorociboria* sp. in Kirschbaumholz. Der Pilzbefall erstreckt sich hauptsächlich auf die weicheren Splintholzanteile. *(Foto: Frieder Eifler)*

rechts unten: Abb. 59 Kästchen, Fachhochschule Potsdam, Studiengang Restaurierung, 2006. Marketerien nach historischen Vorbildern aus verschiedenen pilzmodifizierten Hölzern sowie Laub- und Nadelhölzern *(Foto: Jörg Weber)*

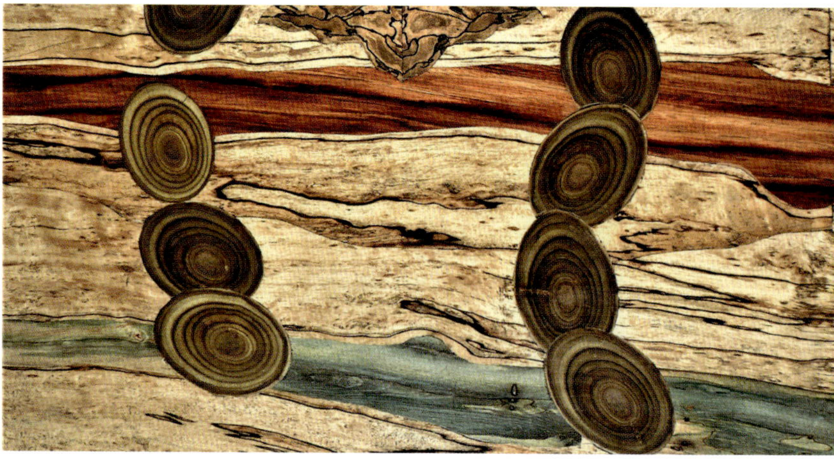

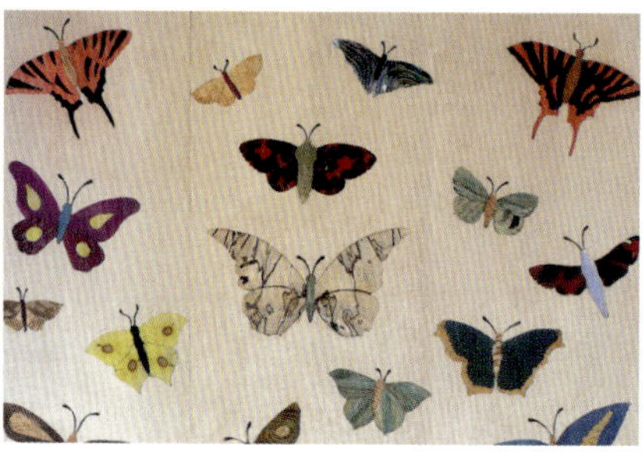

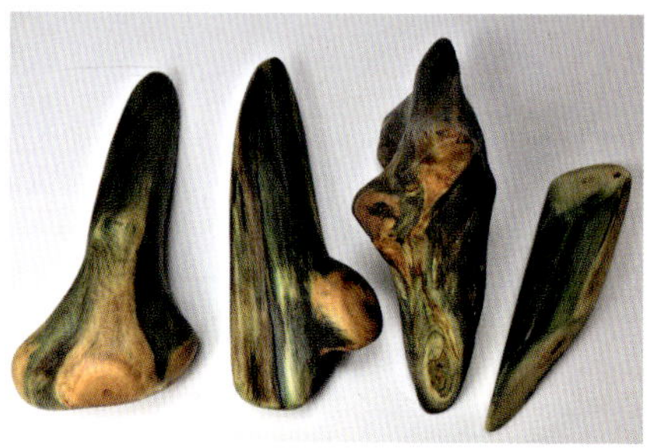

oben: Abb. 60 Intarsienkollage, Hans Michaelsen, Berlin, 2014. Gestockte karelische Birke, *Chlorociboria*-Eiche, Essigbaum, Königsholz *(Foto: Hans Michaelsen)*

unten links: Abb. 61 Marketerie, Hans Michaelsen, Berlin, 2020. Eingelegte Schmetterlinge in gestockter Buche und grüner *Chlorociboria*-Eiche sowie gefärbte Hölzer, Essigbaum, Berberitze, Nussbaum, Schildpatt, Messing, Perlmutter auf Hainbuchenfond *(Foto: Hans Michaelsen)*

unten rechts: Abb. 62 „Handschmeichler", Frieder Eifler, Olbersdorf, 2016. Schnitzarbeit aus kleineren Laubholzästchen, die durch *Chlorociboria*-Befall unterschiedlich grün verfärbt sind *(Foto: Frieder Eifler)*

Für plastische Arbeiten sind die durch *Chlorociboria* sp., Weißfäulepilze und Schadinsekten befallenen Äste mit Durchmessern zwischen 50 und 80 mm nur bedingt geeignet. Lässt man sich von den natürlichen Grundformen, den verschiedenen Farbausbildungen und den noch nicht so stark destrukturierten Holzbereichen inspirieren, können attraktive freie Kleinplastiken mit interessanten Färbungen aus dem grün verfärbten Werkstoff der Natur herausgearbeitet werden **(Abb. 62)**.

Damit die natürliche Farbigkeit des grünen Pilzholzes erhalten bleibt, ist eine entsprechende Oberflächenbehandlung von Bedeutung. Aufträge mit anfeuernden Ölen, Öl-Harz-Lacken oder auch Schellackpolituren verändern das natürliche Farbbild und führen zu Farbverdunkelungen oder Vergilbungen. Dünne Leimabsperrungen und Wachsüberzüge ergeben einen matten Glanz und bewahren das helle natürliche Farbbild der grünen Farbtonwerte mit voller Leuchtkraft. Moderne wasserlösliche Acryllacke sind für kunsthandwerkliche Arbeiten, in denen das *Chlorociboria*-Holz verarbeitet wurde, ebenfalls geeignet.

WIEDERVERWERTUNG VON MINDERWERTIGEM BLÄUEHOLZ

Die in der Holzindustrie als Holzfehler angesehenen blaugrauen bis schwarzen Verfärbungen treten häufig bei unsachgemäß gelagerten und getrockneten Nadelhölzern mit hoher Holzfeuchte vor allem im Splintholz der frisch geschlagenen Stämme oder dem Schnittholz auf **(Abb. 63)**.

Die Färbung ist irreversibel, kann aber nach ausreichender Holztrocknung für gestalterische Zwecke genutzt werden. Im europäischen Kunsthandwerk werden die im Holz durch Bläuepilze hervorgerufenen blaugrauen streifenartigen Verfärbungen von den Holzgestaltern bisher nur selten bewusst für farbige Effekte in Holzplastiken oder Drechselarbeiten eingesetzt.

Möbel und Fußböden in Blue Pine

Durch die an den nordamerikanischen Nadelholzbäumen aufgrund von Borkenkäfer- und Bläuepilzbefall im zunehmenden Maße auftretende Insektenbläue fällt das abgestorbene Holz in riesigen Mengen an. Das intensiv blaugrau verfärbte Holz versucht man in groß angelegten Marketing-Kampagnen unter dem Slogan „The wood that nature colors" noch zu vermarkten und bietet es im Holzhandel unter den Namen „Beetle Kill Pine", „Blue Pine" oder „Denim Pine" an. Hier hat sich eine ganze Industrie zur Weiterverarbeitung des umweltgeschädigten Holzes herausgebildet. Da die Holzstruktur durch die Bläuepilze nicht geschwächt ist, kann das Holz noch verwertet werden und der „Holzfehler" als ein bewusstes Gestaltungsmittel genutzt werden.

In der Möbelproduktion wird von spezialisierten kanadischen und nordamerikanischen Firmen in großem Umfang mehr oder weniger geschmackvolles Mobiliar im rustikalen „Country Style" in „Blue Pine" angefertigt und auf Internetseiten angeboten. Bewusst werden die unregelmäßig ausgebildeten blaugrauen Verfärbungen zusammen mit den natürlichen Texturen und Astausbildungen der Ponderosa-Kiefer *(Pinus ponderosa)* in den Möbeln verarbeitet **(Abb. 64)**.

Auf diese Weise werden im forstwirtschaftlichen Sinne wertlose Bäume noch weiterverwendet und die Farbfehler für neue dekorative Wirkungen genutzt.

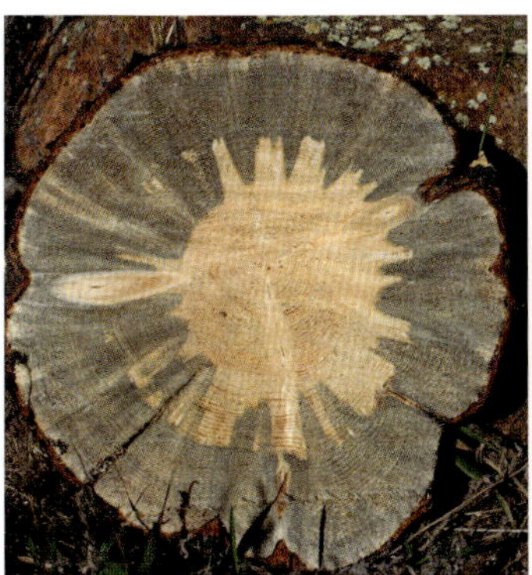

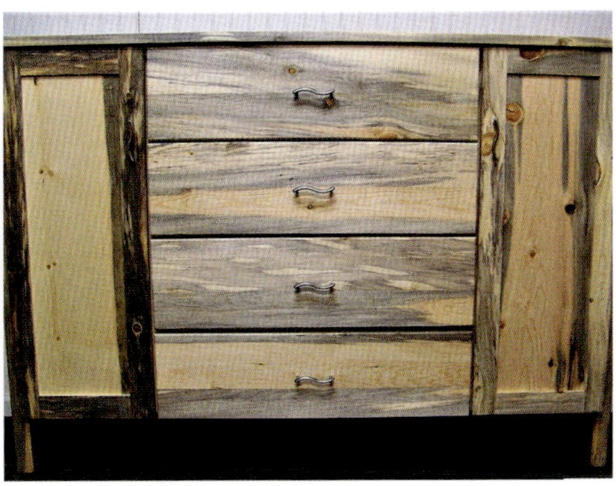

links: Abb. 63 Kiefernstamm mit Verfärbungen durch Blaufäule im Splintholz *(Foto: Hans Michaelsen)*

rechts: Abb. 64 Kommode, Rocky Blue Woodworks, Sedalia (Colorado). Verwendung von Kiefernholz (Blue Pine), das durch Insekten- und Pilzbefall blau verfärbt ist *(Foto: Internetseite Rocky Blue Woodworks)*

Neben Möbeln kommen besonders Fußbodendielen, Paneele und Wandverkleidungen in diesen charakteristischen Verfärbungen auf den Markt und geben den Nadelholzflächen mit ihren blaugrauen Farbeinschlüssen eine besondere Note **(Abb. 65)**.

Wenn durch Stammholzbläue verfärbtes Nadelholz in Hirnholz- oder Holzpflasterböden verarbeitet wird, ergeben die streifen- oder fleckenförmig das Hirnholz durchziehenden Blaufärbungen zusammen mit den unterschiedlichen Kernausbildungen ein lebhaftes Farbmuster.

In der Holzindustrie wird das minderwertige, durch Bläue verfärbte Nadelholz noch in den Grobspanplatten, auch OSB-Platten (oriented strand board), genutzt. Die schlanken Holzspäne in unterschiedlichen Holzfarben erzeugen in ihrer typischen Struktur eine spezielle Holzoptik, in der das blau verfärbte Holz farbige Effekte setzt. Sie werden außer als Bauplatten gern als dekoratives Element und Sichtoberfläche, zum Beispiel im Fußboden- oder Möbelbereich, eingesetzt.

Holzobjekte

Die Holzgestalter nutzen das Nadelholz mit seinen unregelmäßigen blaugrauen Pilzverfärbungen als gestalterisches Mittel für Drechselarbeiten, kunsthandwerkliche und plastische Objekte. **(Abb. 66)**.

In Skulpturen durchziehen die blaugrauen Verfärbungen das Holz, geben den Formen malerische Plastizität und setzen farbige Effekte.

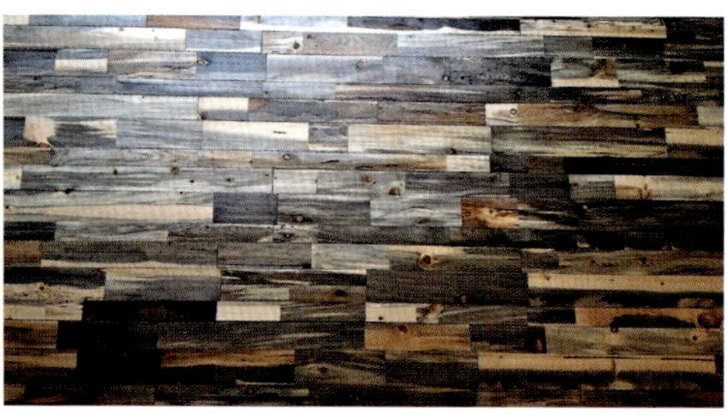

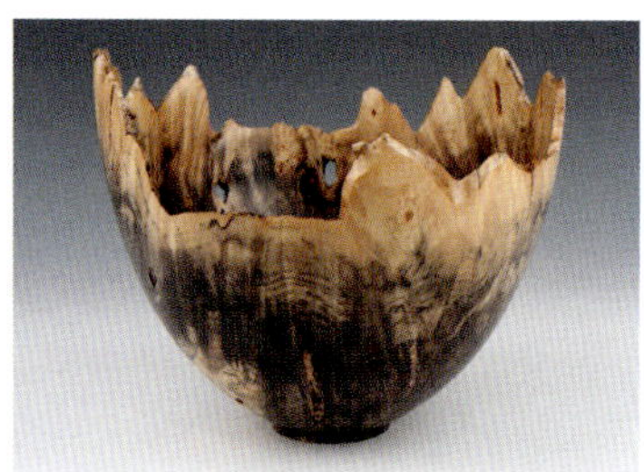

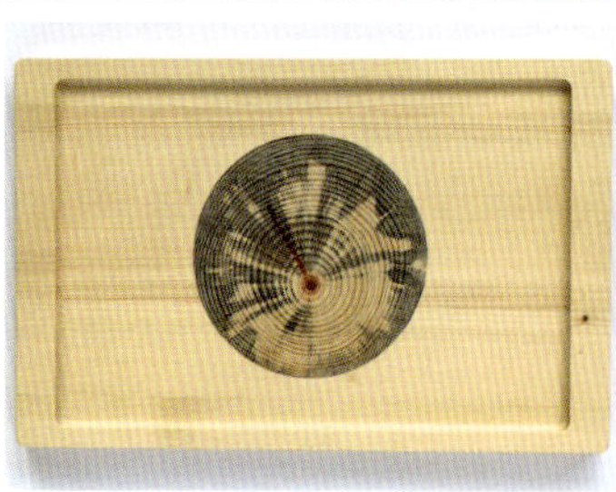

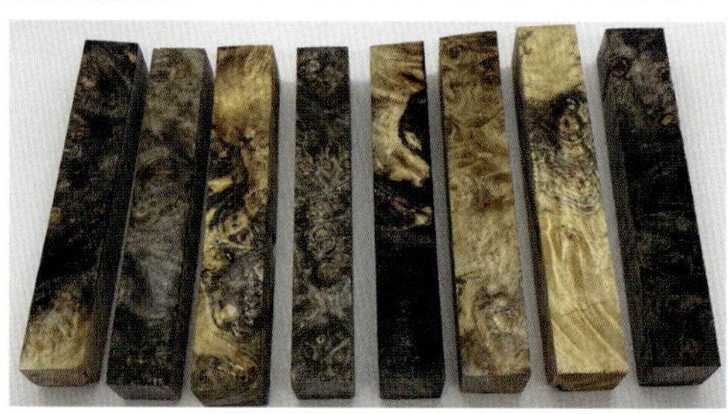

Abb.65 Parkettboden, Sustainable Lumber Co., Missoula (Montana). Nachhaltige Nutzung des durch Insektenbläue verfärbten Nadelholzes *(Foto: Internetseite Sustainable Lumber Co.)*

Abb. 66 Schale, Kip Christensen, Provo (Utah), 2002. Rosskastanie *(Aesculus glabra)*, durch Bläuepilze graublau verfärbt *(Foto: Barry Thornburg)*

Abb. 67 Tablett, Milo Dool, Niederlande, 2014. Schlicht gewachsene Kiefer mit Einlage aus blau verfärbter Hirnholz-Kiefer *(Foto: Milo Dool)*

Abb. 68 Maser-Rosskastanie (Buckeye burl, *Aesculus glabra*), Rohlinge blaugrau verfärbt durch Bläuepilzbefall, mit Kunstharz stabilisiert, zur Herstellung von Messergriffen und Schreibgeräten *(Foto: MAwoodworking)*

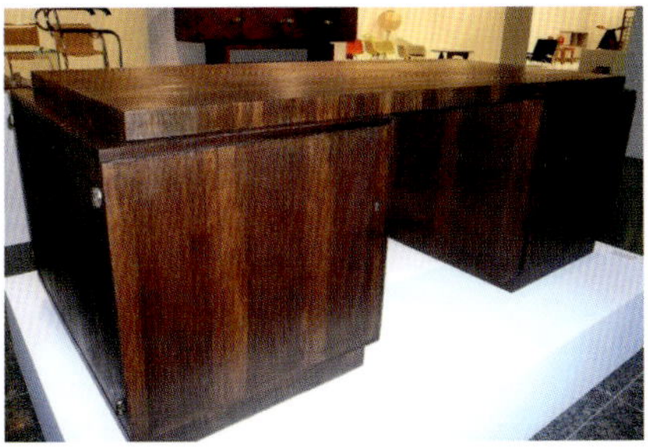

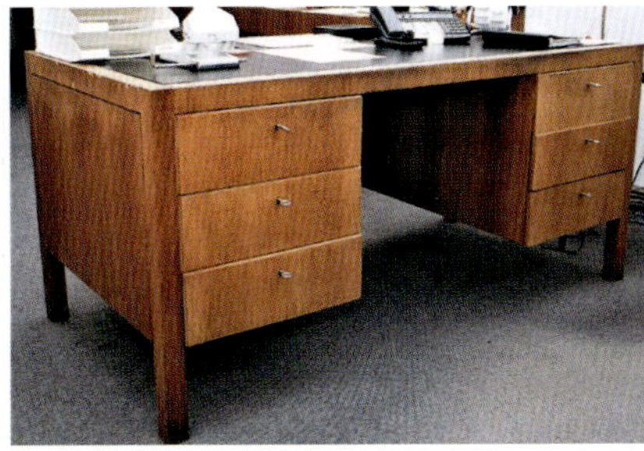

links: Abb. 69 Schreibtisch, Erich Dieckmann, Weimar 1926. Außenflächen furniert in durch Pilzbefall verfärbter Brauneiche. Kunstgewerbemuseum Berlin *(Foto: Hans Michaelsen)*

rechts: Abb. 70 Schreibtisch, Entwurf Mies van der Rohe, 1968. Ausführung in ölgeschliffener Brauneiche. Neue Nationalgalerie Berlin *(Foto: Hans Michaelsen)*

Manche Künstler heben bewusst das von der Holzindustrie als wertlos eingestufte verfärbte Holz in ihren Arbeiten heraus, indem sie es in perfekt gewachsenes Holz integrieren und damit auf diese Besonderheit der Natur hinweisen **(Abb. 67)**.

Zunehmend beliebt wird gegenwärtig das Maserholz der in den Bergen Zentral-Kaliforniens wachsenden Rosskastanie *(Aesculus californica)*. Durch den Einwuchs von Bläuepilzen nimmt das Holz Mischfarben von Blaugrau über Grau bis hin zu Schwarz an, wodurch natürliche Farbkontraste in der Maserung entstehen. Mit Kunstharzen im Druck-Vakuum-Verfahren stabilisiert, verarbeiten viele Kunsthandwerker dieses attraktiv verfärbte „Buckeye-Burl" für Drechselarbeiten, unikate Griffe, Kugelschreiber und Füllfederhalter **(Abb. 68)**.

BEGEHRTE BRAUNEICHE FÜR DESIGNERARBEITEN

Die durch den Leberpilz *(Fistulina hepatica)* hervorgerufenen braunen Verfärbungen in Eichenholz waren in England bereits seit dem 19. Jahrhundert von den Tischlern hoch geschätzt. Besonders, wenn das Holz der „Brown Oak" einen Höchstgrad an „Foxiness" (Stockfleckigkeit) erreicht hatte, wurde es in verschiedenster Weise am Möbel verarbeitet. Heute wird Brauneiche, zu Furnieren geschnitten, im Handel als Rarität angeboten. Die verschiedenen Braunfärbungen und Texturen sind für hochwertige Designermöbel gefragt.

Möbel

Frühzeitig entdeckten die deutschen Bauhauskünstler die dauerhafte, an Teakholz erinnernde Farbe der pilzverfärbten Brauneiche. Der Möbeldesigner Erich Dieckmann (1896–1944) leitete ab 1924 die Tischlerei an der Bauhochschule Weimar, der Nachfolgeinstitution des Bauhauses Weimar. 1926 schuf er einen Schreibtisch in streng geometrischen Formen, dessen große Flächen er mit schlicht strukturierten Furnieren aus einem Stamm der Brauneiche gestaltete. Das Eichenholz des im Kunstgewerbemuseum Berlin ausgestellten Schreibtisches weist im Kern eine gleichmäßige Braunfärbung und einen helleren Farbton im Splintholz auf. Ein matter, offenporiger Überzug hebt die streifigbraune Holzfarbigkeit des wuchtigen Schreibmöbels hervor **(Abb. 69)**.

Ein weiteres Beispiel für die bewusste Verwendung der englischen Brauneiche im Innenausbau der Moderne ist die zwischen 1965 und 1968 von dem Architekten Ludwig Mies van der Rohe (1886–1969) erbaute Neue Nationalgalerie in Berlin. Aus den Protokollen zu den Besprechungen für die Innenausstattung im Februar 1968 geht hervor, dass „[...] alle furnierten Flächen mit echter Brown-Oak furniert werden" müssen und dafür der stellvertretende Architekt Dirk Lohan „[...] die Furniere gemeinsam mit einem Vertreter der beauftragten Tischlerfirma in London auswählen möchte". Für die Möbel, Türen, Wandverkleidungen, Bibliotheksregale, Garderoben und Tresen verwendete man Brauneichenfurnier derselben Schnittlage von besonders guter Qualität, das im Quartiersschnitt, das heißt radial, gemessert wurde, um möglichst viele Furnierblätter mit einem ausgeprägten Fleckenbild der Holzstrahlen zu erhalten. Die Furniere weisen eine streifige Textur mit besonders gleichmäßiger Braunfärbung und regelmäßig verteilten dunkelbraunen Flecken auf. Nach der Vorgabe des Architekten erhielt das Brauneichenholz durch eine abschließende Oberflächenbehandlung mit einem Leinölfirnis, der mit feinem Schleifpapier in das Furnier eingeschliffen wurde, den angestrebten dunkleren Farbton und matten Seidenglanz, der dem von Teakholz sehr nahekommt **(Abb. 70)**.

James Krenov, der bereits erwähnte amerikanische Designer und Hersteller unikater Kleinmöbel, die durch ihre elegante Einfachheit bestechen, nutzte 1977 an einem auf langen, schlanken Beinen stehenden Kabinett „English Brown Oak" als Konstruktionsholz. Das Gestell und der Kastenkorpus sowie die Türrahmen sind aus der rötlichbraun verfärbten Eiche gefertigt, während er für die Türfüllungen schwedische Esche mit Weißfäule und schwarzen Pilzgrenzlinien verwendete (vgl. Abb. 47, S. 149).

Auch in Marketerien ist das attraktive Holz der Brauneiche verarbeitet worden. Der in den USA in Northampton, Massachusetts, lebende Architekt, Möbeltischler und Intarsienschneider Silas Kopf (geb. 1949) fertigt seit 1973 nach eigenen Entwürfen Einzelmöbel auf höchstem Niveau, die vom Art Deco und Jugendstil beeinflusst und mit aufwändigen Marketerien und Einlegearbeiten geschmückt sind. Bei seinen Marketerien arbeitet er effektvoll mit Trompe-l´oeil Kompositionen, deren perspektivische Darstellungen Dreidimensionalität und optische Illusionen vortäuschen. In dem 1990 hergestellten „Music Cabinet" verwendete er für das Parkettmuster und für den Untergrund des aus verschiedenen Laubhölzern gefertigten Porträts das Holz der Brauneiche mit seinen facettenreichen Brauntönen **(Abb. 71)**.

Eine kleine Möbelwerkstatt betreibt die Firma Petrel Furniture Ltd. in East Sussex, England, deren Gründer Matthew Paré hauptsächlich britische Hölzer zu handgefertigten Unikaten verarbeitet. Für ein Sideboard, das für eine Ausstellung geplant war, wurde sorgfältig

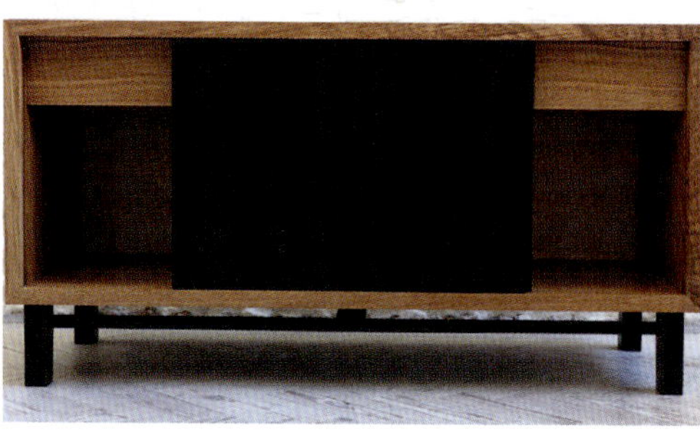

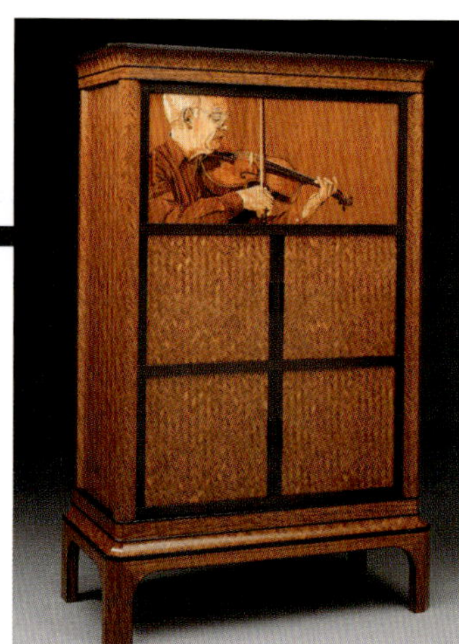

oben: Abb. 71 Musik-Kabinettschrank, Silas Kopf, Northampton (Massachusetts). Geometrische Marketerien in Brauneichefurnier *(Foto: Silas Kopf)*

rechts: Abb. 72 Anrichte, Matthew Paré, Petrel Furniture Ltd., East Sussex (UK). Ausführung in Brauneiche, kombiniert mit Mooreiche *(Foto: Matthew Paré)*

ausgewähltes und zugerichtetes Holz einer englischen Brauneiche mit einer 4.000 Jahre alten Mooreiche kombiniert. Die Haselnussfarbe der braunen Eiche bildet einen Rahmen für vier Schiebetüren aus der fast schwarzen Mooreiche. Auch im Inneren ist für die Schubkästen und die Rückwand das braun verfärbte Eichenholz verarbeitet worden **(Abb. 72)**.

FAZIT

Die bisher im Holzhandel als unerwünscht und wertmindernd klassifizierten Verfärbungen des Holzes durch Baumpilze werden heute zunehmend als eine attraktive Alternative zu den natürlichen Holzfarben und Texturen angesehen. In der Natur durch Pilzbefall in lebendem oder totem Holz entstandene oder gezielt durch Besiedelung von Pilzkulturen gesteuerte Farbausbildungen und Demarkationslinien durchziehen das gesamte Holz, sind sehr resistent gegenüber Umwelteinflüssen und können daher ganz im Sinne einer nachhaltigen und breiteren Nutzung der Ressourcen des Waldes verarbeitet werden. Seit den letzten Jahren hat die Wertschätzung der Pilzhölzer zugenommen und die Bandbreite der Verarbeitungsvarianten ist enorm angewachsen. In hochwertigen Designerarbeiten werden die pilzmodifizierten Hölzer als ein lebendiger und authentischer Kontrast zu anderen Materialien eingesetzt.

Schon seit Längerem beziehen die Drechsler und Holzbildhauer die einzigartigen Musterungen der Pilzgrenzlinien und die Pilzverfärbungen in die Gestaltung unikater Schalen, Vasen und geometrischer Rundkörper sowie Holzplastiken ein. Die Tischler integrieren ausgewählte gestockte Hölzer mit besonderer Zeichnung oder Färbung in Einzelanfertigungen von Möbeln. Zur Gestaltung von Möbelfronten werden aus Stämmen mit Pilzbefall Furniere geschnitten, die zu attraktiven Bildern mit besonders starkem Kontrast der Pilzverfärbungen und verschlungenen oder geometrisch präzisen Pilzgrenzlinien zusammengesetzt werden. In Intarsien- und Marketeriearbeiten setzen die Pilzhölzer naturalistische Akzente. Selbst für ausgefallene Dielen- oder Parkettböden wird das ursprünglich als Farbfehler klassifizierte Holz verarbeitet. Die Holzgestalter verwenden gestocktes Holz für dekorative Kleinobjekte, wie Schatullen, Schneidebretter oder Tabletts. Die Schmuckgestalter kombinieren besonders attraktive Pilzverfärbungen mit edlen Metallen. Mit Kunstharz stabilisiert, werden Messergriffe und Schreibgeräte aus gestockten Hölzern hergestellt. Die Körper von Gitarren werden aus besonders interessanten Holzbildern gestockter Hölzer gestaltet.

In jüngster Zeit hat die Holzindustrie das große Potenzial pilzmodifizierter Hölzer als eine Marktnische erkannt und bietet in großem Maßstab Massivhölzer und Furniere mit ausgewählten Zeichnungen und Verfärbungen an. Neben den aus der Natur gewonnenen Tothölzern laufen Versuche zur kontrolliert gesteuerten Gewinnung der mittlerweile begehrten pilzmodifizierten Hölzer aus nicht so gefragten einheimischen Holzarten.

Die durch lebende Organismen im Inneren des Holzes geschaffenen vielfältigen Farben und Muster sind ein Beispiel für die Kreativität der Natur. Die entstandenen Färbungen und verschlungenen Muster sollten die Kunsthandwerker und Möbelproduzenten anregen, diese „lebenden Farben" als künstlerisches und gestalterisches Medium zu nutzen.

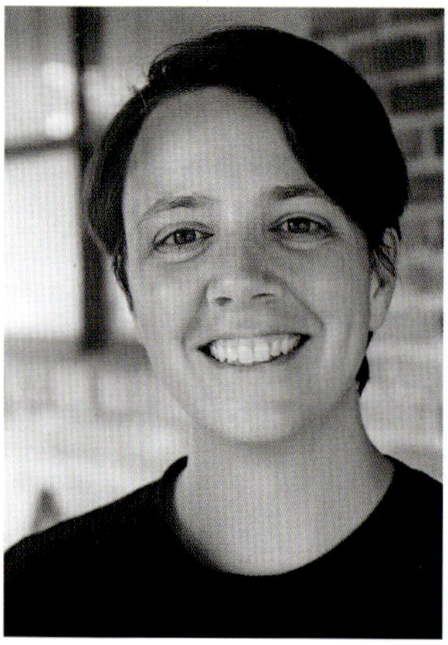

Seri C. Robinson

Dr. Seri C. Robinson ist Professorin für Holzanatomie an der Oregon State University und forscht nach der Promotion in Forstwissenschaften seit Jahren über Holzverfärbungen, die durch Baumpilze ausgelöst werden. In zahlreichen Fachartikeln hat Robinson die Untersuchungsergebnisse der Laborversuche mit verschiedenen Pilzarten und den resultierenden Farbveränderungen im Holz publiziert. Robinson hat das Drechslerhandwerk erlernt und verbindet die Forschungen auf dem Gebiet der Mykologie mit der Kunst des Holzdrechselns. 2016 erschien Robinsons Buch „Spalted Wood“, in dem die geschichtliche Entwicklung der Verarbeitung von Pilzhölzern, die Pilzarten und ihre Wirkungsweisen im Holz sowie ihre Anwendung als künstlerisches Medium erstmals umfassend beschrieben wurden.

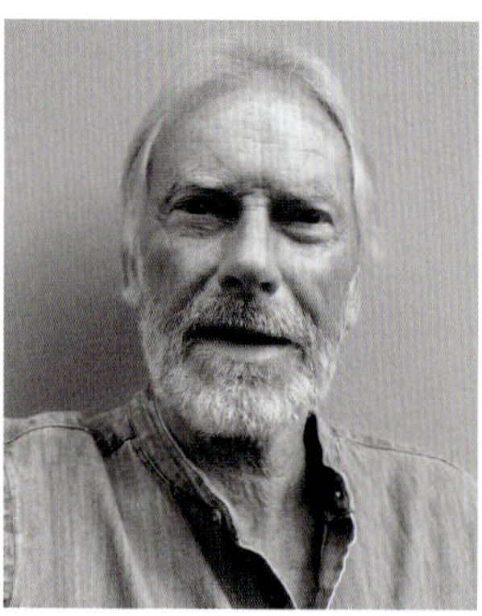

Hans Michaelsen

Prof. Hans Michaelsen ist gelernter Tischler und Diplom-Restaurator für Möbel und Holzobjekte. Nach jahrelanger Tätigkeit als Werkstattleiter am Berliner Kunstgewerbemuseum war er zwanzig Jahre als Professor in der Ausbildung von Holzrestauratoren an den Fachhochschulen in Hildesheim und Potsdam tätig. Sein Interesse für historische Techniken der Holzbearbeitung und zu Verfahren der Holzrestaurierung führte zu zahlreichen Beiträgen in Fachzeitschriften. Er ist Autor und Herausgeber der Bücher „Vom Färben des Holzes“, „Die Kunst des Holzfärbens“, „Königliches Parkett in preußischen Schlössern“ und Mitautor des Buches „Spalted Wood“.